ŒUVRES COMPLÈTES

D'ALEXIS DE TOCQUEVILLE

PUBLIÉES

PAR MADAME DE TOCQUEVILLE

—·—

IV

PARIS. — IMP. SIMON RAÇON ET COMP., RUE D'ERFURTH, 1

L'ANCIEN RÉGIME

ET

LA RÉVOLUTION

PAR

ALEXIS DE TOCQUEVILLE

SEPTIÈME ÉDITION

PARIS

MICHEL LÉVY FRÈRES, LIBRAIRES ÉDITEURS

RUE VIVIENNE, 2 BIS, ET BOULEVARD DES ITALIENS, 15

A LA LIBRAIRIE NOUVELLE

1866

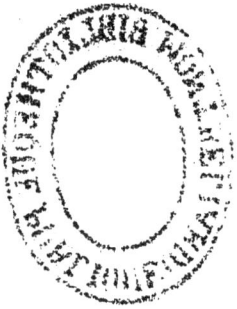

AVANT-PROPOS

Le livre que je publie en ce moment n'est point une histoire de la Révolution, histoire qui a été faite avec trop d'éclat pour que je songe à la refaire; c'est une étude sur cette révolution.

Les Français ont fait en 1789 le plus grand effort auquel se soit jamais livré aucun peuple, afin de couper pour ainsi dire en deux leur destinée, et de séparer par un abîme ce qu'ils avaient été jusque-là de ce qu'ils voulaient être désormais. Dans ce but, ils ont pris toutes sortes de précautions pour ne rien emporter du passé dans leur condition nouvelle : ils se sont imposé toutes sortes de contraintes pour se façonner autrement que leurs pères; ils n'ont rien oublié enfin pour se rendre méconnaissables.

J'avais toujours pensé qu'ils avaient beaucoup moins réussi dans cette singulière entreprise qu'on ne l'avait cru au dehors et qu'ils ne l'avaient cru d'abord eux-mêmes. J'étais convaincu qu'à leur insu ils avaient retenu de l'ancien régime la plupart des sentiments, des habitudes, des idées même à l'aide desquelles ils avaient conduit la Révolution qui le détruisit, et que, sans le vouloir, ils s'étaient servis de ses débris pour construire l'édifice de la société nouvelle ; de telle sorte que, pour bien comprendre et la Révolution et son œuvre, il fallait oublier un moment la France que nous voyons, et aller interroger dans son tombeau la France qui n'est plus. C'est ce que j'ai cherché à faire ici ; mais j'ai eu plus de peine à y réussir que je n'aurais pu le croire.

Les premiers siècles de la monarchie, le moyen âge, la renaissance, ont donné lieu à d'immenses travaux et ont été l'objet de recherches très-approfondies qui nous ont fait connaître non pas seulement les faits qui se sont passés alors, mais les lois, les usages, l'esprit du gouvernement et de la nation à ces différentes époques. Personne jusqu'à présent ne s'est encore donné la peine de considérer le dix-huitième siècle de cette manière et de si près. Nous croyons très-bien connaître la société française de ce temps-là, parce que nous voyons claire-ment ce qui brillait à sa surface, que nous possédons jusque dans les détails l'histoire des personnages les plus célèbres qui y ont vécu, et que des critiques ingénieuses ou éloquentes ont achevé de nous rendre familières les œuvres des grands écrivains qui l'ont illustrée. Mais quant à la manière dont se conduisaient les affaires, à la pratique vraie des institutions, à la position exacte des classes vis-à-vis les unes des autres, à la condition et aux sentiments de celles qui ne se faisaient encore ni entendre ni voir, au fond même des opinions et des mœurs, nous n'en avons que des idées confuses et souvent fautives.

J'ai entrepris de pénétrer jusqu'au cœur de cet ancien régime, si près de nous par le nombre des années, mais que la Révolution nous cache.

Pour y parvenir, je n'ai pas seulement relu les livres célèbres que le dix-huitième siècle a produits ; j'ai voulu étudier beaucoup d'ouvrages moins connus et moins dignes de l'être, mais qui, composés avec peu d'art, trahissent encore mieux peut-être les vrais instincts du temps. Je me suis appliqué à bien connaître tous les actes publics où les Français ont pu, à l'approche de la Révolution, montrer leurs opinions et leurs goûts. Les procès-verbaux des assemblées d'États, et, plus tard, des assemblées provinciales, m'ont fourni sur ce point beaucoup de lumières. J'ai fait surtout un grand usage des cahiers dressés par les trois ordres, en 1789. Ces cahiers, dont les originaux forment une longue suite de volumes manuscrits, resteront comme le testament de l'ancienne société française, l'expression suprême de ses désirs, la manifestation authentique de ses volontés dernières. C'est un document unique dans l'histoire. Celui-là même ne m'a pas suffi.

Dans les pays où l'administration publique est déjà puissante, il naît peu d'idées, de désirs, de douleurs, il se rencontre peu d'intérêts et de passions qui ne viennent tôt ou tard se montrer à nu devant elle. En visitant ses archives, on n'acquiert pas seulement une notion très-exacte de ses procédés, le pays tout entier s'y révèle. Un étranger auquel on livrerait aujourd'hui toutes les correspondances confidentielles qui remplissent les cartons du ministère de l'intérieur et des préfectures, en saurait bientôt plus sur nous que nous-mêmes. Au dix-huitième siècle, l'administration publique était déjà, ainsi qu'on le verra en lisant ce livre, très-centralisée, très-puissante, prodigieusement active. On la voyait sans cesse aider, empêcher, permettre. Elle avait beaucoup à promettre, beaucoup à donner. Elle influait déjà de mille manières, non-seulement sur la conduite générale des affaires, mais sur le sort des familles et sur la vie privée de chaque homme. De plus, elle était sans publicité, ce qui faisait qu'on ne craignait pas de venir exposer à ses yeux jusqu'aux infirmités les plus secrètes. J'ai passé un temps fort long à étudier ce qui nous reste d'elle, soit à Paris, soit dans plusieurs provinces[1].

---

[1] Je me suis particulièrement servi des archives de quelques grandes intendances, surtout celles de Tours, qui sont très-complètes, et qui se

Là, comme je m'y attendais, j'ai trouvé l'ancien régime tout vivant, ses idées, ses passions, ses préjugés,
ses pratiques. Chaque homme y parlait librement sa langue et y laissait pénétrer ses plus intimes pensées. J'ai
ainsi achevé d'acquérir sur l'ancienne société beaucoup
de notions que les contemporains ne possédaient pas ;
car j'avais sous les yeux ce qui n'a jamais été livré à
leurs regards.

A mesure que j'avançais dans cette étude, je m'étonnais en revoyant à tous moments dans la France de ce
temps beaucoup de traits qui frappent dans celle de nos
jours. J'y retrouvais une foule de sentiments que j'avais
cru nés de la Révolution, une foule d'idées que j'avais
pensé jusque-là ne venir que d'elle, mille habitudes
qu'elle passe pour nous avoir seule données ; j'y rencon-
trais partout les racines de la société actuelle profondément implantées dans ce vieux sol. Plus je me rappro-
chais de 1789, plus j'apercevais distinctement l'esprit
qui a fait la Révolution se former, naître et grandir. Je
voyais peu à peu se découvrir à mes yeux toute la physionomie de cette révolution. Déjà elle annonçait son
tempérament, son génie ; c'était elle-même. Là je trou-
vais non-seulement la raison de ce qu'elle allait faire

rapportent à une généralité très-vaste, placée au centre de la France et
peuplée d'un million d'habitants. Je dois ici des remercîments au jeune
et habile archiviste qui en a le dépôt, M. Grandmaison. D'autres généra-
lités, entre autres celles de l'Ile-de-France, m'ont fait voir que les choses
se passaient de la même manière dans la plus grande partie du royaume.

dans son premier effort, mais plus encore peut-être
l'annonce de ce qu'elle devait fonder à la longue; car la
Révolution a eu deux phases bien distinctes : la première pendant laquelle les Français semblent vouloir
tout abolir dans le passé ; la seconde où ils vont y reprendre une partie de ce qu'ils y avaient laissé. Il y a
un grand nombre de lois et d'habitudes politiques de
l'ancien régime qui disparaissent ainsi tout à coup
en 1789 et qui se remontrent quelques années après,
comme certains fleuves s'enfoncent dans la terre pour
reparaître un peu plus loin, faisant voir les mêmes eaux
à de nouveaux rivages.

L'objet propre de l'ouvrage que je livre au public est
de faire comprendre pourquoi cette grande révolution,
qui se préparait en même temps sur presque tout le
continent de l'Europe, a éclaté chez nous plutôt qu'ailleurs, pourquoi elle est sortie comme d'elle-même de la
société qu'elle allait détruire, et comment enfin l'ancienne monarchie a pu tomber d'une façon si complète
et si soudaine.

Dans ma pensée, l'œuvre que j'ai entreprise ne doit
pas en rester là. Mon intention est, si le temps et les
forces ne me manquent point, de suivre à travers les vi-
cissitudes de cette longue révolution, ces mêmes Français avec lesquels je viens de vivre si familièrement sous
l'ancien régime et que cet ancien régime avait formés,
de les voir se modifiant et se transformant suivant les

événements, sans changer pourtant de nature, et reparaissant sans cesse devant nous avec une physionomie un peu différente, mais toujours reconnaissable.

Je parcourrai d'abord avec eux cette première époque de 89, où l'amour de l'égalité et celui de la liberté partagent leur cœur ; où ils ne veulent pas seulement fonder des institutions démocratiques, mais des institutions libres ; non-seulement détruire des priviléges, mais reconnaître et consacrer des droits ; temps de jeunesse, d'enthousiasme, de fierté, de passions généreuses et sincères, dont, malgré ses erreurs, les hommes conserveront éternellement la mémoire, et qui, pendant longtemps encore, troublera le sommeil de tous ceux qui voudront les corrompre ou les asservir.

Tout en suivant rapidement le cours de cette même Révolution, je tâcherai de montrer par quels événements, quelles fautes, quels mécomptes, ces mêmes Français sont arrivés à abandonner leur première visée, et, oubliant la liberté, n'ont plus voulu que devenir les serviteurs égaux du maître du monde ; comment un gouvernement plus fort et beaucoup plus absolu que celui que la Révolution avait renversé ressaisit alors et concentre tous les pouvoirs, supprime toutes ces libertés si chèrement payées, met à leur place leurs vaines images ; appelant souveraineté du peuple les suffrages d'électeurs qui ne peuvent ni s'éclairer, ni se concerter, ni choisir ; vote libre de l'impôt l'assentiment d'assemblées muettes

ou asservies; et, tout en enlevant à la nation la faculté
de se gouverner, les principales garanties du droit, la
liberté de penser, de parler et d'écrire, c'est-à-dire
ce qu'il y avait eu de plus précieux et de plus noble
dans les conquêtes de 89, se pare encore de ce grand
nom.

Je m'arrêterai au moment où la Révolution me paraîtra avoir à peu près accompli son œuvre et enfanté la
société nouvelle. Je considérerai alors cette société
même; je tâcherai de discerner en quoi elle ressemble
à ce qui l'a précédée, en quoi elle en diffère, ce que nous
avons perdu dans cet immense remuement de toutes
choses, ce que nous y avons gagné, et j'essayerai enfin
d'entrevoir notre avenir.

Une partie de ce second ouvrage est ébauchée, mais
encore indigne d'être offerte au public. Me sera-t-il
donné de l'achever? Qui peut le dire? La destinée des
individus est encore bien plus obscure que celle des
peuples.

J'espère avoir écrit le présent livre sans préjugé, mais
je ne prétends pas l'avoir écrit sans passion. Il serait à
peine permis à un Français de n'en point ressentir
quand il parle de son pays et songe à son temps. J'avoue
donc qu'en étudiant notre ancienne société dans chacune
de ses parties, je n'ai jamais perdu entièrement de vue
la nouvelle. Je n'ai pas seulement voulu voir à quel mal
le malade avait succombé, mais comment il aurait pu

ne pas mourir. J'ai fait comme ces médecins qui, dans chaque organe éteint, essayent de surprendre les lois de la vie. Mon but a été de faire un tableau qui fût strictement exact, et qui, en même temps, pût être instructif. Toutes les fois donc que j'ai rencontré chez nos pères quelques-unes de ces vertus mâles qui nous seraient le plus nécessaires et que nous n'avons presque plus, un véritable esprit d'indépendance, le goût des grandes choses, la foi en nous-mêmes et dans une cause, je les ai mis en relief, et de même, lorsque j'ai rencontré dans les lois, dans les idées, dans les mœurs de ce temps-là, la trace de quelques-uns des vices qui, après avoir dévoré l'ancienne société, nous travaillent encore, j'ai pris soin d'appeler sur eux la lumière, afin que, voyant bien le mal qu'ils nous ont fait, on comprît mieux celui qu'ils pouvaient encore nous faire.

Pour atteindre ce but, je n'ai craint, je le confesse, de blesser personne, ni individus, ni classes, ni opinions, ni souvenirs, quelque respectables qu'ils pussent être. Je l'ai souvent fait avec regret, mais toujours sans remords. Que ceux auxquels j'aurais pu ainsi déplaire me pardonnent en considération du but désintéressé et honnête que je poursuis.

Plusieurs m'accuseront peut-être de montrer dans ce livre un goût bien intempestif pour la liberté, dont on m'assure que personne ne se soucie plus guère en France.

Je prierai seulement ceux qui m'adresseraient ce reproche de vouloir bien considérer que ce penchant est chez moi fort ancien. Il y a plus de vingt ans que, parlant d'une autre société, j'écrivais presque textuellement ce qu'on va lire.

Au milieu des ténèbres de l'avenir on peut déjà découvrir trois vérités très-claires. La première est que tous les hommes de nos jours sont entraînés par une force-inconnue qu'on peut espérer régler et ralentir, mais non vaincre, qui tantôt les pousse doucement et tantôt les précipite vers la destruction de l'aristocratie; la seconde, que, parmi toutes les sociétés du monde, celles qui auront toujours le plus de peine à échapper pendant longtemps au gouvernement absolu seront précisément ces sociétés où l'aristocratie n'est plus et ne peut plus être; la troisième enfin, que nulle part le despotisme ne doit produire des effets plus pernicieux que dans ces sociétés-là; car plus qu'aucune autre sorte de gouvernement il y favorise le développement de tous les vices auxquels ces sociétés sont spécialement sujettes, et les pousse ainsi du côté même où, suivant une inclinaison naturelle, elles penchaient déjà.

Les hommes n'y étant plus rattachés les uns aux autres par aucun lien de caste, de classe, de corporation, de famille, n'y sont que trop enclins à ne se préoccuper que de leurs intérêts particuliers, toujours trop portés à n'envisager qu'eux-mêmes et à se retirer dans un in-

dividualisme étroit où toute vertu publique est étouffée.
Le despotisme, loin de lutter contre cette tendance, la
rend irrésistible, car il retire aux citoyens toute passion
commune, tout besoin mutuel, toute nécessité de s'entendre, toute occasion d'agir ensemble; il les mure,
pour ainsi dire, dans la vie privée. Ils tendaient déjà à
se mettre à part: il les isole; ils se refroidissaient les
uns pour les autres : il les glace.

Dans ces sortes de sociétés, où rien n'est fixe, chacun
se sent aiguillonné sans cesse par la crainte de descendre et l'ardeur de monter; et, comme l'argent, en même
temps qu'il est devenu la principale marque qui classe
et distingue entre eux les hommes, y a acquis une mobilité singulière, passant de mains en mains sans cesse,
transformant la condition des individus, élevant ou abais-
sant les familles, il n'y a presque personne qui ne soit
obligé d'y faire un effort désespéré et continu pour le
conserver ou pour l'acquérir. L'envie de s'enrichir à tout
prix, le goût des affaires, l'amour du gain, la recherche du bien-être et des jouissances matérielles, y sont
donc les passions les plus communes. Ces passions s'y
répandent aisément dans toutes les classes, pénètrent
jusqu'à celles mêmes qui y avaient été jusque-là le plus
étrangères, et arriveraient bientôt à énerver et à dégrader la nation entière, si rien ne venait les arrêter. Or,
il est de l'essence même du despotisme de les favoriser
et de les étendre. Ces passions débilitantes lui viennent

en aide; elles détournent et occupent l'imagination des hommes loin des affaires publiques, et les font trembler à la seule idée des révolutions. Lui seul peut leur fournir le secret et l'ombre qui mettent la cupidité à l'aise et permettent de faire des profits déshonnêtes en bravant le déshonneur. Sans lui elles eussent été fortes; avec lui elles sont régnantes.

La liberté seule, au contraire, peut combattre efficacement dans ces sortes de sociétés les vices qui leur sont naturels et les retenir sur la pente où elles glissent. Il n'y a qu'elle, en effet, qui puisse retirer les citoyens de l'isolement dans lequel l'indépendance même de leur condition les fait vivre, pour les contraindre à se rapprocher les uns des autres, qui les réchauffe et les réunisse chaque jour par la nécessité de s'entendre, de se persuader et de se complaire mutuellement dans la pratique d'affaires communes. Seule elle est capable de les arracher au culte de l'argent et aux petits tracas journaliers de leurs affaires particulières, pour leur faire apercevoir et sentir à tout moment la patrie au-dessus et à côté d'eux; seule elle substitue de temps à autre à l'amour du bien-être des passions plus énergiques et plus hautes, fournit à l'ambition des objets plus grands que l'acquisition des richesses, et crée la lumière, qui permet de voir et de juger les vices et les vertus des hommes.

Les sociétés démocratiques qui ne sont pas libres peuvent être riches, raffinées, ornées, magnifiques même, puissantes par le poids de leur masse homogène ; on peut y rencontrer des qualités privées, de bons pères de famille, d'honnêtes commerçants et des propriétaires très-estimables ; on y verra même de bons chrétiens, car la patrie de ceux-là n'est pas de ce monde et la gloire de leur religion est de les produire au milieu de la plus grande corruption des mœurs et sous les plus mauvais gouvernements : l'Empire romain, dans son extrème décadence, en était plein ; mais ce qui ne se verra jamais, j'ose le dire, dans des sociétés semblables, ce sont de grands citoyens et surtout un grand peuple, et je ne crains pas d'affirmer que le niveau commun des cœurs et des esprits ne cessera jamais de s'y abaisser tant que l'égalité et le despotisme y seront joints.

Voilà ce que je pensais et ce que je disais il y a vingt ans. J'avoue que, depuis, il ne s'est rien passé dans le monde qui m'ait porté à penser et à dire autrement. Ayant montré la bonne opinion que j'avais de la liberté dans un temps où elle était en faveur, on ne trouvera pas mauvais que j'y persiste quand on la délaisse.

Qu'on veuille bien d'ailleurs considérer qu'en ceci même je suis moins différent de la plupart de mes contradicteurs qu'ils ne le supposent peut-être eux-mêmes. Quel est l'homme qui, de nature, aurait l'âme assez basse pour préférer dépendre des caprices d'un de ses semblables à suivre les lois qu'il a contribué à établir

lui-même, si sa nation lui paraissait avoir les vertus nécessaires pour faire un bon usage de la liberté ? Je pense
qu'il n'y en a point. Les despotes eux-mêmes ne nient
pas que la liberté ne soit excellente ; seulement ils ne la
veulent que pour eux-mêmes, et ils soutiennent que tous
les autres en sont tout à fait indignes. Ainsi, ce n'est pas
sur l'opinion qu'on doit avoir de la liberté qu'on diffère, mais sur l'estime plus ou moins grande qu'on fait
des hommes ; et c'est ainsi qu'on peut dire d'une façon
rigoureuse que le goût qu'on montre pour le gouvernement absolu est dans le rapport exact du mépris qu'on
professe pour son pays. Je demande qu'on me permette
d'attendre encore un peu avant de convertir à ce sentiment-là.

Je puis dire, je crois, sans trop me vanter, que le
livre que je publie en ce moment est le produit d'un
très-grand travail. Il y a tel chapitre assez court qui m'a
coûté plus d'un an de recherches. J'aurais pu surcharger
de notes le bas de mes pages ; j'ai mieux aimé n'insérer
ces dernières qu'en petit nombre et les placer à la fin
du volume, avec un renvoi aux pages du texte auquel
elles se rapportent. On trouvera là des exemples et des
preuves. Je pourrais en fournir bien d'autres, si ce
livre paraissait à quelqu'un valoir la peine de les demander.

L'ANCIEN RÉGIME

ET

LA RÉVOLUTION

LIVRE PREMIER

CHAPITRE PREMIER

JUGEMENTS CONTRADICTOIRES QUI SONT PORTÉS SUR LA RÉVOLUTION
A SA NAISSANCE.

Il n'y a rien de plus propre à rappeler les philosophes
et les hommes d'État à la modestie que l'histoire de
notre Révolution; car il n'y eut jamais d'événements
plus grands, conduits de plus loin, mieux préparés et
moins prévus.

Le grand Frédéric lui-même, malgré son génie, ne la
pressent pas. Il la touche sans la voir. Bien plus, il agit
par avance suivant son esprit; il est son précurseur et
déjà, pour ainsi dire, son agent; il ne la reconnaît point à

son approche; et, quand elle se montre enfin, les traits
nouveaux et extraordinaires qui vont caractériser sa physionomie parmi la foule innombrable des révolutions
échappent d'abord aux regards.

Au dehors elle est l'objet de la curiosité universelle ;
partout elle fait naître dans l'esprit des peuples une sorte
de notion indistincte que des temps nouveaux se préparent, de vagues espérances de changements et de réformes ; mais personne ne soupçonne encore ce qu'elle doit
être. Les princes et leurs ministres manquent même de
ce pressentiment confus qui émeut le peuple à sa vue. Ils
ne la considèrent d'abord que comme une de ces maladies
périodiques auxquelles la constitution de tous les peuples
est sujette, et qui n'ont d'autre effet que d'ouvrir de
nouveaux champs à la politique de leurs voisins. Si, par
hasard, ils disent la vérité sur elle, c'est à leur insu. Les
principaux souverains de l'Allemagne, réunis à Pilnitz
en 1791, proclament, il est vrai, que le péril qui menace
la royauté en France est commun à tous les anciens pouvoirs de l'Europe, et que tous sont menacés avec elle ;
mais, au fond, ils n'en croient rien. Les documents secrets du temps font connaître que ce n'était là à leurs
yeux que d'habiles prétextes dont ils masquaient leurs
desseins ou les coloraient aux yeux de la foule.

Quant à eux, ils savent bien que la Révolution française est un accident local et passager dont il s'agit seulement de tirer parti. Dans cette pensée, ils conçoivent
des desseins, font des préparatifs, contractent des alliances
secrètes ; ils se disputent entre eux à la vue de cette proie

prochaine, se divisent, se rapprochent; il n'y a presque rien à quoi ils ne se préparent, sinon à ce qui va arriver.

Les Anglais, auxquels le souvenir de leur propre histoire et la longue pratique de la liberté politique donnent plus de lumière et d'expérience, aperçoivent bien comme à travers un voile épais l'image d'une grande révolution qui s'avance; mais ils ne peuvent distinguer sa forme, et l'action qu'elle va exercer bientôt sur les destinées du monde et sur la leur propre leur est cachée. Arthur Young, qui parcourt la France au moment où la Révolution va éclater, et qui considère cette révolution comme imminente, en ignore si bien la portée, qu'il se demande si le résultat n'en sera point d'accroître les priviléges. « Quant à la noblesse et au clergé, dit-il, si cette révolution leur donnait encore plus de prépondérance, je pense qu'elle ferait plus de mal que de bien. »

Burke, dont l'esprit fut illuminé par la haine que la Révolution dès sa naissance lui inspira, Burke lui-même reste quelques moments incertain à sa vue. Ce qu'il en augure d'abord, c'est que la France en sera énervée et comme anéantie. « Il est à croire, dit-il, que pour long-temps les facultés guerrières de la France sont éteintes; il se pourrait même qu'elles le fussent pour toujours, et que les hommes de la génération qui va suivre puissent dire comme cet ancien : *Gallos quoque in bellis floruisse audivimus* (Nous avons entendu dire que les Gaulois eux-mêmes avaient jadis brillé par les armes).

On ne juge pas mieux l'événement de près que de loin. En France, la veille du jour où la Révolution va éclater, on n'a encore aucune idée précise sur ce qu'elle va faire. Parmi la foule des cahiers, je n'en trouve que deux où se montre une certaine appréhension du peuple. Ce qu'on redoute, c'est la prépondérance que doit conserver le pouvoir royal, la cour, comme on l'appelle encore. La faiblesse et la courte durée des états généraux inquiètent. On a peur qu'on ne les violente. La noblesse est particulièrement travaillée de cette crainte. « Les troupes suisses, disent plusieurs de ces cahiers, prêteront le serment de ne jamais porter les armes contre les citoyens, même en cas d'émeute ou de révolte. » Que es états généraux soient libres, et tous les abus seront aisément détruits; la réforme à faire est immense, mais elle est facile.

Cependant la Révolution suit son cours : à mesure que l'on voit apparaître la tête du monstre, que sa physionomie singulière et terrible se découvre; qu'après avoir détruit les institutions politiques elle abolit les institutions civiles, après les lois change les mœurs, les usages et jusqu'à la langue; quand, après avoir ruiné la fabrique du gouvernement, elle remue les fondements de la société et semble enfin vouloir s'en prendre à Dieu lui-même; lorsque bientôt cette même révolution déborde au dehors, avec des procédés inconnus jusqu'à elle, une tactique nouvelle, des maximes meurtrières, des opinions *armées*, comme disait Pitt, une puissance inouïe qui abat les barrières des empires, brise les couronnes, foule les peuples, et, chose étrange ! les gagne en même temps à sa cause; à mesure que toutes ces

choses éclatent, le point de vue change. Ce qui avait
d'abord semblé, aux princes de l'Europe et aux hommes
d'État, un accident ordinaire de la vie des peuples, paraît
un fait si nouveau, si contraire même à tout ce qui s'était
passé auparavant dans le monde, et cependant si général, si monstrueux, si incompréhensible, qu'en l'aper-
cevant l'esprit humain demeure comme éperdu. Les uns
pensent que cette puissance inconnue, que rien ne semble ni nourrir, ni abattre, qu'on ne saurait arrêter, et
qui ne peut s'arrêter elle-même, va pousser des sociétés
humaines jusqu'à leur dissolution complète et finale.
Plusieurs la considèrent comme l'action visible du dé-
mon sur la terre. « La révolution française a un caractère
satanique, » dit M. de Maistre, dès 1797. D'autres, au
contraire, découvrent en elle un dessein bienfaisant de
Dieu, qui veut renouveler non-seulement la face de la
France, mais celle du monde, et qui va créer en quelque
sorte une humanité nouvelle. On retrouve, chez plusieurs des écrivains de ce temps-là, quelque chose de
cette épouvante religieuse qu'éprouvait Salvien à la vue
des barbares. Burke, reprenant sa pensée, s'écrie : « Privée de son ancien gouvernement, ou plutôt de tout gouvernement, il semblait que la France fût un objet d'in-
sulte et de pitié, plutôt que de devoir être le fléau et la
terreur du genre humain. Mais du tombeau de cette
monarchie assassinée est sorti un être informe, immense,
plus terrible qu'aucun de ceux qui ont accablé et sub-
jugué l'imagination des hommes. Cet être hideux et
étrange marche droit à son but, sans être effrayé du

péril ou arrêté par les remords; contempteur de toutes
les maximes reçues et de tous les moyens ordinaires, il
terrasse ceux qui ne peuvent même pas comprendre
comment il existe. »

L'événement est-il, en effet, aussi extraordinaire qu'il
a paru jadis aux contemporains? aussi inouï, aussi profondément perturbateur et rénovateur qu'ils le suppo-
saient? Quel fut le véritable sens, quel a été le véritable
caractère, quels sont les effets permanents de cette révolution étrange et terrible? Qu'a-t-elle détruit précisément? Qu'a-t-elle créé?

Il semble que le moment de le rechercher et de le dire
est venu, et que nous soyions placés aujourd'hui à ce
point précis d'où l'on peut le mieux apercevoir et juger
ce grand objet. Assez loin de la Révolution pour ne ressentir que faiblement les passions qui troublaient la vue
de ceux qui l'ont faite, nous en sommes assez proche
pour pouvoir entrer dans l'esprit qui l'a amenée et pour
le comprendre. Bientôt on aura peine à le faire; car les
grandes révolutions qui réussissent, faisant disparaître
les causes qui les avaient produites, deviennent ainsi
incompréhensibles par leurs succès mêmes.

CHAPITRE II

QUE L'OBJET FONDAMENTAL ET FINAL DE LA RÉVOLUTION
N'ÉTAIT PAS, COMME ON L'A CRU, DE DÉTRUIRE LE POUVOIR RELIGIEUX
ET D'ÉNERVER LE POUVOIR POLITIQUE.

Une des premières démarches de la Révolution française a été de s'attaquer à l'Église, et, parmi les passions qui sont nées de cette révolution, la première allumée et la dernière éteinte a été la passion irréligieuse. Alors même que l'enthousiasme de la liberté s'était évanoui, après qu'on s'était réduit à acheter la tranquillité au prix de la servitude, on restait révolté contre l'autorité religieuse. Napoléon, qui avait pu vaincre le génie libéral de la Révolution française, fit d'inutiles efforts pour dompter son génie antichrétien, et, de notre temps même, nous avons vu des hommes qui croyaient racheter leur servilité envers les moindres agents du pouvoir politique par leur insolence envers Dieu, et qui, tandis qu'ils abandonnaient tout ce qu'il y avait de plus libre,

de plus noble et de plus fier dans les doctrines de la
Révolution, se flattaient encore de rester fidèles à son
esprit en restant indévots.

Et pourtant il est facile aujourd'hui de se convaincre
que la guerre aux religions n'était qu'un incident de
cette grande révolution, un trait saillant et pourtant fu-
gitif de sa physionomie, un produit passager des idées,
des passions, des faits particuliers qui l'ont précédée et
préparée, et non son génie propre.

On considère avec raison la philosophie du dix-huitième siècle comme une des causes principales de la
Révolution, et il est bien vrai que cette philosophie est
profondément irréligieuse. Mais il faut remarquer en
elle avec soin deux parts, qui sont tout à la fois distinctes
et séparables.

Dans l'une se trouvent toutes les opinions nouvelles
ou rajeunies qui se rapportent à la condition des sociétés et aux principes des lois civiles et politiques, telles, par exemple, que l'égalité naturelle des hommes,
l'abolition de tous les priviléges de castes, de classes, de
professions, qui en est une conséquence, la souveraineté
du peuple, l'omnipotence du pouvoir social, l'uniformité des règles... Toutes ces doctrines ne sont pas seulement les causes de la Révolution française, elles forment, pour ainsi dire, sa substance; elles sont ce qu'il y
a dans ses œuvres de plus fondamental, de plus durable,
de plus vrai, quant au temps.

Dans l'autre partie de leurs doctrines, les philosophes
du dix-huitième siècle s'en sont pris avec une sorte de

fureur à l'Église; ils ont attaqué son clergé, sa hiérarchie, ses institutions, ses dogmes, et, pour les mieux
renverser, ils ont voulu arracher les fondements mêmes
du christianisme. Mais cette portion de la philosophie
du dix-huitième siècle, ayant pris naissance dans les
faits que cette révolution même détruisait, devait peu à
peu disparaître avec eux et se trouver comme ensevelie
dans son triomphe. Je n'ajouterai qu'un mot pour achever de me faire comprendre, car je veux reprendre ailleurs ce grand sujet : c'était bien moins comme doctrine
religieuse que comme institution politique que le christianisme avait allumé ces furieuses haines, non parce
que les prêtres prétendaient régler les choses de l'autre
monde, mais parce qu'ils étaient propriétaires, seigneurs,
décimateurs, administrateurs dans celui-ci ; non parce
que l'Église ne pouvait prendre place dans la société
nouvelle qu'on allait fonder, mais parce qu'elle occupait
alors la place la plus privilégiée et la plus forte dans
cette vieille société qu'il s'agissait de réduire en poudre.

Considérez comme la marche du temps a mis cette
vérité en lumière et achève de l'y mettre tous les jours :
à mesure que l'œuvre politique de la Révolution s'est
consolidée, son œuvre irréligieuse s'est ruinée; à mesure que toutes les anciennes institutions politiques
qu'elle a attaquées ont été mieux détruites, que les
pouvoirs, les influences, les classes qui lui étaient particulièrement odieuses ont été vaincues sans retour, et
que, pour dernier signe de leur défaite, les haines
mêmes qu'elles inspiraient se sont alanguies; à mesure

enfin que le clergé s'est mis plus à part de tout ce qui
était tombé avec lui, on a vu graduellement la puissance de l'Église se relever dans les esprits et s'y raf-
fermir.

Et ne croyez pas que ce spectacle soit particulier à la
France; il n'y a guère d'Église chrétienne en Europe
qui ne se soit ravivée depuis la Révolution française.

Croire que les sociétés démocratiques sont naturellement hostiles à la religion est commettre une grande
erreur : rien dans le christianisme, ni même dans le
catholicisme, n'est absolument contraire à l'esprit de
ces sociétés, et plusieurs choses y sont très-favorables.
L'expérience de tous les siècles d'ailleurs a fait voir que
la racine la plus vivace de l'instinct religieux a toujours été plantée dans le cœur du peuple. Toutes les
religions qui ont péri ont eu là leur dernier asile, et il
serait bien étrange que les institutions qui tendent à
faire prévaloir les idées et les passions du peuple eussent pour effet nécessaire et permanent de pousser l'esprit humain vers l'impiété.

Ce que je viens de dire du pouvoir religieux, je le
dirai à plus forte raison du pouvoir social.

Quand on vit la Révolution renverser à la fois toutes
les institutions et tous les usages qui avaient jusque-là
maintenu une hiérarchie dans la société et retenu les
hommes dans la règle, on put croire que son résultat
serait de détruire non pas seulement un ordre particulier de société, mais tout ordre; non tel gouvernement,
mais la puissance sociale elle-même; et l'on dut juger

que son naturel était essentiellement anarchique. Et
pourtant, j'ose dire que ce n'était encore là qu'une apparence.

Moins d'un an après que la Révolution était commencée, Mirabeau écrivait secrètement au roi : « Com-
parez le nouvel état des choses avec l'ancien régime ;
c'est là que naissent les consolations et les espérances.
Une partie des actes de l'Assemblée nationale, et c'est
la plus considérable, est évidemment favorable au gouvernement monarchique. N'est-ce donc rien que d'être
sans parlement, sans pays d'états, sans corps de clergé,
de privilégiés, de noblesse? L'idée de ne former qu'une
seule classe de citoyens aurait plu à Richelieu : cette
surface égale facilite l'exercice du pouvoir. Plusieurs
règnes d'un gouvernement absolu n'auraient pas fait
autant que cette seule année de révolution pour l'autorité royale. » C'était comprendre la Révolution en
homme capable de la conduire.

Comme la Révolution française n'a pas eu seulement
pour objet de changer un gouvernement ancien, mais
d'abolir la forme ancienne de la société, elle a dû s'attaquer à la fois à tous les pouvoirs établis, ruiner toutes
les influences reconnues, effacer les traditions, renouveler les mœurs et les usages, et vider en quelque sorte
l'esprit humain de toutes les idées sur lesquelles s'é-
taient fondés jusque-là le respect et l'obéissance. De là
son caractère si singulièrement anarchique.

Mais écartez ces débris : vous apercevez un pouvoir
central immense qui a attiré et englouti dans son unité

toutes les parcelles d'autorité et d'influence qui étaient
auparavant dispersées dans une foule de pouvoirs secondaires, d'ordres, de classes, de professions, de familles et d'individus, et comme éparpillées dans tout
le corps social. On n'avait pas vu dans le monde un
pouvoir semblable depuis la chute de l'Empire romain.
La Révolution a créé cette puissance nouvelle, ou plutôt celle-ci est sortie comme d'elle-même des ruines
que la Révolution a faites. Les gouvernements qu'elle a
fondés sont plus fragiles, il est vrai, mais cent fois plus
puissants qu'aucun de ceux qu'elle a renversés, fragiles et puissants par les mêmes causes, ainsi qu'il sera
dit ailleurs.

C'est cette forme simple, régulière et grandiose, que
Mirabeau entrevoyait déjà à travers la poussière des
anciennes institutions à moitié démolies. L'objet, malgré sa grandeur, était encore invisible alors aux yeux
de la foule; mais peu à peu le temps l'a exposé à tous
les regards. Aujourd'hui il remplit surtout l'œil des
princes. Ils le considèrent avec admiration et avec envie, non-seulement ceux que la Révolution a engen-
drés, mais ceux même qui lui sont le plus étrangers
et le plus ennemis; tous s'efforcent dans leurs domaines
de détruire les immunités, d'abolir les priviléges. Ils
mêlent les rangs, égalisent les conditions, substituent
des fonctionnaires à l'aristocratie, aux franchises locales l'uniformité des règles, à la diversité des pouvoirs
l'unité du gouvernement. Ils s'appliquent à ce travail
révolutionnaire avec une incessante industrie; et, s'ils

y rencontrent quelque obstacle, il leur arrive parfois
d'emprunter à la Révolution ses procédés et ses maximes.
On les a vus soulever au besoin le pauvre contre le riche, le roturier contre le noble, le paysan contre son
seigneur. La Révolution française a été tout à la fois
leur fléau et leur institutrice.

CHAPITRE III

COMMENT LA RÉVOLUTION FRANÇAISE A ÉTÉ UNE RÉVOLUTION
POLITIQUE QUI A PROCÉDÉ A LA MANIÈRE DES RÉVOLUTIONS RELIGIEUSES,
ET POURQUOI.

Toutes les révolutions civiles et politiques ont eu une patrie et s'y sont renfermées. La Révolution française n'a pas eu de territoire propre; bien plus, son effet a été d'effacer en quelque sorte de la carte toutes les anciennes frontières. On l'a vue rapprocher ou diviser les hommes en dépit des lois, des traditions, des caractères, de la langue, rendant parfois ennemis des compatriotes, et frères des étrangers; ou plutôt elle a formé, au-dessus de toutes les nationalités particulières, une patrie intellectuelle commune dont les hommes de toutes les nations ont pu devenir citoyens.

Fouillez toutes les annales de l'histoire, vous ne trouverez pas une seule révolution politique qui ait eu ce même caractère : vous ne le retrouverez que dans cer-

taines révolutions religieuses. Aussi c'est à des révolutions religieuses qu'il faut comparer la Révolution
française, si l'on veut se faire comprendre à l'aide de
l'analogie.

Schiller remarque avec raison, dans son *Histoire de
la guerre de Trente Ans*, que la grande réforme du
seizième siècle eut pour effet de rapprocher tout à coup
les uns des autres des peuples qui se connaissaient à
peine, et de les unir étroitement par des sympathies
nouvelles. On vit, en effet, alors des Français combattre contre des Français, tandis que des Anglais leur
venaient en aide; des hommes nés au fond de la Balti-
que pénétrèrent jusqu'au cœur de l'Allemagne pour y
protéger des Allemands dont ils n'avaient jamais entendu parler jusque-là. Toutes les guerres étrangères
prirent quelque chose des guerres civiles; dans toutes
les guerres civiles des étrangers parurent. Les anciens
intérêts de chaque nation furent oubliés pour des intérêts nouveaux; aux questions de territoire succédèrent
des questions de principes. Toutes les règles de la diplo-
matie se trouvèrent mêlées et embrouillées, au grand
étonnement et à la grande douleur des politiques de
ce temps-là. C'est précisément ce qui arriva en Europe
après 1789.

La Révolution française est donc une révolution politique qui a opéré à la manière et qui a pris en quelque
chose l'aspect d'une révolution religieuse. Voyez par
quels traits particuliers et caractéristiques elle achève
de ressembler à ces dernières : non-seulement elle se

répand au loin comme elles, mais, comme elles, elle y
pénètre par la prédication et la propagande. Une révolution politique qui inspire le prosélytisme; qu'on prêche aussi ardemment aux étrangers qu'on l'accomplit
avec passion chez soi; considérez quel nouveau spectacle! Parmi toutes les choses inconnues que la Révolution française a montrées au monde, celle-ci est assurément la plus nouvelle. Mais ne nous arrêtons pas là;
tâchons de pénétrer un peu plus avant et de découvrir
si cette ressemblance dans les effets ne tiendrait pas à
quelque ressemblance cachée dans les causes.

Le caractère habituel des religions est de considérer
l'homme en lui-même, sans s'arrêter à ce que les lois,
les coutumes et les traditions d'un pays ont pu joindre
de particulier à ce fonds commun. Leur but principal
est de régler les rapports généraux de l'homme avec
Dieu, les droits et les devoirs généraux des hommes
entre eux, indépendamment de la forme des sociétés.
Les règles de conduite qu'elles indiquent se rapportent
moins à l'homme d'un pays ou d'un temps qu'au fils,
au père, au serviteur, au maître, au prochain. Prenant
ainsi leur fondement dans la nature humaine elle-même,
elles peuvent être reçues également par tous les hommes
et applicables partout. De là vient que les révolutions
religieuses ont eu souvent de si vastes théâtres, et se
sont rarement renfermées, comme les révolutions politiques, dans le territoire d'un seul peuple, ni même d'une
seule race. Et si l'on veut envisager ce sujet encore de
plus près, on trouvera que plus les religions ont eu ce

caractère abstrait et général que je viens d'indiquer, plus elles se sont étendues, en dépit de la différence des lois, des climats et des hommes.

Les religions païennes de l'antiquité, qui étaient toutes plus ou moins liées à la constitution politique ou à l'état social de chaque peuple, et conservaient jusque dans leurs dogmes une certaine physionomie nationale et souvent municipale, se sont renfermées d'ordinaire dans les limites d'un territoire dont on ne les vit guère sortir. Elles firent naître parfois l'intolérance et la persécution; mais le prosélytisme leur fut presque entièrement inconnu. Aussi n'y eut-il pas de grandes révolutions religieuses dans notre Occident avant l'arrivée du christianisme. Celui-ci, passant aisément à travers toutes les barrières qui avaient arrêté les religions païennes, conquit en peu de temps une grande partie du genre humain. Je crois que ce n'est pas manquer de respect à cette sainte religion que de dire qu'elle dut, en partie, son triomphe à ce qu'elle s'était, plus qu'aucune autre, dégagée de tout ce qui pouvait être spécial à un peuple, à une forme de gouvernement, à un état social, à une époque, à une race.

La Révolution française a opéré, par rapport à ce monde, précisément de la même manière que les révolutions religieuses agissent en vue de l'autre; elle a considéré le citoyen d'une façon abstraite, en dehors de toutes les sociétés particulières, de même que les religions considèrent l'homme en général, indépendamment du pays et du temps. Elle n'a pas recherché seulement quel était le droit particulier du citoyen français, mais quels étaient les devoirs et les droits généraux des hommes en matière politique.

C'est en remontant toujours ainsi à ce qu'il y avait de moins particulier, et, pour ainsi dire, de plus *naturel* en fait d'état social et de gouvernement, qu'elle a pu se rendre compréhensible pour tous et imitable en cent endroits à la fois.

Comme elle avait l'air de tendre à la régénération du genre humain plus encore qu'à la réforme de la France, elle a allumé une passion que, jusque-là, les révolutions politiques les plus violentes n'avaient jamais pu produire. Elle a inspiré le prosélytisme et fait naître la propagande. Par là, enfin, elle a pu prendre cet air de révolution religieuse qui a tant épouvanté les contemporains; ou plutôt elle est devenue elle-même une sorte de religion nouvelle, religion imparfaite, il est vrai, sans Dieu, sans culte et sans autre vie, mais qui, néanmoins, comme l'islamisme, a inondé toute la terre de ses soldats, de ses apôtres et de ses martyrs.

Il ne faut pas croire, du reste, que les procédés employés par elles fussent absolument sans précédents, et que toutes les idées qu'elle a mises au jour fussent entièrement nouvelles. Il y a eu dans tous les siècles, et jusqu'en plein moyen âge, des agitateurs qui, pour changer des coutumes particulières, ont invoqué les lois générales des sociétés humaines, et qui ont entrepris d'opposer à la constitution de leur pays les droits naturels de l'humanité. Mais toutes ces tentatives ont échoué :

le même brandon qui a enflammé l'Europe au dix-huitième siècle a été facilement éteint au quinzième. Pour
que des arguments de cette espèce produisent des révolutions, il faut, en effet, que certains changements déjà
survenus dans les conditions, les coutumes et les
mœurs, aient préparé l'esprit humain à s'en laisser
pénétrer.

Il y a des temps où les hommes sont si différents les
uns des autres, que l'idée d'une même loi applicable à
tous est pour eux comme incompréhensible. Il y en a
d'autres où il suffit de leur montrer de loin et confusé-
ment l'image d'une telle loi pour qu'ils la reconnaissent
aussitôt et courent vers elle.

Le plus extraordinaire n'est pas que la Révolution
française ait employé les procédés qu'on lui a vu mettre
en œuvre et conçu les idées qu'elle a produites : la
grande nouveauté est que tant de peuples fussent arrivés
à ce point que de tels procédés pussent être efficacement
employés et de telles maximes facilement admises.

CHAPITRE IV

Les peuples qui ont renversé l'Empire romain et qui ont fini par former les nations modernes, différaient par les races, le pays, le langage; ils ne se ressemblaient que par la barbarie. Établis sur le sol de l'empire, ils s'y sont entre-choqués longtemps au milieu d'une confusion immense, et, quand ils sont enfin devenus stables, ils se sont trouvés séparés les uns des autres par les ruines mêmes qu'ils avaient faites. La civilisation étant presque éteinte et l'ordre public détruit, les rapports des hommes entre eux devinrent difficiles et périlleux, et la grande société européenne se fractionna en mille petites sociétés distinctes et ennemies qui vécurent chacune à part. Et pourtant, du milieu de cette masse incohérente, on vit sortir tout à coup des lois uniformes.

Ces institutions ne sont point imitées de la législation romaine ; elles y sont contraires à ce point que c'est du droit romain que l'on s'est servi pour les transformer et les abolir. Leur physionomie est originale et les distingue parmi toutes les lois que se sont données les hommes. Elles correspondent symétriquement entre elles, et, toutes ensemble, forment un corps composé de parties si serrées, que les articles de nos codes modernes ne sont pas plus étroitement unis ; lois savantes, à l'usage d'une société à demi grossière.

Comment une pareille législation a-t-elle pu se former, se répandre, se généraliser enfin en Europe ? Mon but n'est pas de le rechercher. Ce qui est certain, c'est qu'au moyen âge elle se retrouve plus ou moins partout en Europe, et que, dans beaucoup de pays, elle règne à l'exclusion de tous les autres.

J'ai eu occasion d'étudier les institutions politiques du moyen âge en France, en Angleterre et en Allemagne, et, à mesure que j'avançais dans ce travail, j'étais rempli d'étonnement en voyant la prodigieuse similitude qui se rencontre entre toutes ces lois, et j'admirais comment des peuples si différents et si peu mêlés entre eux avaient pu s'en donner de si semblables. Ce n'est pas qu'elles ne varient sans cesse et presque à l'infini dans les détails, suivant les lieux ; mais leur fond est partout le même. Quand je découvrais dans la vieille législation germanique une institution politique, une règle, un pouvoir, je savais d'avance qu'en cherchant bien je trouverais quelque chose de tout semblable, quant à la substance, en France et en Angleterre, et je ne manquais pas de l'y retrouver en effet. Chacun de ces trois peuples m'aidait à mieux comprendre les deux autres.

Chez tous les trois, le gouvernement est conduit d'après les mêmes maximes, les assemblées politiques formées des mêmes éléments et munies des mêmes pouvoirs. La société y est divisée de la même manière, et la même hiérarchie se montre entre les différentes classes; les nobles y occupent une position identique; ils ont mêmes priviléges, même physionomie, même naturel : ce ne sont pas des hommes différents, ce sont proprement partout les mêmes hommes.

Les constitutions des villes se ressemblent; les campagnes sont gouvernées de la même manière. La condition des paysans est peu différente; la terre est possédée, occupée, cultivée de même, le cultivateur soumis aux mêmes charges. Des confins de la Pologne à la mer d'Irlande, la seigneurie, la cour du seigneur, le fief, la censive, les services à rendre, les droits féodaux, les corporations, tout se ressemble. Quelquefois les noms sont les mêmes, et, ce qui est plus remarquable encore, un seul esprit anime toutes ces institutions analogues. Je crois qu'il est permis d'avancer qu'au quatorzième siècle les institutions sociales, politiques, administratives, judiciaires, économiques et littéraires de l'Europe, avaient plus de ressemblance entre elles qu'elles n'en ont peut-être même de nos jours, où la civilisation semble avoir pris soin de frayer tous les chemins et d'abaisser toutes les barrières.

Il n'entre pas dans mon sujet de raconter comment cette ancienne constitution de l'Europe s'était peu à peu affaiblie et délabrée ; je me borne à constater qu'au dix-huitième siècle elle était partout à moitié ruinée. Le dépérissement était, en général, moins marqué à l'orient du continent, plus à l'occident ; mais en tous lieux la vieillesse et souvent la décrépitude se faisaient voir.

Cette décadence graduelle des institutions propres du moyen âge se suit dans leurs archives. On sait que chaque seigneurie possédait des registres nommés *terriers*, dans lesquels, de siècle en siècle, on indiquait les limites des fiefs et des censives, les redevances dues, les services à rendre, les usages locaux. J'ai vu des terriers du quatorzième siècle qui sont des chefs-d'œuvre de méthode, de clarté, de netteté et d'intelligence. Ils deviennent obscurs, indigestes, incomplets et confus, à mesure qu'ils sont plus récents, malgré le progrès général des lumières. Il semble que la société politique tombe en barbarie dans le même temps que la société civile achève de s'éclairer.

En Allemagne même, où la vieille constitution de l'Europe avait mieux conservé qu'en France ses traits primitifs,, une partie des institutions qu'elle avait créées étaient déjà partout détruites. Mais c'est moins encore en voyant ce qui lui manque qu'en considérant en quel état se trouve ce qui lui reste qu'on juge des ravages du temps.

Les institutions municipales, qui, au treizième et au quatorzième siècle, avaient fait des principales villes allemandes de petites républiques riches et éclairées, existent encore au dix-huitième; mais elles n'offrent plus que de vaines apparences. Leurs prescriptions paraissent en vigueur; les magistrats qu'elles ont établis portent les mêmes noms et semblent faire les mêmes choses; mais l'activité, l'énergie, le patriotisme communal, les vertus mâles et fécondes qu'elles ont inspirées ont disparu. Ces anciennes institutions se sont comme affaissées sur elles mêmes sans se déformer.

Tous les pouvoirs du moyen âge qui subsistent encore sont atteints de la même maladie; tous font voir le même dépérissement et la même langueur. Bien plus, tout ce qui, sans appartenir en propre à la constitution de ce temps, s'y est trouvé mêlé et en a retenu l'empreinte un peu vive, perd aussitôt sa vitalité. Dans ce contact, l'aristocratie contracte une débilité sénile; la liberté politique elle-même, qui a rempli tout le moyen âge de ses œuvres, semble frappée de stérilité partout où elle conserve les caractères particuliers que le moyen âge lui avait donnés. Là où les assemblées provinciales ont gardé, sans y rien changer, leur antique constitution, elles arrêtent le progrès de la civilisation plutôt qu'elles n'y aident; on dirait qu'elles sont étrangères et comme impénétrables à l'esprit nouveau des temps. Aussi le cœur du peuple leur échappe et tend vers les princes. L'antiquité de ces institutions ne les a pas rendues vénérables; elles se discréditent, au contraire, chaque jour en vieillissant; et, chose étrange, elles inspirent d'autant plus de haine qu'étant plus en décadence elles semblent moins

en état de nuire. « L'état de choses existant, dit un écrivain allemand, contemporain et ami de cet ancien régime, paraît être devenu généralement blessant pour
tous et quelquefois méprisable. Il est singulier de voir
comme on juge maintenant avec défaveur tout ce qui est
vieux. Les impressions nouvelles se font jour jusqu'au
sein de nos familles et en troublent l'ordre. Il n'y a pas
jusqu'à nos ménagères qui ne veulent plus souffrir leurs
anciens meubles. » Cependant, en Allemagne, à la
même époque, comme en France, la société était en
grande activité et en prospérité toujours croissante.
Mais faites bien attention à ceci; ce trait complète le
tableau : tout ce qui vit, agit, produit, est d'origine
nouvelle, non-seulement nouvelle, mais contraire.

C'est la royauté, qui n'a plus rien de commun avec la
royauté du moyen âge, possède d'autres prérogatives,
tient une autre place, a un autre esprit, inspire d'autres
sentiments; c'est l'administration de l'État qui s'étend
de toutes parts sur les débris des pouvoirs locaux; c'est
la hiérarchie des fonctionnaires qui remplace de plus en
plus le gouvernement des nobles. Tous ces nouveaux
pouvoirs agissent d'après des procédés, suivent des
maximes que les hommes du moyen âge n'ont pas connus ou ont réprouvés, et qui se rapportent, en effet, à
un état de société dont ils n'avaient pas même l'idée.

En Angleterre, où l'on dirait au premier abord que
l'ancienne constitution de l'Europe est encore en vigueur, il en est aussi de même. Si l'on veut oublier les
vieux noms et écarter les vieilles formes, on y trouvera

dès le dix-septième siècle le système féodal aboli dans
sa substance, des classes qui se pénètrent, une noblesse
effacée, une aristocratie ouverte, la richesse devenue la
puissance, l'égalité devant la loi, l'égalité des charges,
la liberté de la presse, la publicité des débats ; tous
principes nouveaux que la société du moyen âge ignorait. Or ce sont précisément ces choses nouvelles qui,
introduites peu à peu et avec art dans ce vieux corps,
l'ont ranimé, sans risquer de le dissoudre, et l'ont rempli d'une fraîche vigueur en lui laissant des formes antiques. L'Angleterre du dix-septième siècle est déjà une
nation toute moderne, qui a seulement préservé dans
son sein et comme embaumé quelques débris du moyen
âge.

Il était nécessaire de jeter un coup d'œil rapide hors
de la France pour faciliter l'intelligence de ce qui va
suivre ; car quiconque n'a étudié et vu que la France, ne
comprendra jamais rien, j'ose le dire, à la Révolution
française.

CHAPITRE V

Tout ce qui précède n'a eu pour but que d'éclaircir le sujet et de faciliter la solution de cette question que j'ai posée d'abord : Quel a été l'objet véritable de la Révolution? Quel est enfin son caractère propre? Pourquoi précisément a-t-elle été faite? Qu'a-t-elle fait?

La Révolution n'a point été faite, comme on l'a cru, pour détruire l'empire des croyances religieuses; elle a été essentiellement, malgré les apparences, une révolution sociale et politique; et, dans le cercle des institutions de cette espèce, elle n'a point tendu à perpétuer le désordre, à le rendre en quelque sorte stable, à *méthodiser* l'anarchie, comme disait un de ses principaux adversaires, mais plutôt à accroître la puissance et les droits de l'autorité publique. Elle ne devait pas changer le caractère que notre civilisation avait eu jusque-là, comme d'autres l'ont pensé, en arrêter les progrès, ni même altérer dans leur essence aucune des lois fondamentales sur lesquelles reposent les sociétés humaines dans notre Occident. Quand on la sépare de tous les accidents qui ont momentanément changé sa physionomie à différentes époques et dans divers pays, pour ne la considérer qu'en elle-même, on voit clairement que cette révolution n'a eu pour effet que d'abolir ces institutions politiques qui, pendant plusieurs siècles, avaient régné sans partage chez la plupart des peuples européens, et que l'on désigne d'ordinaire sous le nom d'institutions féodales, pour y substituer un ordre social et politique plus uniforme et plus simple, qui avait l'égalité des conditions pour base.

Cela suffisait pour faire une révolution immense, car, indépendamment de ce que les institutions antiques étaient encore mêlées et comme entrelacées à presque toutes les lois religieuses et politiques de l'Europe, elles avaient, de plus, suggéré une foule d'idées, de sentiments, d'habitudes, de mœurs, qui leur étaient comme adhérentes. Il fallut une affreuse convulsion pour détruire et extraire tout à coup du corps social une partie qui tenait ainsi à tous ses organes. Ceci fit paraître la Révolution encore plus grande qu'elle n'était ; elle semblait tout détruire, car ce qu'elle détruisait touchait à tout et faisait en quelque sorte corps avec tout.

Quelque radicale qu'ait été la Révolution, elle a cependant beaucoup moins innové qu'on ne le suppose généralement : je le montrerai plus tard. Ce qu'il est vrai de dire d'elle, c'est qu'elle a entièrement détruit

ou est en train de détruire (car elle dure encore) tout
ce qui, dans l'ancienne société, découlait des institutions
aristocratiques et féodales, tout ce qui s'y rattachait en
quelque manière, tout ce qui en portait, à quelque degré que ce fût, la *moindre* empreinte. Elle n'a conservé
de l'ancien monde que ce qui avait toujours été étranger
à ces institutions ou pouvait exister sans elles. Ce que la
Révolution a été moins que toute autre chose, c'est un
événement fortuit. Elle a pris, il est vrai, le monde à
l'improviste, et cependant elle n'était que le complé-
ment du plus long travail, la terminaison soudaine et
violente d'une œuvre à laquelle dix générations d'hommes avaient travaillé. Si elle n'eût pas eu lieu, le vieil
édifice social n'en serait pas moins tombé partout, ici
plus tôt, là plus tard; seulement il aurait continué à
tomber pièce à pièce au lieu de s'effondrer tout à coup.
La Révolution a achevé soudainement, par un effort con-
vulsif et douloureux, sans transition, sans précaution,
sans égards, ce qui se serait achevé peu à peu de soi-
même à la longue. Telle fut son œuvre.

Il est surprenant que ce qui semble aujourd'hui si
facile à discerner restât aussi embrouillé et aussi voilé
aux yeux des plus clairvoyants.

« Vous vouliez corriger les abus de votre gouvernement, dit le même Burke aux Français ; mais pourquoi
faire du nouveau? Que ne vous rattachiez-vous à vos anciennes traditions? Que ne vous borniez-vous à reprendre
vos anciennes franchises? Ou, s'il vous était impossible
de retrouver la physionomie effacée de la constitution

de vos pères, qué ne jetiez-vous les regards de notre côté? Là, vous auriez retrouvé l'ancienne loi commune de l'Europe. » Burke ne s'aperçoit pas que ce qu'il a sous les yeux, c'est la révolution, qui doit précisément abolir cette ancienne loi commune de l'Europe; il ne discerne point que c'est proprement de cela qu'il s'agit, et non d'autre chose.

Mais pourquoi cette révolution, partout préparée, partout menaçante, a-t-elle éclaté en France plutôt qu'ailleurs? Pourquoi a-t-elle eu chez nous certains caractères qui ne se sont plus retrouvés nulle part ou n'ont reparu qu'à moitié? Cette seconde question mérite assurément qu'on la pose; son examen fera l'objet des livres suivants.

LIVRE II

CHAPITRE PREMIER

POURQUOI LES DROITS FÉODAUX ÉTAIENT DEVENUS PLUS ODIEUX AU PEUPLE
EN FRANCE QUE PARTOUT AILLEURS.

Une chose surprend au premier abord : la Révolution, dont l'objet propre était d'abolir partout le reste des institutions du moyen âge, n'a pas éclaté dans les contrées où ces institutions, mieux conservées, faisaient le plus sentir au peuple leur gêne et leur rigueur, mais, au contraire, dans celles où elles les lui faisaient sentir le moins; de telle sorte que leur joug a paru le plus insupportable là où il était en réalité le moins lourd.

Dans presque aucune partie de l'Allemagne, à la fin du dix-huitième siècle, le servage n'était encore complétement aboli, et, dans la plupart, le peuple demeurait positivement attaché à la glèbe, comme au moyen âge. Presque tous les soldats qui composaient les armées de Frédéric II et de Marie-Thérèse ont été de véritables serfs.

Dans la plupart des États d'Allemagne, en 1788, le paysan ne peut quitter la seigneurie, et, s'il la quitte, on peut le poursuivre partout où il se trouve et l'y ramener de force. Il y est soumis à la justice dominicale, qui surveille sa vie privée et punit son intempérance et sa paresse. Il ne peut ni s'élever dans sa position, ni changer de profession, ni se marier sans le bon plaisir du maître. Une grande partie de son temps doit être consacrée au service de celui-ci. Plusieurs années de sa jeunesse doivent s'écouler dans la domesticité du manoir. La corvée seigneuriale existe dans toute sa force et peut s'étendre, dans certains pays, jusqu'à trois jours par semaine. C'est le paysan qui rebâtit et entretient les bâtiments du seigneur, mène ses denrées au marché, le conduit lui-même, et est chargé de porter ses messages. Le serf peut cependant devenir propriétaire foncier, mais sa propriété reste toujours très-imparfaite. Il est obligé de cultiver son champ d'une certaine manière, sous l'œil du seigneur; il ne peut ni l'aliéner ni l'hypothéquer à sa volonté. Dans certains cas, on le force d'en vendre les produits; dans d'autres on l'empêche de les vendre; pour lui, la culture est toujours obligatoire. Sa succession même ne passe pas tout entière à ses enfants : une partie en est d'ordinaire retenue par la seigneurie.

Je ne recherche pas ces dispositions dans des lois surannées, je les rencontre jusque dans le code préparé

par le grand Frédéric et promulgué par son successeur,
au moment même où la Révolution française vient d'é-
clater.

Rien de semblable n'existait plus en France depuis
longtemps : le paysan allait, venait, achetait, vendait,
traitait, travaillait à sa guise. Les derniers vestiges du
servage ne se faisaient plus voir que dans une ou deux
provinces de l'Est, provinces conquises; partout ailleurs
il avait entièrement disparu, et même son abolition re-
montait à une époque si éloignée, que la date en était
oubliée. Des recherches savantes, faites de nos jours,
ont prouvé que, dès le treizième siècle, on ne le rencontre plus en Normandie.

Mais il s'était fait dans la condition du peuple, en
France, une bien autre révolution encore : le paysan
n'avait pas seulement cessé d'être serf, il était devenu
propriétaire foncier. Ce fait est encore aujourd'hui si
mal établi, et il a eu, comme on le verra, tant de conséquences, qu'on me permettra de m'arrêter un moment ici pour le considérer.

On a cru longtemps que la division de la propriété
foncière datait de la Révolution et n'avait été produite
que par elle; le contraire est prouvé par toutes sortes de
témoignages.

Vingt ans au moins avant cette révolution, on rencontre des sociétés d'agriculture qui déplorent déjà que
le sol se morcelle outre mesure. « La division des héritages, dit Turgot vers le même temps, est telle, que
celui qui suffisait pour une seule famille se partage

IV   *   4

entre cinq ou six enfants. Ces enfants et leurs familles ne peuvent plus dès lors subsister uniquement de la terre. » Necker avait dit, quelques années plus tard, qu'il y avait en France une *immensité* de petites propriétés rurales.

Je trouve, dans un rapport secret fait à un intendant peu d'années avant la Révolution : « Les successions se subdivisent d'une manière égale et inquiétante, et, chacun voulant avoir de tout et partout, les pièces de terre se trouvent divisées à l'infini et se subdivisent sans cesse. » Ne croirait-on pas que ceci est écrit de nos jours ?

J'ai pris moi-même des peines infinies pour reconstruire en quelque sorte le cadastre de l'ancien régime, et j'y suis quelquefois parvenu. D'après la loi de 1790, qui a établi l'impôt foncier, chaque paroisse a dû dresser un état des propriétés alors existantes sur son territoire. Ces états ont disparu pour la plupart ; néanmoins je les ai retrouvés dans un certain nombre de villages, et, en les comparant avec les rôles de nos jours, j'ai vu que, dans ces villages-là, le nombre des propriétaires fonciers s'élevait à la moitié, souvent aux deux tiers du nombre actuel ; ce qui paraîtra bien remarquable si l'on pense que la population totale de la France s'est accrue de plus d'un quart depuis ce temps.

Déjà, comme de nos jours, l'amour du paysan pour la propriété foncière est extrême, et toutes les passions qui naissent chez lui de la possession du sol sont allumées.

« Les terres se vendent toujours au delà de leur valeur, dit un excellent observateur contemporain ; ce qui
tient à la passion qu'ont tous les habitants pour devenir
propriétaires. Toutes les épargnes des basses classes,
qui d'ailleurs sont placées sur des particuliers et dans
les fonds publics, sont destinées en France à l'achat
des terres. »

Parmi toutes les choses nouvelles qu'Arthur Young
aperçoit chez nous, quand il nous visite pour la première fois, il n'y en a aucune qui le frappe davantage
que la grande division du sol parmi les paysans; il affirme que la moitié du sol de la France leur appartient
en propre. « Je n'avais nulle idée, dit-il souvent, d'un
pareil état de choses; » et, en effet, un pareil état de
choses ne se trouvait alors nulle part ailleurs qu'en
France ou dans son voisinage le plus proche.

En Angleterre, il y avait eu des paysans propriétaires,
mais on en rencontrait déjà beaucoup moins. En Allemagne, on avait vu, de tout temps et partout, un certain nombre de paysans libres et qui possédaient en
toute propriété des portions du sol. Les lois particulières et souvent bizarres qui régissaient la propriété
du paysan se retrouvent dans les plus vieilles coutumes
germaniques; mais cette sorte de propriété a toujours
été un fait exceptionnel, et le nombre de ces petits propriétaires fonciers fort petit.

Les contrées de l'Allemagne où, à la fin du dix-huitième siècle, le paysan était propriétaire et à peu près
aussi libre qu'en France, sont situées, la plupart, le long

du Rhin; c'est aussi là que les passions révolutionnaires
de la France se sont le plus tôt répandues et ont. été
toujours les plus vives. Les portions de l'Allemagne qui
ont été, au contraire, le plus longtemps impénétrables
à ces passions sont celles où rien de semblable ne se
voyait encore. Remarque digne d'être faite.

C'est donc suivre une erreur commune que de croire
que la division de la propriété foncière date en France
de la Révolution; le fait est bien plus vieux qu'elle. La
Révolution a, il est vrai, vendu toutes les terres du
clergé et une grande partie de celles des nobles, mais,
si l'on veut consulter les procès-verbaux mêmes de ces
ventes, comme j'ai eu quelquefois la patience de le faire,
on verra que la plupart de ces terres ont été achetées
par des gens qui en possédaient déjà d'autres; de sorte
que, si la propriété a changé de mains, le nombre des
propriétaires s'est bien moins accru qu'on ne l'imagine.
Il y avait déjà en France une *immensité* de ceux-ci,
suivant l'expression ambitieuse, mais juste, cette fois,
de M. Necker.

L'effet de la Révolution n'a pas été de diviser le sol,
mais de le libérer pour un moment. Tous ces petits propriétaires étaient, en effet, fort gênés dans l'exploitation
de leurs terres, et supportaient beaucoup de servitudes
dont il ne leur était pas permis de se délivrer.

Ces charges étaient pesantes sans doute; mais ce
qui les leur faisait paraître insupportables était précisément la circonstance qui aurait dû, ce semble, leur en
alléger le poids : ces mêmes paysans avaient été sous-

traits, plus que nulle part ailleurs en Europe, au gouvernement de leurs seigneurs; autre révolution non moins grande que celle qui les avait rendus propriétaires.

Quoique l'ancien régime soit encore bien près de nous, puisque nous rencontrons tous les jours des hommes qui sont nés sous ses lois, il semble déjà se perdre dans la nuit des temps. La révolution radicale qui nous en sépare a produit l'effet des siècles : elle a obscurci tout ce qu'elle ne détruisait pas. Il y a donc peu de gens qui puissent répondre aujourd'hui exactement à cette simple question : Comment s'administraient les campagnes avant 1789? Et, en effet, on ne saurait le dire avec précision et avec détail sans avoir étudié, non pas les livres, mais les archives administratives de ce temps-là.

J'ai souvent entendu dire : la noblesse, qui depuis longtemps avait cessé de prendre part au gouvernement de l'État, avait conservé jusqu'au bout l'administration des campagnes; le seigneur en gouvernait les paysans. Ceci ressemble bien à une erreur.

Au dix-huitième siècle, toutes les affaires de la paroisse étaient conduites par un certain nombre de fonctionnaires qui n'étaient plus les agents de la seigneurie et que le seigneur ne choisissait plus; les uns étaient nommés par l'intendant de la province, les autres élus par les paysans eux-mêmes. C'était à ces autorités à répartir l'impôt, à réparer les églises, à bâtir les écoles, à rassembler et à présider l'assemblée de la paroisse.

Elles veillaient sur le bien communal et en réglaient
l'usage, intentaient et soutenaient au nom de la communauté les procès. Non-seulement le seigneur ne dirigeait plus l'administration de toutes ces petites affaires
locales, mais il ne la surveillait pas. Tous les fonctionnaires de la paroisse étaient sous le gouvernement ou
sous le contrôle du pouvoir central, comme nous le
montrerons dans le chapitre suivant. Bien plus, on ne
voit presque plus le seigneur agir comme le représentant du roi dans la paroisse, comme l'intermédiaire
entre celui-ci et les habitants. Ce n'est plus lui qui est
chargé d'y appliquer les lois générales de l'État, d'y
assembler les milices, d'y lever les taxes, d'y publier
les mandements du prince, d'en distribuer les secours.
Tous ces devoirs et tous ces droits appartiennent à d'autres. Le seigneur n'est plus en réalité qu'un habitant
que des immunités et des priviléges séparent et isolent
de tous les autres; sa condition est différente, non son
pouvoir. *Le seigneur n'est qu'un premier habitant*, ont
soin de dire les intendants dans leurs lettres à leurs
subdélégués.

Si vous sortez de la paroisse et que vous considériez
le canton, vous reverrez le même spectacle. Nulle part
les nobles n'administrent ensemble, non plus qu'individuellement ; cela était particulier à la France. Partout
ailleurs le trait caractéristique de la vieille société féodale s'était en partie conservé : la possession de la terre
et le gouvernement des habitants demeuraient encore
mêlés.

L'Angleterre était administrée aussi bien que gouvernée par les principaux propriétaires du sol. Dans les portions mêmes de l'Allemagne où les princes étaient le mieux parvenus, comme en Prusse et en Autriche, à se soustraire à la tutelle des nobles dans les affaires générales de l'État, ils leur avaient en grande partie conservé l'administration des campagnes, et, s'ils étaient allés dans certains endroits jusqu'à contrôler le seigneur, nulle part ils n'avaient encore pris sa place.

A vrai dire, les nobles français ne touchaient plus depuis longtemps à l'administration publique que par un seul point, la justice. Les principaux d'entre eux avaient conservé le droit d'avoir des juges qui décidaient certains procès en leur nom, et faisaient encore de temps en temps des règlements de police dans les limites de la seigneurie ; mais le pouvoir royal avait graduellement écourté, limité, subordonné la justice seigneuriale, à ce point que les seigneurs qui l'exerçaient encore la considéraient moins comme un pouvoir que comme un revenu.

Il en était ainsi de tous les droits particuliers de la noblesse. La partie politique avait disparu ; la portion pécuniaire seule était restée, et quelquefois s'était fort accrue.

Je ne veux parler en ce moment que de cette portion des priviléges utiles qui portait par excellence le nom de droits féodaux, parce que ce sont ceux-là particulièrement qui touchent le peuple.

Il est malaisé de dire aujourd'hui en quoi ces droits

consistaient encore en 1789, car leur nombre avait été
immense et leur diversité prodigieuse, et, parmi eux,
plusieurs avaient déjà disparu ou s'étaient transformés; de sorte que le sens des mots qui les désignaient,
déjà confus pour les contemporains, est devenu pour
nous fort obscur. Néanmoins, quand on consulte les
livres des feudistes du dix-huitième siècle et qu'on recherche avec attention les usages locaux, on s'aperçoit
que tous les droits encore existants peuvent se réduire
à un petit nombre d'espèces principales ; tous les autres subsistent, il est vrai, mais ils ne sont plus que des
individus isolés.

Les traces de la corvée seigneuriale se retrouvent
presque partout à demi effacées. La plupart des droits
de péage sur les chemins sont modérés ou détruits;
néanmoins, il n'y a que peu de provinces où l'on n'en
rencontre encore plusieurs. Dans toutes, les seigneurs
prélèvent des droits sur les foires et dans les marchés.
On sait que, dans la France entière, ils jouissent du
droit exclusif de chasse. En général, ils possèdent seuls
des colombiers et des pigeons; presque partout ils obligent le paysan à faire moudre à leur moulin et vendanger à leur pressoir. Un droit universel et très-onéreux
est celui des *lods et ventes ;* c'est un impôt qu'on paye au
seigneur toutes les fois qu'on vend ou qu'on achète des
terres dans les limites de la seigneurie. Sur toute la surface du territoire, enfin, la terre est chargée de cens, de
rentes foncières et de redevances en argent ou en nature,
qui sont dues au seigneur par le propriétaire, et dont

celui-ci ne peut se racheter. A travers toutes ces diversités, un trait commun se présente : tous ces droits se
rattachent plus ou moins au sol ou à ses produits; tous
atteignent celui qui le cultive.

On sait que les seigneurs ecclésiastiques jouissaient
des mêmes avantages; car l'Église, qui avait une autre
origine, une autre destination et une autre nature que
la féodalité, avait fini néanmoins par se mêler intimement à elle, et, bien qu'elle ne se fût jamais complète-
ment incorporée à cette substance étrangère, elle y avait
si profondément pénétré, qu'elle y demeurait comme
incrustée.

Des évêques, des chanoines, des abbés, possédaient
donc des fiefs ou des censives en vertu de leurs fonctions ecclésiastiques. Le couvent, avait, d'ordinaire, la
seigneurie du village sur le territoire duquel il était
placé. Il avait des serfs dans la seule partie de la France
où il y en eût encore; il employait la corvée, levait des
droits sur les foires et marchés, avait son four, son moulin, son pressoir, son taureau banal. Le clergé jouissait
de plus, en France, comme dans tout le monde chrétien,
du droit de dîme.

Mais ce qui m'importe ici, c'est de remarquer que,
dans toute l'Europe alors, les mêmes droits féodaux,
précisément les mêmes, se retrouvaient, et que, dans la
plupart des contrées du continent, ils étaient bien plus
lourds. Je citerai seulement la corvée seigneuriale. En
France, elle était rare et douce; en Allemagne, elle était
encore universelle et dure.

Bien plus, plusieurs des droits d'origine féodale qui
ont le plus révolté nos pères, qu'ils considéraient non-
seulement comme contraires à la justice, mais à la civilisation : la dîme, les rentes foncières inaliénables, les
redevances perpétuelles, les lods et ventes, ce qu'ils appelaient, dans la langue un peu emphatique du dix-huitième siècle, *la servitude de la terre*, toutes ces choses se
retrouvaient alors, en partie, chez les Anglais; plusieurs
s'y voient encore aujourd'hui même. Elles n'empêchent
pas l'agriculture anglaise d'être la plus perfectionnée et
la plus riche du monde, et le peuple anglais s'aperçoit
à peine de leur existence.

Pourquoi donc les mêmes droits féodaux ont-ils excité
dans le cœur du peuple en France une haine si forte,
qu'elle survit à son objet même et semble ainsi inextinguible? La cause de ce phénomène est, d'une part, que
le paysan français était devenu propriétaire foncier, et
de l'autre, qu'il avait entièrement échappé au gouvernement de son seigneur. Il y a bien d'autres causes
encore, sans doute, mais je pense que celles-ci sont les
principales.

Si le paysan n'avait pas possédé le sol, il eût été
comme insensible à plusieurs des charges que le système
féodal faisait peser sur la propriété foncière. Qu'importe
la dîme à celui qui n'est pas fermier? Il la prélève sur
le produit du fermage. Qu'importe la rente foncière
à celui qui n'est pas propriétaire du fonds? Qu'impor-
tent même les gênes de l'exploitation à celui qui exploite
pour un autre?

D'un autre côté, si le paysan français avait encore été administré par son seigneur, les droits féodaux lui eussent paru bien moins insupportables, parce qu'il n'y aurait vu qu'une conséquence naturelle de la constitution du pays.

Quand la noblesse possède non-seulement des priviléges, mais des pouvoirs, quand elle gouverne et administre, ses droits particuliers peuvent être tout à la fois plus grands et moins aperçus. Dans les temps féodaux, on considérait la noblesse à peu près du même œil dont on considère aujourd'hui le gouvernement : on supportait les charges qu'elle imposait en vue des garanties qu'elle donnait. Les nobles avaient des priviléges gênants, ils possédaient des droits onéreux ; mais ils assuraient l'ordre public, distribuaient la justice, faisaient exécuter la loi, venaient au secours du faible, menaient les affaires communes. A mesure que la noblesse cesse de faire ces choses, le poids de ses priviléges paraît plus lourd, et leur existence même finit par ne plus se comprendre.

Imaginez-vous, je vous prie, le paysan français du dix-huitième siècle, ou plutôt celui que vous connaissez, car c'est toujours le même ; sa condition a changé, mais non son humeur. Voyez-le tel que les documents que j'ai cités l'ont dépeint, si passionnément épris de la terre, qu'il consacre à l'acheter toutes ses épargnes et l'achète à tout prix. Pour l'acquérir, il lui faut d'abord payer un droit, non au gouvernement, mais à d'autres propriétaires du voisinage, aussi étrangers que lui à l'administration des affaires publiques, presque aussi impuissants que lui. Il la possède enfin; il y enterre son cœur avec son grain. Ce petit coin du sol qui lui appartient en propre dans ce vaste univers le remplit d'orgueil et d'indépendance. Surviennent pourtant les mêmes voisins qui l'arrachent à son champ et l'obligent à venir travailler ailleurs sans salaire. Veut-il défendre sa semence contre leur gibier : les mêmes l'en empêchent; les mêmes l'attendent au passage de la rivière pour lui demander un droit de péage. Il les retrouve au marché, où ils lui vendent le droit de vendre ses propres denrées; et quand, rentré au logis, il veut employer à son usage le reste de son blé, de ce blé qui a crû sous ses yeux et par ses mains, il ne peut le faire qu'après l'avoir envoyé moudre dans le moulin et cuire dans le four de ces mêmes hommes. C'est à leur faire des rentes que passe une partie du revenu de son petit domaine, et ces rentes sont imprescriptibles et irrachetables.

Quoi qu'il fasse, il rencontre partout sur son chemin ces voisins incommodes, pour troubler son plaisir, gêner son travail, manger ses produits; et, quand il a fini avec ceux-ci, d'autres, vêtus de noir, se présentent, qui lui prennent le plus clair de sa récolte. Figurez-vous la condition, les besoins, le caractère, les passions de cet homme, et calculez, si vous le pouvez, les trésors de haine et d'envie qui se sont amassés dans son cœur.

La féodalité était demeurée la plus grande de toutes nos institutions civiles en cessant d'être une institution politique. Ainsi réduite, elle excitait bien plus de haines encore, et c'est avec vérité qu'on peut dire qu'en détruisant une partie des institutions du moyen âge, on avait rendu cent fois plus odieux ce qu'on en laissait.

CHAPITRE II

QUE LA CENTRALISATION ADMINISTRATIVE EST UNE INSTITUTION
DE L'ANCIEN RÉGIME, ET NON PAS L'ŒUVRE DE LA RÉVOLUTION ET DE
L'EMPIRE, COMME ON LE DIT.

J'ai entendu jadis un orateur, dans le temps où nous avions des assemblées politiques en France, qui disait, en parlant de la centralisation administrative : « Cette belle conquête de la Révolution, que l'Europe nous envie. » Je veux bien que la centralisation soit une belle conquête, je consens à ce que l'Europe nous l'envie, mais je soutiens que ce n'est point une conquête de la Révolution. C'est, au contraire, un produit de l'ancien régime, et, j'ajouterai, la seule portion de la constitution politique de l'ancien régime qui ait survécu à la Révolution, parce que c'était la seule qui pût s'accommoder de l'état social nouveau que cette révolution a créé. Le lecteur qui aura la patience de lire attentivement le présent chapitre trouvera peut-être que j'ai surabondamment prouvé ma thèse.

Je prie qu'on me permette d'abord de mettre à part ce qu'on appelait les *pays d'état*, c'est-à-dire les provinces qui s'administraient, ou plutôt avaient l'air de s'administrer encore en partie elles-mêmes.

Les pays d'état, placés aux extrémités du royaume, ne contenaient guère que le quart de la population totale de la France, et, parmi eux, il n'y en avait que deux où la liberté provinciale fût réellement vivante. Je reviendrai plus tard aux pays d'état et je montrerai jusqu'à quel point le pouvoir central les avait assujettis eux-mêmes aux règles communes [1].

Je veux m'occuper principalement ici de ce qu'on nommait dans la langue administrative du temps les *pays d'élection*, quoiqu'il y eût là moins d'élections que nulle part ailleurs. Ceux-là enveloppaient Paris de toute part; ils se tenaient tous ensemble, et formaient le cœur et la meilleure partie du corps de la France.

Quand on jette un premier regard sur l'ancienne administration du royaume, tout y paraît d'abord diversité de règles et d'autorité, enchevêtrement de pouvoirs. La France est couverte de corps administratifs ou de fonctionnaires isolés qui ne dépendent pas les uns des autres, et qui prennent part au gouvernement en vertu d'un droit qu'ils ont acheté et qu'on ne peut leur reprendre. Souvent leurs attributions sont si entremêlées et si contiguës, qu'ils se pressent et s'entre-choquent dans le cercle des mêmes affaires.

---

[1] Voyez l'Appendice.

Des cours de justice prennent part indirectement à la puissance législative; elles ont le droit de faire des règlements administratifs qui obligent dans les limites de leur ressort. Quelquefois elles tiennent tête à l'administration proprement dite, blâment bruyamment ses mesures et décrètent ses agents. De simples juges font des ordonnances de police dans les villes et dans les bourgs de leur résidence.

Les villes ont des constitutions très-diverses. Leurs magistrats portent des noms différents, ou puisent leurs pouvoirs à différentes sources : ici un maire, là des consuls, ailleurs des syndics. Quelques-uns sont choisis par le roi, quelques autres par l'ancien seigneur ou le prince apanagiste; il y en a qui sont élus pour un an par leurs concitoyens, et d'autres qui ont acheté le droit de gouverner ceux-ci à perpétuité.

Ce sont là les débris des anciens pouvoirs; mais il s'est établi peu à peu au milieu d'eux une chose comparativement nouvelle ou transformée, qui me reste à peindre.

Au centre du royaume et près du trône, s'est formé un corps administratif d'une puissance singulière, et dans le sein duquel tous les pouvoirs se réunissent d'une façon nouvelle, le *conseil du roi*.

Son origine est antique, mais la plupart de ses fonctions sont de date récente. Il est tout à la fois : cour suprême de justice, car il a le droit de casser les arrêts de tous les tribunaux ordinaires; tribunal supérieur administratif : c'est de lui que ressortissent en dernier

iv.   5

ressort toutes les juridictions spéciales. Comme conseil
du gouvernement, il possède en outre, sous le bon plaisir du roi, la puissance législative, discute et propose la
plupart des lois, fixe et répartit les impôts. Comme conseil supérieur d'administration, c'est à lui d'établir les
règles générales qui doivent diriger les agents du gouvernement. Lui-même décide toutes les affaires importantes et surveille les pouvoirs secondaires. Tout finit
par aboutir à lui, et de lui part le mouvement qui se
communique à tout. Cependant il n'a point de juridiction propre. C'est le roi qui seul décide, alors même
que le conseil semble prononcer. Même en ayant l'air
de rendre la justice, celui-ci n'est composé que de simples *donneurs d'avis*, ainsi que le dit le Parlement dans
une de ses remontrances.

Ce conseil n'est point composé de grands seigneurs,
mais de personnages de médiocre ou de basse naissance,
d'anciens intendants et autres gens consommés dans la
pratique des affaires; tous révocables.

Il agit d'ordinaire discrètement et sans bruit, montrant toujours moins de prétentions que de pouvoir.
Aussi n'a-t-il par lui-même aucun éclat; ou plutôt il se
perd dans la splendeur du trône dont il est proche, si
puissant qu'il touche à tout, et en même temps si obscur que c'est à peine si l'histoire le remarque.

De même que toute l'administration du pays est dirigée par un corps unique, presque tout le maniement
des affaires intérieures est confié aux soins d'un seul
agent, le *contrôleur-général*.

Si vous ouvrez un almanach de l'ancien régime, vous y trouverez que chaque province avait son ministre particulier; mais, quand on étudie l'administration dans les dossiers, on aperçoit bientôt que le ministre de la province n'a que quelques occasions peu importantes d'agir. Le train ordinaire des affaires est mené par le contrôleur-général; celui-ci a attiré peu à peu à lui toutes les affaires qui donnent lieu à des questions d'argent, c'est-à-dire l'administration publique presque tout entière. On le voit agir successivement comme ministre des finances, ministre de l'intérieur, ministre des travaux publics, ministre du commerce.

De même que l'administration centrale n'a, à vrai dire, qu'un seul agent à Paris, elle n'a qu'un seul agent dans chaque province. On trouve encore, au dix-huitième siècle, de grands seigneurs qui portent le nom de *gouverneurs de province*. Ce sont les anciens représentants, souvent héréditaires, de la royauté féodale. On leur accorde encore des honneurs, mais ils n'ont plus aucun pouvoir. L'intendant possède toute la réalité du gouvernement.

Celui-ci est un homme de naissance commune, toujours étranger à la province, jeune, qui a sa fortune à faire. Il n'exerce point ses pouvoirs par droit d'élection, de naissance ou d'office acheté; il est choisi par le gouvernement parmi les membres inférieurs du conseil d'État et toujours révocable. Séparé de ce corps, il le représente, et c'est pour cela que, dans la langue administrative du temps, on le nomme le *commissaire*

départi. Dans ses mains sont accumulés presque tous
les pouvoirs que le conseil lui-même possède; il les
exerce tous en premier ressort. Comme ce conseil, il
est tout à la fois administrateur et juge. L'intendant
correspond avec tous les ministres; il est l'agent unique, dans la province, de toutes les volontés du gouvernement.

Au-dessous de lui, et nommé par lui, est placé dans
chaque canton un fonctionnaire révocable à volonté, le
subdélégué. L'intendant est d'ordinaire un nouvel ano-
bli; le subdélégué est toujours un roturier. Néanmoins
il représente le gouvernement tout entier dans la petite
circonscription qui lui est assignée, comme l'intendant
dans la généralité entière. Il est soumis à l'intendant,
comme celui-ci au ministre.

Le marquis d'Argenson raconte, dans ses Mémoires,
qu'un jour Law lui dit : « Jamais je n'aurais cru ce
que j'ai vu quand j'étais contrôleur des finances. Sachez
que ce royaume de France est gouverné par trente intendants. Vous n'avez ni parlement, ni états, ni gouverneurs; ce sont trente maîtres des requêtes commis
aux provinces de qui dépendent le malheur ou le bonheur de ces provinces, leur abondance ou leur stérilité. »

Ces fonctionnaires si puissants étaient pourtant éclip-
sés par les restes de l'ancienne aristocratie féodale, et
comme perdus au milieu de l'éclat qu'elle jetait encore;
c'est ce qui fait que, de leur temps même, on les voyait
à peine, quoique leur main fût déjà partout. Dans la

société, les nobles avaient sur eux l'avantage du rang, de la richesse et de la considération qui s'attache toujours aux choses anciennes. Dans le gouvernement, la noblesse entourait le prince et formait sa cour; elle commandait les flottes, dirigeait les armées, elle faisait, en un mot, ce qui frappe le plus les yeux des contemporains et arrête trop souvent les regards de la postérité. On eût insulté un grand seigneur en lui proposant de le nommer intendant; le plus pauvre gentilhomme de race aurait le plus souvent dédaigné de l'être. Les intendants étaient à ses yeux les représentants d'un pouvoir intrus, des hommes nouveaux, préposés au gouvernement des bourgeois et des paysans, et, au demeurant, de fort petits compagnons. Ces hommes gouvernaient cependant la France, comme avait dit Law et comme nous allons le voir.

Commençons d'abord par le droit d'impôt, qui contient en quelque façon en lui tous les autres.

On sait qu'une partie des impôts était en ferme : pour ceux-là, c'était le conseil du roi qui traitait avec les compagnies financières, fixait les conditions du contrat et réglait le mode de la perception. Toutes les autres taxes, comme la taille, la capitation et les vingtièmes, étaient établies et levées directement par les agents de l'administration centrale ou sous leur contrôle tout-puissant.

C'était le conseil qui fixait chaque année, par une décision secrète, le montant de la taille et de ses nombreux accessoires, et aussi sa répartition entre les provinces. La taille avait ainsi grandi d'année en année, sans que personne en' fût averti d'avance par aucun bruit.

Comme la taille était un vieil impôt, l'assiette et la levée en avaient été confiées jadis à des agents locaux, qui tous étaient plus ou moins indépendants du gouvernement, puisqu'ils exerçaient leurs pouvoirs par droit de naissance ou d'élection, ou en vertu de charges achetées. C'étaient le *seigneur*, le *collecteur paroissial*, les *trésoriers de France*, les *élus*. Ces autorités existaient encore au dix-huitième siècle ; mais les unes avaient cessé absolument de s'occuper de la taille, les autres ne le faisaient plus que d'une façon très-secondaire et entièrement subordonnée. Là même, la puissance entière était dans les mains de l'intendant et de ses agents : lui seul, en réalité, répartissait la taille entre les paroisses, guidait et surveillait les collecteurs, accordait des sursis ou des décharges.

D'autres impôts, comme la capitation, étant de date récente, le gouvernement n'y était plus gêné par les débris des vieux pouvoirs ; il y agissait seul, sans aucune intervention des gouvernés. Le contrôleur-général, l'intendant et le conseil fixaient le montant de chaque cote.

Passons de l'argent aux hommes.

On s'étonne quelquefois que les Français aient supporté si patiemment le joug de la conscription militaire à l'époque de la Révolution et depuis ; mais il faut bien considérer qu'ils y étaient tous pliés depuis longtemps. La conscription avait été précédée par la milice, charge plus lourde, bien que les contingents demandés fussent moins grands. De temps à autre, on faisait tirer au sort la jeunesse des campagnes, et on prenait dans son sein un certain nombre de soldats dont on formait des régiments de milice où l'on servait pendant six ans.

Comme la milice était une institution comparativement moderne, aucun des anciens pouvoirs féodaux ne s'en occupait; toute l'opération était confiée aux seuls agents du gouvernement central. Le conseil fixait le contingent général et la part de la province. L'intendant réglait le nombre d'hommes à lever dans chaque paroisse; son subdélégué présidait au tirage, jugeait les cas d'exemption, désignait les miliciens qui pouvaient résider dans leurs foyers, ceux qui devaient partir, et livrait enfin ceux-ci à l'autorité militaire. Il n'y avait de recours qu'à l'intendant et au conseil.

On peut dire également qu'en dehors des pays d'état tous les travaux publics, même ceux qui avaient la destination la plus particulière, étaient décidés et conduits par les seuls agents du pouvoir central.

Il existait bien encore des autorités locales et indépendantes, qui, comme le *seigneur*, les *bureaux de finances*, les *grands voyers*, pouvaient concourir à cette partie de l'administration publique. Presque partout ces vieux pouvoirs agissaient peu ou n'agissaient plus du tout : le plus léger examen des pièces administratives du temps nous le démontre. Toutes les grandes

routes, et même les chemins qui conduisaient d'une
ville à une autre, étaient ouverts et entretenus sur le
produit des contributions générales. C'était le conseil
qui arrêtait le plan et fixait l'adjudication. L'intendant dirigeait les travaux des ingénieurs, le subdélégué réunissait la corvée qui devait les exécuter. On
n'abandonnait aux anciens pouvoirs locaux que le soin
des chemins vicinaux, qui demeuraient dès lors impraticables.

Le grand agent du gouvernement central en matière
de travaux publics était, comme de nos jours, le *corps
des ponts et chaussées*. Ici tout se ressemble d'une manière singulière, malgré la différence des temps. L'administration des ponts et chaussées a un conseil et une
école; des inspecteurs qui parcourent annuellement
toute la France; des ingénieurs qui résident sur les
lieux et sont chargés, sous les ordres de l'intendant,
d'y diriger tous les travaux. Les institutions de l'ancien régime, qui, en bien plus grand nombre qu'on ne
le suppose, ont été transportées dans la société nouvelle, ont perdu d'ordinaire dans le passage leurs noms,
alors même qu'elles conservaient leurs formes; mais
celle-ci a gardé l'un et l'autre : fait rare.

Le gouvernement central se chargeait seul, à l'aide
de ses agents, de maintenir l'ordre public dans les provinces. La maréchaussée était répandue sur toute la surface du royaume en petites brigades, et placée partout
sous la direction des intendants. C'est à l'aide de ces
soldats, et au besoin de l'armée, que l'intendant parait

à tous les dangers imprévus, arrêtait les vagabonds,
réprimait la mendicité et étouffait les émeutes que le
prix des grains faisait naître sans cesse. Jamais il n'arrivait, comme autrefois, que les gouvernés fussent appelés à aider le gouvernement dans cette partie de sa
tâche, excepté dans les villes, où il existait d'ordinaire
une garde urbaine dont l'intendant choisissait les soldats et nommait les officiers.

Les corps de justice avaient conservé le droit de faire
des règlements de police et en usaient souvent; mais
ces règlements n'étaient applicables que sur une partie
du territoire, et, le plus souvent, dans un seul lieu. Le
conseil pouvait toujours les casser, et il les cassait sans
cesse, quand il s'agissait des juridictions inférieures.
De son côté, il faisait tous les jours des règlements généraux, applicables également à tout le royaume, soit
sur des matières différentes de celles que les tribunaux
avaient réglementées, soit sur les mêmes matières qu'ils
réglaient autrement. Le nombre de ces règlements, ou,
comme on disait alors, de ces *arrêts du conseil*, est
immense, et il s'accroît sans cesse à mesure qu'on s'approche de la Révolution. Il n'y a presque aucune partie
de l'économie sociale ou de l'organisation politique qui
n'ait été remaniée par des arrêts du conseil pendant les
quarante ans qui la précèdent.

Dans l'ancienne société féodale, si le seigneur possédait de grands droits, il avait aussi de grandes charges. C'était à lui à secourir les indigents dans l'intérieur
de ses domaines. Nous trouvons une dernière trace de

cette vieille législation de l'Europe dans le code prus-sien de 1795, où il est dit : « Le seigneur doit veiller à ce que les paysans pauvres reçoivent l'éducation. Il doit, autant que possible, procurer des moyens de vivre à ceux de ses vassaux qui n'ont point de terre. Si quelques-uns d'entre eux tombent dans l'indigence, il est obligé de venir à leur secours. »

Aucune loi semblable n'existait plus en France de-puis longtemps. Comme on avait ôté au seigneur ses anciens pouvoirs, il s'était soustrait à ses anciénnes obligations. Aucune autorité locale, aucun conseil, au-cune association provinciale ou paroissiale n'avait pris sa place. Nul n'était plus obligé par la loi à s'occuper des pauvres des campagnes ; le gouvernement central avait entrepris hardiment de pourvoir seul à leurs besoins.

Tous les ans, le conseil assignait à chaque province, sur le produit général des taxes, certains fonds que l'intendant distribuait en secours dans les paroisses. C'était à lui que devait s'adresser le cultivateur néces-siteux. Dans les temps de disette, c'était l'intendant qui faisait distribuer au peuple du blé ou du riz. Le conseil rendait annuellement des arrêts qui ordonnaient d'éta-blir, dans certains lieux qu'il avait soin d'indiquer lui-même, des ateliers de charité où les paysans les plus pauvres pouvaient travailler moyennant un léger salaire. On doit croire aisément qu'une charité faite de si loin était souvent aveugle ou capricieuse, et toujours très-insuffisante.

Le gouvernement central ne se bornait pas à venir au secours des paysans dans leurs misères; il prétendait leur enseigner l'art de s'enrichir, les y aider et les y forcer au besoin. Dans ce but, il faisait distribuer de temps en temps par ses intendants et ses subdélégués, de petits écrits sur l'art agricole, fondait des sociétés d'agriculture, promettait des primes, entretenait à grands frais des pépinières dont il distribuait les produits. Il semble qu'il eût été plus efficace d'alléger le poids et de diminuer l'inégalité des charges qui opprimaient alors l'agriculture; mais c'est ce dont on ne voit pas qu'il se soit avisé jamais.

Quelquefois le conseil entendait obliger les particuliers à prospérer, quoi qu'ils en eussent. Les arrêts qui contraignent les artisans à se servir de certaines méthodes et à fabriquer de certains produits sont innombrables; et, comme les intendants ne suffisaient pas à surveiller l'application de toutes ces règles, il existait des inspecteurs-généraux de l'industrie qui parcouraient les provinces pour y tenir la main.

Il y a des arrêts du conseil qui prohibent certaines cultures dans des terres que ce conseil y déclare peu propres. On en trouve où il ordonne d'arracher des vignes plantées, suivant lui, dans un mauvais sol, tant le gouvernement était déjà passé du rôle de souverain à celui de tuteur.

CHAPITRE III

COMMENT CE QU'ON APPELLE AUJOURD'HUI LA TUTELLE ADMINISTRATIVE
EST UNE INSTITUTION DE L'ANCIEN RÉGIME.

En France, la liberté municipale a survécu à la féodalité. Lorsque déjà les seigneurs n'administraient plus
les campagnes, les villes conservaient encore le droit de
se gouverner. On en rencontre, jusque vers la fin du
dix-septième siècle, qui continuent à former comme de
petites républiques démocratiques, où les magistrats
sont librement élus par tout le peuple et responsables
envers lui, où la vie municipale et publique est active,
où la cité se montre encore fière de ses droits et très-ja-
louse de son indépendance.

Les élections ne furent abolies généralement pour la
première fois qu'en 1692. Les fonctions municipales
furent alors mises *en offices*, c'est-à-dire que le roi ven-
dit, dans chaque ville, à quelques habitants, le droit de
gouverner perpétuellement tous les autres.

C'était sacrifier, avec la liberté des villes, leur bien-
être; car, si la mise en offices des fonctions publiques
a eu souvent d'utiles effets quand il s'est agi des tribunaux, parce que la condition première d'une bonne
justice est l'indépendance complète du juge, elle n'a
jamais manqué d'être très-funeste toutes les fois qu'il
s'est agi de l'administration proprement dite, où on a
surtout besoin de rencontrer la responsabilité, la subordination et le zèle. Le gouvernement de l'ancienne monarchie ne s'y trompait pas : il avait grand soin de ne
point user pour lui-même du régime qu'il imposait aux
villes, et il se gardait bien de mettre en offices les fonctions de subdélégués et d'intendants.

Et, ce qui est bien digne de tous les mépris de l'histoire, cette grande révolution fut accomplie sans aucune vue politique. Louis XI avait restreint les libertés
municipales parce que leur caractère démocratique lui
faisait peur; Louis XIV les détruisit sans les craindre.
Ce qui le prouve, c'est qu'il les rendit à toutes les villes
qui purent les racheter. En réalité, il voulait moins
les abolir qu'en trafiquer, et, s'il les abolit en effet, ce
fut pour ainsi dire sans y penser, par pur expédient
de finances; et, chose étrange, le même jeu se continue pendant quatre-vingts ans. Sept fois, durant cet
espace, on vend aux villes le droit d'élire leurs magistrats, et, quand elles en ont de nouveau goûté la douceur, on le leur reprend pour le leur revendre. Le
motif de la mesure est toujours le même, et souvent
on l'avoue. « Les nécessités de nos finances, est-il dit

dans le préambule de l'édit de 1722, nous obligent à chercher les moyens les plus sûrs de les soulager. » Le moyen était sûr, mais ruineux pour ceux sur qui tombait cet étrange impôt. « Je suis frappé de l'énormité des finances qui ont été payées dans tous les temps pour racheter les offices municipaux, écrit un intendant au contrôleur-général en 1764. Le montant de cette finance, employé en ouvrages utiles, aurait tourné au profit de la ville, qui, au contraire, n'a senti que le poids de l'autorité et des privilèges de ces offices. » Je n'aperçois pas de trait plus honteux dans toute la physionomie de l'ancien régime.

Il semble difficile de dire aujourd'hui précisément comment se gouvernaient les villes au dix-huitième siècle; car, indépendamment de ce que l'origine des pouvoirs municipaux change sans cesse, comme il vient d'être dit, chaque ville conserve encore quelques lambeaux de son ancienne constitution et a des usages propres. Il n'y a peut-être pas deux villes en France où tout se ressemble absolument; mais c'est là une diversité trompeuse, qui cache la similitude.

En 1764, le gouvernement entreprit de faire une loi générale sur l'administration des villes. Il se fit envoyer, par ses intendants, des Mémoires sur la manière dont les choses se passaient alors dans chacune d'elles. J'ai retrouvé une partie de cette enquête, et j'ai achevé de me convaincre en la lisant que les affaires municipales étaient conduites de la même manière à peu près partout. Les différences ne sont plus

que superficielles et apparentes; le fond est partout le
même.

Le plus souvent le gouvernement des villes est confié
à deux assemblées. Toutes les grandes villes sont dans
ce cas et la plupart des petites.

La première assemblée est composée d'officiers municipaux, plus ou moins nombreux suivant les lieux :
c'est le pouvoir exécutif de la commune, le *corps de
ville*, comme on disait alors. Ses membres exercent un
pouvoir temporaire et sont élus, quand le roi a établi
l'élection ou que la ville a pu racheter les offices. Ils
remplissent leur charge à perpétuité moyennant finance,
lorsque le roi a rétabli les offices et a réussi à les vendre, ce qui n'arrive pas toujours; car cette sorte de marchandise s'avilit de plus en plus, à mesure que l'autorité municipale se subordonne davantage au pouvoir
central. Dans tous les cas, ces officiers municipaux ne
reçoivent pas de salaire, mais ils ont toujours des exemptions d'impôts et des priviléges. Point d'ordre hiérar-
chique parmi eux; l'administration est collective. On ne
voit pas de magistrat qui la dirige particulièrement et
en réponde. Le maire est le président du corps de la
ville, non l'administrateur de la cité.

La seconde assemblée, qu'on nomme l'*assemblée générale*, élit le corps de ville, là où l'élection a lieu encore, et partout elle continue à prendre part aux principales affaires.

Au quinzième siècle, l'assemblée générale se composait souvent de tout le peuple; cet usage, dit l'un

des Mémoires de l'enquête, *était d'accord avec le génie populaire de nos anciens.* C'est le peuple tout entier qui élisait alors ses officiers municipaux; c'est lui qu'on consultait quelquefois; c'est à lui qu'on rendait compte. A la fin du dix-septième siècle, cela se rencontre encore parfois.

Au dix-huitième siècle, ce n'est plus le peuple lui-même agissant en corps qui forme l'assemblée générale. Celle-ci est presque toujours représentative. Mais ce qu'il faut bien considérer, c'est que nulle part elle n'est plus élue par la masse du public et n'en reçoit l'esprit. Partout elle est composée de *notables*, dont quelques-uns y paraissent en vertu d'un droit qui leur est propre; les autres y sont envoyés par des corporations ou des compagnies, et chacun y remplit un mandat impératif que lui a donné cette petite société particulière.

A mesure qu'on avance dans le siècle, le nombre des notables de droit se multiplie dans le sein de cette assemblée; les députés des corporations industrielles y deviennent moins nombreux ou cessent d'y paraître. On n'y rencontre plus que ceux des *corps;* c'est-à-dire que l'assemblée contient seulement des bourgeois et ne reçoit presque plus d'artisans. Le peuple, qui ne se laisse pas prendre aussi aisément qu'on se l'imagine aux vains semblants de la liberté, cesse alors partout de s'intéresser aux affaires de la commune et vit dans l'intérieur de ses propres murs comme un étranger. Inutilement ses magistrats essayent de temps en temps de réveiller en lui ce patriotisme municipal qui a fait tant de merveilles dans le moyen-âge : il reste sourd. Les plus grands intérêts de la ville semblent ne plus le toucher. On voudrait qu'il allât voter, là où on a cru devoir conserver la vaine image d'une élection libre : il s'entête à s'abstenir. Rien de plus commun qu'un pareil spectacle dans l'histoire. Presque tous les princes qui ont détruit la liberté ont tenté d'abord d'en maintenir les formes : cela s'est vu depuis Auguste jusqu'à nos jours; ils se flattaient ainsi de réunir à la force morale que donne toujours l'assentiment public les commodités que la puissance absolue peut seule offrir. Presque tous ont échoué dans cette entreprise, et ont bientôt découvert qu'il était impossible de faire durer longtemps ces menteuses apparences là où la réalité n'était plus.

Au dix-huitième siècle, le gouvernement municipal des villes avait donc dégénéré partout en une petite oligarchie. Quelques familles y conduisaient toutes les affaires dans des vues particulières, loin de l'œil du public et sans être responsables envers lui : c'est une maladie dont cette administration est atteinte dans la France entière. Tous les intendants la signalent; mais le seul remède qu'ils imaginent, c'est d'assujettir de plus en plus les pouvoirs locaux au gouvernement central.

Il était cependant difficile de le mieux faire qu'on ne l'avait déjà fait; indépendamment des édits qui de temps à autre modifient l'administration de toutes les villes, les lois particulières à chacune d'elles sont souvent bouleversées par des règlements du conseil non enregistrés, rendus sur les propositions des intendants, sans enquête préalable, et quelquefois sans que les habitants de la ville eux-mêmes s'en doutent.

« Cette mesure, disent les habitants d'une ville qui avait été atteinte par un semblable arrêt, a étonné tous les ordres de la ville, qui ne s'attendaient à rien de semblable. »

Les villes ne peuvent ni établir un octroi, ni lever une contribution, ni hypothéquer, ni vendre, ni plaider, ni affermer leurs biens, ni les administrer, ni faire emploi de l'excédant de leurs recettes, sans qu'il intervienne un arrêt du conseil sur le rapport de l'intendant. Tous leurs travaux sont exécutés sur des plans et d'après des devis que le conseil a approuvés par arrêt. C'est devant l'intendant ou ses subdélégués qu'on les adjuge, et c'est d'ordinaire l'ingénieur ou l'architecte de l'État qui les conduit. Voilà qui surprendra bien ceux qui pensent que tout ce qu'on voit en France est nouveau.

Mais le gouvernement central entre bien plus avant encore dans l'administration des villes que cette règle même ne l'indique; son pouvoir y est bien plus étendu que son droit.

Je trouve dans une circulaire adressée vers le milieu du siècle par le contrôleur-général à tous les intendants : « Vous donnerez une attention particulière à tout ce qui se passe dans les assemblées municipales. Vous vous en ferez rendre le compte le plus exact et remettre toutes

les délibérations qui y seront prises, pour me les envoyer
sur-le-champ avec votre avis. »

On voit, en effet, par la correspondance de l'intendant avec ses subdélégués, que le gouvernement a la
main dans toutes les affaires des villes, dans les moindres
comme dans les plus grandes. On le consulte sur tout,
et il a un avis décidé sur tout; il y règle jusqu'aux fêtes.
C'est lui qui commande, dans certains cas, les témoignages de l'allégresse publique, qui fait allumer les
feux de joie et illuminer les maisons. Je trouve un intendant qui met à l'amende de vingt livres des membres de la garde bourgeoise qui se sont absentés du
Te Deum.

Aussi les officiers municipaux ont-ils un sentiment
convenable de leur néant.

« Nous vous prions très-humblement, monseigneur,
écrivent quelques-uns d'entre eux à l'intendant, de nous
accorder votre bienveillance et votre protection. Nous
tâcherons de ne pas nous en rendre indignes, par notre
soumission à tous les ordres de Votre Grandeur. » —
« Nous n'avons jamais résisté à vos volontés, monseigneur, » écrivent d'autres qui s'intitulent encore ma-
gnifiquement *pairs de la ville.*

C'est ainsi que la classe bourgeoise se prépare au
gouvernement et le peuple à la liberté.

Au moins, si cette étroite dépendance des villes avait
préservé leurs finances; mais il n'en est rien. On avance
que sans la centralisation les villes se ruineraient aussitôt : je l'ignore; mais il est certain que, dans le dix-

huitième siècle, la centralisation ne les empêchait pas
de se ruiner. Toute l'histoire administrative de ce temps
est pleine du désordre de leurs affaires.

Que si nous allons des villes aux villages, nous ren-
contrerons d'autres pouvoirs, d'autres formes, même
dépendance.

Je vois bien les indices qui m'annoncent que, dans
le moyen-âge, les habitants de chaque village ont formé
une communauté distincte du seigneur. Celui-ci s'en
servait, la surveillait, la gouvernait; mais elle possédait
en commun certains biens dont elle avait la propriété
propre; elle élisait ses chefs, elle s'administrait elle-
même démocratiquement.

Cette vieille constitution de la paroisse se retrouve
chez toutes les nations qui ont été féodales et dans tous
les pays où ces nations ont porté les débris de leurs lois.
On en voit partout la trace en Angleterre, et elle était
encore toute vivante en Allemagne il y a soixante ans,
ainsi qu'on peut s'en convaincre en lisant le code du
grand Frédéric. En France même, au dix-huitième siècle,
il en existe encore quelques vestiges.

Je me souviens que, quand je recherchais pour la
première fois, dans les archives d'une intendance, ce
que c'était qu'une paroisse de l'ancien régime, j'étais
surpris de retrouver, dans cette communauté si pauvre
et si asservie, plusieurs des traits qui m'avaient frappé
jadis dans les communes rurales d'Amérique, et que
j'avais jugés alors à tort devoir être une singularité particulière au Nouveau-Monde. Ni l'une ni l'autre n'ont

de représentation permanente, de corps municipal proprement dit; l'une et l'autre sont administrées par des fonctionnaires qui agissent séparément, sous la direction de la communauté tout entière. Toutes deux ont, de temps à autre, des assemblées générales où tous les habitants, réunis dans un seul corps, élisent leurs magistrats et règlent les principales affaires. Elles se ressemblent, en un mot, autant qu'un vivant peut ressembler à un mort.

Ces deux êtres si différents dans leurs destinées ont eu, en effet, même naissance.

Transportée d'un seul coup loin de la féodalité et maîtresse absolue d'elle-même, la paroisse rurale du moyen-âge est devenue le *township* de la Nouvelle-Angleterre. Séparée du seigneur, mais serrée dans la puissante main de l'État, elle est devenue en France ce que nous allons dire.

Au dix-huitième siècle, le nom et le nombre des fonctionnaires de la paroisse varient suivant les provinces. On voit par les anciens documents que ces fonctionnaires avaient été plus nombreux quand la vie locale avait été plus active; leur nombre a diminué à mesure qu'elle s'est engourdie. Dans la plupart des paroisses du dix-huitième siècle, ils sont réduits à deux : l'un se nomme *collecteur*, l'autre s'appelle le plus souvent le *syndic*. D'ordinaire ces officiers municipaux sont encore élus ou sont censés l'être; mais ils sont devenus partout les instruments de l'État plus que les représentants de la communauté. Le collecteur lève la taille sous les ordres directs de l'intendant. Le syndic, placé sous la direction journalière du subdélégué de l'intendant, le représente dans toutes les opérations qui ont trait à l'ordre public ou au gouvernement. Il est son principal agent quand il s'agit de la milice, des travaux de l'État, de l'exécution de toutes les lois générales.

Le seigneur, comme nous l'avons déjà vu, reste étranger à tous ces détails du gouvernement; il ne les surveille même plus; il n'y aide pas; bien plus, ces soins par lesquels s'entretenait jadis sa puissance lui paraissent indignes de lui, à mesure que sa puissance elle-même est mieux détruite. On blesserait aujourd'hui son orgueil en l'invitant à s'y livrer. Il ne gouverne plus; mais sa présence dans la paroisse et ses priviléges empêchent qu'un bon gouvernement paroissial ne puisse s'établir à la place du sien. Un particulier si différent de tous les autres, si indépendant, si favorisé, y détruit ou y affaiblit l'empire de toutes les règles.

Comme son contact a fait fuir successivement vers la ville, ainsi que je le montrerai plus loin, presque tous ceux des habitants qui possédaient de l'aisance et des lumières, il ne reste en dehors de lui qu'un troupeau de paysans ignorants et grossiers, hors d'état de diriger l'administration des affaires communes. « Une paroisse, a dit avec raison Turgot, c'est un assemblage de cabanes et d'habitants non moins passifs qu'elles. »

Les documents administratifs du dix-huitième siècle sont remplis de plaintes que font naître l'impéritie, l'inertie et l'ignorance des collecteurs et des syndics de

paroisses. Ministres, intendants, subdélégués, gentilshommes même, tous le déplorent sans cesse; mais aucun
ne remonte aux causes.

Jusqu'à la Révolution, la paroisse rurale de France
conserve dans son gouvernement quelque chose de cet
aspect démocratique qu'on lui avait vu dans le moyen-
âge. S'agit-il d'élire des officiers municipaux ou de discuter quelque affaire commune : la cloche du village
appelle les paysans devant le porche de l'église; là, pauvres comme riches ont le droit de se présenter. L'assemblée réunie, il n'y a point, il est vrai, de délibération
proprement dite ni de vote; mais chacun peut exprimer
son avis, et un notaire, requis à cet effet et instrumen-
tant en plein vent, recueille les différents dires et les
consigne dans un procès-verbal.

Quand on compare ces vaines apparences de la liberté
avec l'impuissance réelle qui y était jointe, on découvre
déjà en petit comment le gouvernement le plus absolu
peut se combiner avec quelques-unes des formes de la
plus extrême démocratie, de telle sorte qu'à l'oppression vienne encore s'ajouter le ridicule de n'avoir pas
l'air de la voir. Cette assemblée démocratique de la
paroisse pouvait bien exprimer des vœux, mais elle n'a-
vait pas plus le droit de faire sa volonté que le conseil
municipal de la ville. Elle ne pouvait même parler que
quand on lui avait ouvert la bouche; car ce n'était jamais qu'après avoir sollicité la permission expresse de
l'intendant, et, comme on le disait alors, appliquant le
mot à la chose, *sous son bon plaisir*, qu'on pouvait la

réunir. Fût-elle unanime, elle ne pouvait ni s'imposer, ni vendre ni acheter, ni louer, ni plaider, sans que le conseil du roi le permît. Il fallait obtenir un arrêt de ce conseil pour réparer le dommage que le vent venait de causer au toit de l'église ou relever le mur croulant du presbytère. La paroisse rurale la plus éloignée de Paris était soumise à cette règle comme les plus proches. J'ai vu des paroisses demander au conseil le droit de dépenser vingt-cinq livres.

Les habitants avaient retenu, d'ordinaire, il est vrai, le droit d'élire par vote universel leurs magistrats; mais il arrivait souvent que l'intendant désignait à ce petit corps électoral un candidat qui ne manquait guère d'être nommé à l'unanimité des suffrages. D'autres fois il cassait l'élection spontanément faite, nommait lui-même le collecteur et le syndic, et suspendait indéfiniment toute élection nouvelle. J'en ai vu mille exemples.

On ne saurait imaginer de destinée plus cruelle que celle de ces fonctionnaires communaux. Le dernier agent du gouvernement central, le subdélégué, les faisait obéir à ses moindres caprices. Souvent il les condamnait à l'amende; quelquefois il les faisait emprisonner, car les garanties qui, ailleurs, défendaient encore les citoyens contre l'arbitraire n'existaient plus ici. « J'ai fait mettre en prison, dit un intendant en 1750, quelques principaux des communautés qui murmuraient, et j'ai fait payer à ces communautés la course des cavaliers de la maréchaussée. Par ce moyen, elles ont été facilement matées. » Aussi les fonctions paroissiales étaient-elles considérées moins comme des honneurs que comme des charges auxquelles on cherchait, par toutes sortes de subterfuges, à se dérober.

Et pourtant ces derniers débris de l'ancien gouvernement de la paroisse étaient encore chers aux paysans, et aujourd'hui même, de toutes les libertés publiques, la seule qu'ils comprennent bien, c'est la liberté paroissiale. L'unique affaire de nature publique qui les intéresse réellement est celle-là. Tel qui laisse volontiers le gouvernement de toute la nation dans la main d'un maître, regimbe à l'idée de n'avoir pas à dire son mot dans l'administration de son village : tant il y a encore de poids dans les formes les plus creuses !

Ce que je viens de dire des villes et des paroisses, il faut l'étendre à presque tous les corps qui avaient une existence à part et une propriété collective.

Sous l'ancien régime comme de nos jours, il n'y avait ville, bourg, village, ni si petit hameau en France, hôpital, fabrique, couvent, ni collége, qui pût avoir une volonté indépendante dans ses affaires particulières, ni administrer à sa volonté ses propres biens. Alors, comme aujourd'hui, l'administration tenait donc tous les Français en tutelle; et si l'insolence du mot ne s'était pas encore produite, on avait du moins déjà la chose.

CHAPITRE IV

Il n'y avait pas de pays en Europe où les tribunaux ordinaires dépendissent moins du gouvernement qu'en France; mais il n'y en avait guère non plus où les tribunaux exceptionnels fussent plus en usage. Ces deux choses se tenaient de plus près qu'on ne se l'imagine. Comme le roi n'y pouvait presque rien sur le sort des juges; qu'il ne pouvait ni les révoquer, ni les changer de lieu, ni même le plus souvent les élever en grade; qu'en un mot il ne les tenait ni par l'ambition, ni par la peur, il s'était bientôt senti gêné par cette indépendance. Cela l'avait porté, plus que nulle part ailleurs, à leur soustraire la connaissance des affaires qui intéressaient directement son pouvoir, et à créer, pour son usage particulier, à côté d'eux, une espèce de tribunal plus dépendant, qui présentait à ses sujets quelque apparence de la justice, sans lui en faire craindre la réalité.

Dans les pays, comme certaines parties de l'Allemagne, où les tribunaux ordinaires n'avaient jamais été aussi indépendants du gouvernement que les tribunaux français d'alors, pareille précaution ne fut pas prise et la justice administrative n'exista jamais. Le prince s'y trouvait assez maître des juges pour n'avoir pas besoin de commissaires.

Si l'on veut bien lire les édits et déclarations du roi publiés dans le dernier siècle de la monarchie, aussi bien que les arrêts du conseil rendus dans ce même temps, on en trouvera peu où le gouvernement, après avoir pris une mesure, ait omis de dire que les contestations auxquelles elle peut donner lieu et les procès qui peuvent en naître seront exclusivement portés devant les intendants et devant le conseil. « Ordonne en outre Sa Majesté que toutes les contestations qui pourront survenir sur l'exécution du présent arrêt, circonstances et dépendances, seront portées devant l'intendant, pour être jugées par lui, sauf appel au conseil. Défendons à nos cours et tribunaux d'en prendre connoissance. » C'est la formule ordinaire.

Dans les matières réglées par des lois ou des coutumes anciennes, où cette précaution n'a pas été prise, le conseil intervient sans cesse par voie d'*évocation*, enlève d'entre les mains des juges ordinaires l'affaire où l'administration est intéressée, et l'attire à lui. Les registres du conseil sont remplis d'arrêts d'évocation de cette espèce. Peu à peu l'exception se généralise, le fait se transforme en théorie. Il s'établit, non dans les lois, mais dans l'esprit de ceux qui les appliquent, comme maxime d'État, que tous les procès dans lesquels un intérêt public est mêlé, ou qui naissent de l'interprétation d'un acte administratif, ne sont point du ressort des juges ordinaires, dont le seul rôle est de prononcer entre des intérêts particuliers. En cette matière, nous n'avons fait que trouver la formule : à l'ancien régime appartient l'idée.

Dès ce temps-là, la plupart des questions litigieuses qui s'élèvent à propos de la perception de l'impôt sont de la compétence exclusive de l'intendant et du conseil. Il en est de même pour tout ce qui se rapporte à la police du roulage et des voitures publiques, à la grande voirie, à la navigation des fleuves, etc.; en général, c'est devant les tribunaux administratifs que se vident tous les procès dans lesquels l'autorité publique est intéressée.

Les intendants veillent avec grand soin à ce que cette juridiction exceptionnelle s'étende sans cesse; ils avertissent le contrôleur-général et aiguillonnent le conseil. La raison que donne un de ces magistrats pour obtenir une évocation mérite d'être conservée : « Le juge ordinaire, dit-il, est soumis à des règles fixes, qui l'obligent de réprimer un fait contraire à la loi; mais le conseil peut toujours déroger aux règles dans un but utile. »

D'après ce principe, on voit souvent l'intendant ou le

conseil attirer à eux des procès qui ne se rattachent que
par un lien presque invisible à l'administration publique, ou même qui, visiblement, ne s'y rattachent point
du tout. Un gentilhomme en querelle avec son voisin, et
mécontent des dispositions de ses juges, demande au
conseil d'évoquer l'affaire ; l'intendant consulté répond :
« Quoiqu'il ne s'agisse ici que de droits particuliers,
dont la connoissance appartient aux tribunaux, Sa Majesté peut toujours, quand elle le-veut, se réserver la
connoissance de toute espèce d'affaires, sans qu'elle puisse
être comptable de ses motifs. »

C'est d'ordinaire devant l'intendant ou le prévôt de
la maréchaussée que sont renvoyés, par suite d'évocation, tous les gens du peuple auxquels il arrive de troubler l'ordre par quelque acte de violence. La plupart
des émeutes que la cherté des grains fait si souvent
naître donnent lieu à des évocations de cette espèce.
L'intendant s'adjoint alors un certain nombre de gra-
dués, sorte de conseil de préfecture improvisé qu'il a
choisi lui-même, et juge criminellement. J'ai trouvé des
arrêts, rendus de cette manière, qui condamnent des
gens aux galères et même à mort. Les procès criminels
jugés par l'intendant sont encore fréquents à la fin du
dix-septième siècle.

Les légistes modernes, en fait de droit administratif,
nous assurent qu'on a fait un grand progrès depuis la
Révolution : « Auparavant les pouvoirs judiciaires et
administratifs étaient confondus, disent-ils ; on les a
démêlés depuis et on a remis chacun d'eux à sa place. »

Pour bien apprécier le progrès dont on parle ici, il ne faut jamais oublier que, si d'une part, le pouvoir judiciaire, dans l'ancien régime, s'étendait sans cesse au delà de la sphère naturelle de son autorité, d'une autre part, il ne la remplissait jamais complétement. Qui voit l'une de ces deux choses sans l'autre n'a qu'une idée incomplète et fausse de l'objet. Tantôt on permettait aux tribunaux de faire des règlements d'administration publique, ce qui était manifestement hors de leur ressort, tantôt on leur interdisait de juger de véritables procès, ce qui était les exclure de leur domaine propre. Nous avons, il est vrai, chassé la justice de la sphère administrative où l'ancien régime l'avait laissée s'introduire fort indûment; mais dans le même temps, comme on le voit, le gouvernement s'introduisait sans cesse dans la sphère naturelle de la justice, et nous l'y avons laissé : comme si la confusion des pouvoirs n'était pas aussi dangereuse de ce côté que de l'autre, et même pire; car l'intervention de la justice dans l'administration ne nuit qu'aux affaires, tandis que l'intervention de l'administration dans la justice déprave les hommes et tend à les rendre tout à la fois révolutionnaires et serviles.

Parmi les neuf ou dix constitutions qui ont été établies à perpétuité en France depuis soixante ans, il s'en trouve une dans laquelle il est dit expressément qu'aucun agent de l'administration ne peut être poursuivi devant les tribunaux ordinaires sans qu'au préalable la poursuite ait été autorisée. L'article parut si bien imaginé, qu'en détruisant la constitution dont il faisait partie, on eut soin de le tirer du milieu des ruines, et que, depuis, on l'a toujours tenu soigneusement à l'abri des révolutions. Les administrateurs ont encore coutume d'appeler le privilége qui leur est accordé par cet article une des grandes conquêtes de 89; mais en cela ils se trompent également, car, sous l'ancienne monarchie, le gouvernement n'avait guère moins de soin que de nos jours d'épargner aux fonctionnaires le désagrément d'avoir à se confesser à la justice, comme de simples citoyens. La seule différence essentielle entre les deux époques est celle-ci : avant la Révolution, le gouvernement ne pouvait couvrir ses agents qu'en recourant à des mesures inégales et arbitraires, tandis que, depuis, il a pu légalement leur laisser violer les lois.

Lorsque les tribunaux de l'ancien régime voulaient poursuivre un représentant quelconque du pouvoir central, il intervenait d'ordinaire un arrêt du conseil qui soustrayait l'accusé à ses juges et le renvoyait devant des commissaires que le conseil nommait; car, comme l'écrit un conseiller d'État de ce temps-là, un administrateur ainsi attaqué eût trouvé de la prévention dans l'esprit des juges ordinaires, et l'autorité du roi eût été compromise. Ces sortes d'évocations n'arrivaient pas seulement de loin en loin, mais tous les jours; non-seulement à propos des principaux agents, mais encore à propos des moindres. Il suffisait de tenir à l'administration par le plus petit fil pour n'avoir rien à craindre que d'elle. Un piqueur des ponts-et-chaussées chargé de diriger la corvée est poursuivi par un paysan qu'il a maltraité. Le conseil évoque l'affaire, et l'ingénieur en chef, écrivant confidentiellement à l'intendant, dit à ce propos : « A la vérité, le piqueur est très-répréhensible, mais ce n'est pas une raison pour laisser l'affaire suivre son cours; car il est de la plus grande importance pour l'administration des ponts-et-chaussées que la justice ordinaire n'entende ni ne reçoive les plaintes des corvéables contre les piqueurs des travaux. Si cet exemple était suivi, ces travaux seroient troublés par des procès continuels, que l'animosité publique qui s'attache à ces fonctionnaires feroit naître. »

Dans une autre circonstance, l'intendant lui-même mande au contrôleur-général, à propos d'un entrepreneur de l'État qui avait pris dans le champ du voisin les matériaux dont il s'était servi : « Je ne puis assez vous représenter combien il seroit préjudiciable aux intérêts de l'administration d'abandonner ses entrepreneurs au jugement des tribunaux ordinaires, dont les principes ne peuvent jamais se concilier avec les siens. »

Il y a un siècle précisément que ces lignes ont été écrites, et il semble que les administrateurs qui les écrivirent aient été nos contemporains.

CHAPITRE V

COMMENT LA CENTRALISATION AVAIT PU
S'INTRODUIRE AINSI AU MILIEU DES ANCIENS POUVOIRS, ET LES SUPPLANTER
SANS LES DÉTRUIRE.

Maintenant, récapitulons un peu ce que nous avons dit dans les trois chapitres qui précèdent : un corps unique, et placé au centre du royaume, qui réglemente l'administration publique dans tout le pays; le même ministre dirigeant presque toutes les affaires intérieures; dans chaque province, un seul agent qui en conduit tout le détail; point de corps administratifs secondaires ou des corps qui ne peuvent agir sans qu'on les autorise d'abord à se mouvoir; des tribunaux exceptionnels qui jugent les affaires où l'administration est intéressée et couvrent tous ses agents. Qu'est ceci, sinon la centralisation que nous connaissons? Ses formes sont moins marquées qu'aujourd'hui, ses démarches moins réglées, son existence plus troublée; mais c'est le même être. On n'a eu, depuis, à lui ajouter ni à lui ôter rien d'essentiel; il a suffi d'abattre tout ce qui s'élevait autour d'elle pour qu'elle apparût telle que nous la voyons.

La plupart des institutions que je viens de décrire ont été imitées depuis en cent endroits divers; mais elles étaient alors particulières à la France, et nous allons bientôt voir quelle grande influence elles ont eue sur la Révolution française et sur ses suites.

Mais comment ces institutions de date nouvelle avaient-elles pu se fonder en France au milieu des débris de la société féodale?

Ce fut une œuvre de patience, d'adresse et de longueur de temps, plus que de force et de plein pouvoir. Au moment où la Révolution survint, on n'avait encore presque rien détruit du vieil édifice administratif de la France; on en avait, pour ainsi dire, bâti un autre en sous-œuvre.

Rien n'indique que, pour opérer ce difficile travail, le gouvernement de l'ancien régime ait suivi un plan profondément médité à l'avance; il s'était seulement abandonné à l'instinct qui porte tout gouvernement à vouloir mener seul toutes les affaires, instinct qui demeurait toujours le même à travers la diversité des agents. Il avait laissé aux anciens pouvoirs leurs noms antiques et leurs honneurs, mais il leur avait peu à peu soustrait leur autorité. Il ne les avait pas chassés, mais éconduits de leurs domaines. Profitant de l'inertie de celui-ci, de l'égoïsme de celui-là, pour prendre sa place;

s'aidant de tous leurs vices, n'essayant jamais de les corriger, mais seulement de les supplanter, il avait fini par les remplacer presque tous, en effet, par un agent unique, l'intendant, dont on ne connaissait pas même le nom quand ils étaient nés.

Le pouvoir judiciaire seul l'avait gêné dans cette grande entreprise; mais là même il avait fini par saisir la substance du pouvoir, n'en laissant que l'ombre à ses adversaires. Il n'avait pas exclu les parlements de la sphère administrative; il s'y était étendu lui-même graduellement de façon à la remplir presque tout entière. Dans certains cas extraordinaires et passagers, dans les temps de disette, par exemple, où les passions du peuple offraient un point d'appui à l'ambition des magistrats, le gouvernement central laissait un moment les parlements administrer et leur permettait de faire un bruit qui souvent a retenti dans l'histoire; mais bientôt il reprenait en silence sa place, et remettait discrètement la main sur tous les hommes et sur toutes les affaires.

Si l'on veut bien faire attention à la lutte des parlements contre le pouvoir royal, on verra que c'est presque toujours sur le terrain de la politique, et non sur celui de l'administration, qu'on se rencontre. Les querelles naissent d'ordinaire à propos d'un nouvel impôt; c'est-à-dire que ce n'est pas la puissance administrative que les deux adversaires se disputent, mais le pouvoir législatif, dont ils avaient aussi peu de droits de s'emparer l'un que l'autre.

Il en est de plus en plus ainsi, en approchant de la

Révolution. A mesure que les passions populaires commencent à s'enflammer, le parlement se mêle davantage
à la politique ; et comme, dans le même temps, le pouvoir central et ses agents deviennent plus expérimentés
et plus habiles, ce même parlement s'occupe de moins
en moins de l'administration proprement dite ; chaque
jour, moins administrateur et plus tribun.

Le temps, d'ailleurs, ouvre sans cesse au gouvernement central de nouveaux champs d'action où les tribunaux n'ont pas l'agilité de le suivre ; car il s'agit d'affaires nouvelles sur lesquelles ils n'ont pas de précédents
et qui sont étrangères à leur routine. La société, qui est
en grand progrès, fait naître à chaque instant des besoins nouveaux, et chacun d'eux est pour lui une source
nouvelle de pouvoir ; car lui seul est en état de les satisfaire. Tandis que la sphère administrative des tribunaux
reste fixe, la sienne est mobile et s'étend sans cesse avec
la civilisation même.

La Révolution, qui approche et commence à agiter
l'esprit de tous les Français, leur suggère mille idées
nouvelles que lui seul peut réaliser ; avant de le renverser, elle le développe. Lui-même se perfectionne
comme tout le reste. Cela frappe singulièrement quand
on étudie ses archives. Le contrôleur-général et l'intendant de 1790 ne ressemblent plus à l'intendant et au
contrôleur-général de 1740 ; l'administration est transformée. Ses agents sont les mêmes, un autre esprit les
meut. A mesure qu'elle est devenue plus détaillée, plus
étendue, elle est aussi devenue plus régulière et plus

savante. Elle s'est modérée en achevant de s'emparer de tout; elle opprime moins, elle conduit davantage.

Les premiers efforts de la Révolution avaient détruit cette grande institution de la monarchie; elle fut restaurée en 1800. Ce ne sont pas, comme on l'a dit tant de fois, les principes de 1789 en matière d'administration publique qui ont triomphé à cette époque et depuis, mais bien, au contraire, ceux de l'ancien régime qui furent tous remis alors en vigueur et y demeurèrent.

Si l'on me demande comment cette portion de l'ancien régime a pu être ainsi transportée tout d'une pièce dans la société nouvelle et s'y incorporer, je répondrai que, si la centralisation n'a point péri dans la Révolution, c'est qu'elle était elle-même le commencement de cette révolution et son signe; et j'ajouterai que, quand un peuple a détruit dans son sein l'aristocratie, il court vers la centralisation comme de lui-même. Il faut alors bien moins d'efforts pour le précipiter sur cette pente que pour l'y retenir. Dans son sein tous les pouvoirs tendent naturellement vers l'unité, et ce n'est qu'avec beaucoup d'art qu'on peut parvenir à les tenir divisés.

La révolution démocratique, qui a détruit tant d'institutions de l'ancien régime, devait donc consolider celle-ci, et la centralisation trouvait si naturellement sa place dans la société que cette révolution avait formée, qu'on a pu aisément la prendre pour une de ses œuvres.

CHAPITRE VI

On ne saurait lire la correspondance d'un intendant de l'ancien régime avec ses supérieurs et ses subordonnés sans admirer comment la similitude des institutions rendait les administrateurs de ce temps-là pareils aux nôtres. Ils semblent se donner la main à travers le gouffre de la Révolution qui les sépare. J'en dirai autant des administrés. Jamais la puissance de la législation sur l'esprit des hommes ne s'est mieux fait voir.

Le ministre a déjà conçu le désir de pénétrer avec ses propres yeux dans le détail de toutes les affaires et de régler lui-même tout à Paris. A mesure que le temps marche et que l'administration se perfectionne, cette passion augmente. Vers la fin du dix-huitième siècle, il ne s'établit pas un atelier de charité au fond d'une province éloignée sans que le contrôleur-général veuille

en surveiller lui-même la dépense, en rédiger le règlement et en fixer le lieu. Crée-t-on des maisons de
mendicité : il faut lui apprendre le nom des mendiants
qui s'y présentent, lui dire précisément quand ils sor-
tent et quand ils entrent. Dès le milieu du siècle (1733),
M. d'Argenson écrivait : « Les détails confiés aux ministres sont immenses. Rien ne se fait sans eux, rien
que par eux, et, si leurs connoissances ne sont pas aussi
étendues que leurs pouvoirs, ils sont forcés de laisser
tout faire à des commis qui deviennent les véritables
maîtres. »

Un contrôleur-général ne demande pas seulement des
rapports sur les affaires, mais de petits renseignements
sur les personnes. L'intendant s'adresse à son tour à
ses subdélégués, et ne manque guère de répéter mot
pour mot ce que ceux-ci lui disent, absolument comme
s'il le savait pertinemment par lui-même.

Pour arriver à tout diriger de Paris et à y tout savoir,
il a fallu inventer mille moyens de contrôle. La masse
des écritures est déjà énorme, et les lenteurs de la procédure administrative si grandes, que je n'ai jamais remarqué qu'il s'écoulât moins d'un an avant qu'une paroisse pût obtenir l'autorisation de relever son clocher
ou de réparer son presbytère; le plus souvent deux ou
trois années se passent avant que la demande soit accordée.

Le conseil lui-même remarque, dans un de ses arrêts
(29 mars 1773), « que les formalités administratives
entraînent des détails infinis dans les affaires et n'exci-

tent que trop souvent les plaintes les plus justes ; formules cependant toutes nécessaires, » ajoute-t-il.

Je croyais que le goût de la statistique était particulier aux administrateurs de nos jours ; mais je me trompais. Vers la fin de l'ancien régime, on envoie souvent à l'intendant de petits tableaux tout imprimés qu'il n'a plus qu'à faire remplir par ses subdélégués et par les syndics des paroisses. Le contrôleur-général se fait faire des rapports sur la nature des terres, sur leur culture, l'espèce et la quantité des produits, le nombre des bestiaux, l'industrie et les mœurs des habitants. Les renseignements ainsi obtenus ne sont guère moins circonstanciés ni plus certains que ceux que fournissent en pareils cas de nos jours les sous-préfets et les maires. Le jugement que les subdélégués portent, à cette occasion, sur le caractère de leurs administrés, est en général peu favorable. Ils reviennent souvent sur cette opinion que « le paysan est naturellement paresseux, et ne travaillerait pas s'il n'y était obligé pour vivre. »

C'est là une doctrine économique qui paraît fort répandue chez ces administrateurs.

Il n'y a pas jusqu'à la langue administrative des deux époques qui ne se ressemble d'une manière frappante. Des deux parts, le style est également décoloré, coulant, vague et mou ; la physionomie particulière de chaque écrivain s'y efface et va se perdant dans une médiocrité commune. Qui lit un préfet lit un intendant.

Seulement, vers la fin du siècle, quand le langage particulier de Diderot et de Rousseau a eu le temps de

se répandre et de se délayer dans la langue vulgaire, la
fausse sensibilité qui remplit les livres de ces écrivains
gagne les administrateurs et pénètre même jusqu'aux
gens de finance. Le style administratif, dont le tissu
est ordinairement fort sec, devient alors parfois onctueux
et presque tendre. Un subdélégué se plaint à l'intendant
de Paris « qu'il éprouve souvent dans l'exercice de ses
fonctions une douleur très-poignante à une âme sensible. »

Le gouvernement distribuait, comme de nos jours,
aux paroisses certains secours de charité, à la condition
que les habitants devaient faire de leur côté certaines
offrandes. Quand la somme ainsi offerte par eux est suffisante, le contrôleur-général écrit en marge de l'état de
répartition : *Bon, témoigner satisfaction;* mais, quand
elle est considérable, il écrit : *Bon, témoigner satisfaction et sensibilité.*

Les fonctionnaires administratifs, presque tous bourgeois, forment déjà une classe qui a son esprit particulier, ses traditions, ses vertus, son honneur, son orgueil
propre. C'est l'aristocratie de la société nouvelle qui
est déjà formée et vivante; elle attend seulement que la
Révolution ait vidé sa place.

Ce qui caractérise déjà l'administration en France,
c'est la haine violente que lui inspirent indistinctement
tous ceux, nobles ou bourgeois, qui veulent s'occuper
d'affaires publiques en dehors d'elle. Le moindre corps
indépendant qui semble vouloir se former sans son
concours lui fait peur; la plus petite association libre,

quel qu'en soit l'objet, l'importune; elle ne laisse subsister que celles qu'elle a composées arbitrairement
et qu'elle préside. Les grandes compagnies industrielles
elles-mêmes lui agréent peu; en un mot, elle n'entend
point que les citoyens s'ingèrent d'une manière quelconque dans l'examen de leurs propres affaires; elle
préfère la stérilité à la concurrence. Mais, comme il
faut toujours laisser aux Français la douceur d'un peu
de licence, pour les consoler de leur servitude, le gouvernement permet de discuter fort librement toutes
sortes de théories générales et abstraites en matière de
religion, de philosophie, de morale et même de politique. Il souffre assez volontiers qu'on attaque les principes fondamentaux sur lesquels reposait alors la société,
et qu'on discute jusqu'à Dieu même, pourvu qu'on ne
glose point sur ses moindres agents. Il se figure que cela
ne le regarde pas.

Quoique les journaux du dix-huitième siècle, ou,
comme on disait dans ce temps-là, les gazettes, con-
tinssent plus de quatrains que de polémique, l'administration voit déjà d'un œil fort jaloux cette petite puissance. Elle est débonnaire pour les livres, mais déjà
fort âpre contre les journaux; ne pouvant les supprimer
absolument, elle entreprend de les tourner à son seul
usage. Je trouve, à la date de 1761, une circulaire
adressée à tous les intendants du royaume, où l'on annonce que le roi (c'était Louis XV) a décidé que désormais la *Gazette de France* serait composée sous les yeux
mêmes du gouvernement : « Voulant Sa Majesté, dit la

circulaire, rendre cette feuille intéressante et lui assurer la supériorité sur toutes les autres. En conséquence,
ajoute le ministre, vous voudrez bien m'adresser un
bulletin de tout ce qui se passe dans votre généralité de
nature à intéresser la curiosité publique, particulièrement ce qui se rapporte à la physique, à l'histoire naturelle, faits singuliers et intéressants. » A la circulaire
est joint un prospectus dans lequel on annonce que la
nouvelle gazette, quoique paraissant plus souvent et
contenant plus de matière que le journal qu'elle remplace, coûtera aux abonnés beaucoup moins.

Muni de ces documents, l'intendant écrit à ses subdélégués et les met à l'œuvre; mais ceux-ci commencent
par répondre qu'ils ne savent rien. Survient une nouvelle lettre du ministre, qui se plaint amèrement de la
stérilité de la province. « Sa Majesté m'ordonne de vous
dire que son intention est que vous vous occupiez très-
sérieusement de cette affaire et donniez les ordres les
plus précis à vos agents. » Les subdélégués s'exécutent
alors : l'un d'eux mande qu'un contrebandier en sau-
nage (contrebande du sel) a été pendu et a montré un
grand courage; un autre, qu'une femme de son arrondissement est accouchée à la fois de trois filles; un troisième, qu'il a éclaté un terrible orage, qui, il est vrai,
n'a causé aucun mal. Il y en a un qui déclare que,
malgré tous ses soins, il n'a rien découvert qui fût digne
d'être signalé, mais qu'il s'abonne lui-même à une gazette si utile et va inviter tous les honnêtes gens à l'imiter. Tant d'efforts semblent cependant peu efficaces;

car une nouvelle lettre nous apprend « que le roi, qui a
la bonté, dit le ministre, de descendre lui-même dans
tout le détail des mesures relatives au perfectionnement
de la gazette, et qui veut donner à ce journal la supériorité et la célébrité qu'il mérite, a témoigné beaucoup
de mécontentement en voyant que ses vues étaient si
mal remplies. »

On voit que l'histoire est une galerie de tableaux où
il y a peu d'originaux et beaucoup de copies.

Il faut, du reste, reconnaître qu'en France le gouvernement central n'imite jamais ces gouvernements du
midi de l'Europe, qui semblent ne s'être emparés de
tout que pour laisser tout stérile. Celui-ci montre souvent une grande intelligence de sa tâche et toujours une
prodigieuse activité. Mais son activité est souvent improductive et même malfaisante, parce que, parfois, il
veut faire ce qui est au-dessus de ses forces, ou fait ce
que personne ne contrôle.

Il n'entreprend guère ou il abandonne bientôt les
réformes les plus nécessaires, qui, pour réussir, demandent une énergie persévérante ; mais il change
sans cesse quelques règlements ou quelques lois. Rien
ne demeure un instant en repos dans la sphère qu'il
habite. Les nouvelles règles se succèdent avec une rapidité si singulière, que les agents, à force d'être com-
mandés, ont souvent peine à démêler comment il faut
obéir. Des officiers municipaux se plaignent au contrôleur-général lui-même de la mobilité extrême de la
législation secondaire. « La variation des seuls règle-

ments de finance, disent-ils, est telle, qu'elle ne permet pas à un officier municipal, fût-il inamovible, de
faire autre chose qu'étudier les nouveaux règlements, à
mesure qu'ils paroissent, jusqu'au point d'être obligé
de négliger ses propres affaires. »

Lors même que la loi n'était pas changée, la manière
de l'appliquer variait tous les jours. Quand on n'a pas
vu l'administration de l'ancien régime à l'œuvre, en
lisant les documents secrets qu'elle a laissés, on ne saurait imaginer le mépris où finit par tomber la loi, dans
l'esprit même de ceux qui l'appliquent, lorsqu'il n'y a
plus ni assemblée politique, ni journaux, pour ralentir
l'activité capricieuse et borner l'humeur arbitraire et
changeante des ministres et de leurs bureaux.

On ne trouve guère d'arrêts du conseil qui ne rappellent les lois antérieures, souvent de date très-récente,
qui ont été rendues, mais non exécutées. Il n'y a pas, en
effet, d'édit, de déclaration du roi, de lettres-patentes
solennellement enregistrées qui ne souffrent mille tempéraments dans la pratique. On voit par les lettres des
contrôleurs-généraux et des intendants, que le gouvernement permet sans cesse de faire par exception autrement qu'il n'ordonne. Il brise rarement la loi, mais chaque jour il la fait plier doucement dans tous les sens,
suivant les cas particuliers et pour la plus grande facilité des affaires.

L'intendant écrit au ministre à propos d'un droit
d'octroi auquel un adjudicataire des travaux de l'État
voulait se soustraire : « Il est certain qu'à prendre à

la rigueur les édits et les arrêts que je viens de citer, il n'existe dans le royaume aucun exempt de ces droits; mais ceux qui sont versés dans la connoissance des affaires savent qu'il en est de ces dispositions impérieuses comme des peines qu'elles prononcent, et que, quoiqu'on les trouve dans presque tous les édits, déclarations et arrêts portant établissement d'impôts, cela n'a jamais empêché les exceptions. »

L'ancien régime est là tout entier : une règle rigide, une pratique molle : tel est son caractère.

Qui voudrait juger le gouvernement de ce temps-là par le recueil de ses lois, tomberait dans les erreurs les plus ridicules. Je trouve, à la date de 1757, une déclaration du roi qui condamne à mort tous ceux qui composeront ou imprimeront des écrits contraires à la religion ou à l'ordre établi. Le libraire qui les vend, le marchand qui les colporte, doit subir la même peine. Serions-nous revenus au siècle de saint Dominique? Non, c'est précisément le temps où régnait Voltaire.

On se plaint souvent de ce que les Français méprisent la loi; hélas! quand auraient-ils pu apprendre à la respecter? On peut dire que, chez les hommes de l'ancien régime, la place que la notion de la loi doit occuper dans l'esprit humain était vacante. Chaque solliciteur demande qu'on sorte en sa faveur de la règle établie, avec autant d'insistance et d'autorité que s'il demandait qu'on y rentrât, et on ne la lui oppose jamais, en effet, que quand on a envie de l'éconduire. La soumission du peuple à l'autorité est encore complète, mais son obéissance est un effet de la coutume plutôt que de la volonté; car, s'il lui arrive par hasard de s'émouvoir, la plus petite émotion le conduit aussitôt jusqu'à la violence, et presque toujours c'est aussi la violence et l'arbitraire, et non la loi, qui le répriment.

Le pouvoir central en France n'a pas encore acquis au dix-huitième siècle cette constitution saine et vigoureuse que nous lui avons vue depuis; néanmoins, comme il est déjà parvenu à détruire tous les pouvoirs intermédiaires, et qu'entre lui et les particuliers il n'existe plus rien qu'un espace immense et vide, il apparaît déjà de loin à chacun d'eux comme le seul ressort de la machine sociale, l'agent unique et nécessaire de la vie publique.

Rien ne le montre mieux que les écrits de ses détracteurs eux-mêmes. Quand le long malaise qui précède la Révolution commence à se faire sentir, on voit éclore toutes sortes de systèmes nouveaux en matière de société et de gouvernement. Les buts que se proposent ces réformateurs sont divers, mais leur moyen est toujours le même. Ils veulent emprunter la main du pouvoir central et l'employer à tout briser et à tout refaire suivant un nouveau plan qu'ils ont conçu eux-mêmes; lui seul leur paraît en état d'accomplir une pareille tâche. La puissance de l'État doit être sans limite comme son droit, disent-ils; il ne s'agit que de lui persuader d'en faire un usage convenable. Mirabeau le père, ce gentilhomme si entiché des droits de la noblesse, qu'il appelle crûment les intendants des *intrus*, et déclare que, si on abandonnait au gouvernement seul le choix des magistrats, les cours de justice ne seraient bientôt que *des bandes de commissaires*, Mirabeau lui-même n'a de confiance que dans l'action du pouvoir central pour réaliser ses chimères.

Ces idées ne restent point dans les livres; elles descendent dans tous les esprits, se mêlent aux mœurs, entrent dans les habitudes et pénètrent de toutes parts, jusque dans la pratique journalière de la vie.

Personne n'imagine pouvoir mener à bien une affaire importante si l'État ne s'en mêle. Les agriculteurs eux-mêmes, gens d'ordinaire fort rebelles aux préceptes, sont portés à croire que, si l'agriculture ne se perfectionne pas, la faute en est principalement au gouvernement, qui ne leur donne ni assez d'avis, ni assez de secours. L'un d'eux écrit à un intendant, d'un ton irrité où l'on sent déjà la Révolution : « Pourquoi le gouvernement ne nomme-t-il pas des inspecteurs qui iraient une fois par an dans les provinces voir l'état des cultures, enseigneraient aux cultivateurs à les changer pour le mieux, leur diraient ce qu'il faut faire des bestiaux, la façon de les mettre à l'engrais, de les élever, de les vendre, et où il faut les mener au marché? On devrait bien rétribuer ces inspecteurs. Le cultivateur qui donnerait des preuves de la meilleure culture recevrait des marques d'honneur. »

Des inspecteurs et des croix! voilà un moyen dont un fermier du comté de Suffolk ne se serait jamais avisé!

Aux yeux du plus grand nombre, il n'y a déjà que

le gouvernement qui puisse assurer l'ordre public : le
peuple n'a peur que de la maréchaussée ; les propriétaires n'ont quelque confiance qu'en elle. Pour les uns
et pour les autres, le cavalier de la maréchaussée n'est
pas seulement le principal défenseur de l'ordre, c'est
l'ordre lui-même. « Il n'est personne, dit l'assemblée
provinciale de Guyenne, qui n'ait remarqué combien
la vue d'un cavalier de la maréchaussée est propre à
contenir les hommes les plus ennemis de toute subordination. » Aussi chacun veut-il en avoir à sa porte une
escouade. Les archives d'une intendance sont remplies
de demandes de cette nature ; personne ne semble soup-
çonner que sous le protecteur pourrait bien se cacher
le maître.

Ce qui frappe le plus les émigrés qui arrivent en Angleterre, c'est l'absence de cette milice. Cela les remplit
de surprise, et quelquefois de mépris pour les Anglais.
L'un d'eux, homme de mérite, mais que son éducation
n'avait pas préparé à ce qu'il allait voir, écrit : « Il est
exactement vrai que tel Anglais se félicite d'avoir été
volé, en se disant qu'au moins son pays n'a pas de maréchaussée. Tel qui est fâché de tout ce qui trouble la
tranquillité, se console cependant de voir rentrer dans
le sein de la société des séditieux, en pensant que le
texte de la loi est plus fort que toutes les considéra-
tions. Ces idées fausses, ajoute-t-il, ne sont pas absolument dans toutes les têtes ; il y a des gens sages qui en
ont de contraires, et c'est la sagesse qui doit prévaloir à
la longue. »

Que ces bizarreries des Anglais pussent avoir quelques rapports avec leurs libertés, c'est ce qui ne lui tombe point dans l'esprit. Il aime mieux expliquer ce phénomène par des raisons plus scientifiques. « Dans un pays où l'humidité du climat et le défaut de ressort dans l'air qui circule, dit-il, impriment au tempérament une teinte sombre, le peuple est disposé à se livrer de préférence aux objets graves. Le peuple anglais est donc porté par sa nature à s'occuper de matières de gouvernement; le peuple français en est éloigné. »

Le gouvernement ayant pris ainsi la place de la Providence, il est naturel que chacun l'invoque dans ses nécessités particulières. Aussi rencontre-t-on un nombre immense de requêtes qui, se fondant toujours sur l'intérêt public, n'ont trait néanmoins qu'à de petits intérêts privés. Les cartons qui les renferment sont peut-être les seuls endroits où toutes les classes qui composaient la société de l'ancien régime se trouvent mêlées. La lecture en est mélancolique : des paysans demandent qu'on les indemnise de la perte de leurs bestiaux ou de leur maison ; des propriétaires aisés, qu'on les aide à faire valoir plus avantageusement leurs terres; des industriels sollicitent de l'intendant des priviléges qui les garantissent d'une concurrence incommode. Il est très-fréquent de voir des manufacturiers qui confient à l'intendant le mauvais état de leurs affaires, et le prient d'obtenir du contrôleur-général un secours ou un prêt. Un fonds était ouvert, à ce qu'il semble, pour cet objet.

Les gentilshommes eux-mêmes sont quelquefois de grands solliciteurs; leur condition ne se reconnaît guère alors qu'en ce qu'ils mendient d'un ton fort haut. C'est l'impôt du vingtième qui, pour beaucoup d'entre eux, est le principal anneau de leur dépendance. Leur part dans cet impôt étant fixée chaque année par le conseil sur le rapport de l'intendant, c'est à celui-ci qu'ils s'adressent d'ordinaire pour obtenir des délais et des décharges. J'ai lu une foule de demandes de cette espèce que faisaient des nobles, presque tous titrés et souvent grands seigneurs: vu, disaient-ils, l'insuffisance de leurs revenus ou le mauvais état de leurs affaires. En général, les gentilshommes n'appelaient jamais l'intendant que Monsieur, mais j'ai remarqué que, dans ces circonstances, ils l'appellent toujours Monseigneur, comme les bourgeois.

Parfois la misère et l'orgueil se mêlent dans ces placets d'une façon plaisante. L'un d'eux écrit à l'intendant: « Votre cœur sensible ne consentira jamais à ce qu'un père de mon état fût taxé à des vingtièmes stricts, comme le serait un père du commun. »

Dans les temps de disette, si fréquents au dix-huitième siècle, la population de chaque généralité se tourne tout entière vers l'intendant et semble n'attendre que de lui seul sa nourriture. Il est vrai que chacun s'en prend déjà au gouvernement de toutes ses misères. Les plus inévitables sont de son fait; on lui reproche jusqu'à l'intempérie des saisons.

Ne nous étonnons plus en voyant avec quelle facilité

merveilleuse la centralisation a été rétablie en France au commencement de ce siècle. Les hommes de 89 avaient renversé l'édifice; mais ses fondements étaient restés dans l'âme même de ses destructeurs, et sur ces fondements on a pu le relever tout à coup à nouveau et le bâtir plus solidement qu'il ne l'avait jamais été.

CHAPITRE VII

COMMENT LA FRANCE ÉTAIT DÉJÀ,
DE TOUS LES PAYS DE L'EUROPE, CELUI OU LA CAPITALE AVAIT ACQUIS
LE PLUS DE PRÉPONDÉRANCE SUR LES PROVINCES ET ABSORBAIT
LE MIEUX TOUT L'EMPIRE.

Ce n'est ni la situation, ni la grandeur, ni la richesse des capitales qui causent leur prépondérance politique sur le reste de l'empire, c'est la nature du gouvernement.

Londres, qui est aussi peuplé qu'un royaume, n'a pas exercé jusqu'à présent d'influence souveraine sur les destinées de la Grande-Bretagne.

Aucun citoyen des États-Unis n'imagine que le peuple de New-York puisse décider du sort de l'Union américaine. Bien plus, personne, dans l'État même de New-York, ne se figure que la volonté particulière de cette ville puisse diriger seule les affaires. Cependant New-York renferme aujourd'hui autant d'habitants que Paris en contenait au moment où la Révolution a éclaté.

Paris même, à l'époque des guerres de religion, était,
comparativement au reste du royaume, aussi peuplé
qu'il pouvait l'être en 1789. Néanmoins il ne put rien
décider. Du temps de la Fronde, Paris n'est encore que
la plus grande ville de France. En 1789, il est déjà la
France même.

Dès 1740, Montesquieu écrivait à un de ses amis :
« Il n'y a en France que Paris et les provinces éloignées,
parce que Paris n'a pas encore eu le temps de les dévorer. » En 1750, le marquis de Mirabeau, esprit chi-
mérique, mais parfois profond, dit, parlant de Paris
sans le nommer : « Les capitales sont nécessaires; mais,
si la tête devient trop grosse, le corps devient apoplec-
tique, et tout périt. Que sera-ce donc si, en abandonnant
les provinces à une sorte de dépendance directe et en
n'en regardant les habitants que comme des régnicoles
de second ordre, pour ainsi dire, si, en n'y laissant aucun moyen de considération et aucune carrière à l'ambition, on attire tout ce qui a quelque talent dans cette
capitale ! » Il appelle cela une espèce de révolution sourde
qui dépeuple les provinces de leurs notables, gens d'affaires, et de ce que l'on nomme gens d'esprit.

Le lecteur qui a lu attentivement les précédents chapitres connaît déjà les causes de ce phénomène; ce serait abuser de sa patience que de les indiquer de nouveau ici.

Cette révolution n'échappait pas au gouvernement,
mais elle ne le frappait que sous sa forme la plus matérielle, l'accroissement de la ville. Il voyait Paris s'é

tendre journellement, et il craignait qu'il ne devînt difficile de bien administrer une si grande ville. On rencontre un grand nombre d'ordonnances de nos rois, principalement dans le dix-septième et le dix-huitième siècle, qui ont pour objet d'arrêter cette croissance. Ces princes concentraient de plus en plus dans Paris ou à ses portes toute la vie publique de la France, et ils voulaient que Paris restât petit. On défend de bâtir de nouvelles maisons, ou l'on oblige de ne les bâtir que de la manière la plus coûteuse et dans les lieux peu attrayants qu'on indique à l'avance. Chacune de ces ordonnances constate, il est vrai, que, malgré la précédente, Paris n'a cessé de s'étendre. Six fois pendant son règne, Louis XIV, en sa toute-puissance, tente d'arrêter Paris et y échoue : la ville grandit sans cesse, en dépit des édits. Mais sa prépondérance s'augmente plus vite encore que ses murailles ; ce qui la lui assure, c'est moins ce qui se passe dans son enceinte que ce qui arrive au dehors.

Dans le même temps, en effet, on voyait partout les libertés locales disparaître de plus en plus. Partout les symptômes d'une vie indépendante cessaient ; les traits mêmes de la physionomie des différentes provinces devenaient confus ; la dernière trace de l'ancienne vie publique était effacée. Ce n'était pas pourtant que la nation tombât en langueur : le mouvement y était, au contraire, partout ; seulement, le moteur n'était plus qu'à Paris. Je ne donnerai qu'un exemple de ceci entre mille. Je trouve dans les rapports faits au ministre sur

l'état de la librairie qu'au seizième siècle et au commencement du dix-septième, il y avait des imprimeries
considérables dans des villes de province qui n'ont plus
d'imprimeurs ou dont les imprimeurs ne font plus rien.
On ne saurait douter pourtant qu'il ne se publiât infiniment plus d'écrits de toute sorte à la fin du dix-huitième siècle qu'au seizième; mais le mouvement de la
pensée ne partait plus que du centre. Paris avait achevé
de dévorer les provinces.

Au moment où la Révolution française éclate, cette
première révolution est entièrement accomplie.

Le célèbre voyageur Arthur Young quitte Paris peu
après la réunion des États-généraux et peu de jours
avant la prise de la Bastille; le contraste qu'il aperçoit
entre ce qu'il vient de voir dans la ville et ce qu'il trouve
au dehors le frappe de surprise. Dans Paris, tout était
activité et bruit; chaque moment produisait un pam-
phlet politique : il s'en publiait jusqu'à quatre-vingt-
douze par semaine. « Jamais, dit-il, je n'ai vu un mouvement de publicité semblable, même à Londres. » Hors
de Paris, tout lui semble inertie et silence; on imprime
peu de brochures et point de journaux. Les provinces,
cependant, sont émues et prêtes à s'ébranler, mais im-
mobiles; si les citoyens s'assemblent quelquefois, c'est
pour apprendre les nouvelles qu'on attend de Paris.
Dans chaque ville, Young demande aux habitants ce
qu'ils vont faire. « La réponse est partout la même,
dit-il : « Nous ne sommes qu'une ville de province; il
« faut voir ce qu'on fera à Paris. » — « Ces gens n'osent

pas même avoir une opinion, ajoute-t-il, jusqu'à ce qu'ils sachent ce qu'on pense à Paris. »

On s'étonne de la facilité surprenante avec laquelle l'Assemblée constituante a pu détruire d'un seul coup toutes les anciennes provinces de la France, dont plusieurs étaient plus anciennes que la monarchie, et diviser méthodiquement le royaume en quatre-vingt-trois parties distinctes, comme s'il s'était agi du sol vierge du Nouveau-Monde. Rien n'a plus surpris et même épouvanté le reste de l'Europe, qui n'était pas préparée à un pareil spectacle. « C'est la première fois, disait Burke, qu'on voit des hommes mettre en morceaux leur patrie d'une manière aussi barbare. » Il semblait, en effet, qu'on déchirât des corps vivants : on ne faisait que dépecer des morts.

Dans le temps même où Paris achevait d'acquérir ainsi au dehors la toute-puissance, on voyait s'accomplir dans son sein même un autre changement qui ne mérite pas moins de fixer l'attention de l'histoire. Au lieu de n'être qu'une ville d'échanges, d'affaires, de consommation et de plaisir, Paris achevait de devenir une ville de fabriques et de manufactures : second fait qui donnait au premier un caractère nouveau et plus formidable.

L'événement venait de très-loin; il semble que, dès le moyen-âge, Paris fût déjà la ville la plus industrieuse du royaume, comme il en était la plus grande. Ceci devient évident en approchant des temps modernes. À mesure que toutes les affaires administratives sont attirées à

Paris, les affaires industrielles y accourent. Paris, devenant de plus en plus le modèle et l'arbitre du goût,
le centre unique de la puissance et des arts, le principal
foyer de l'activité nationale, la ville industrielle de la
nation s'y retire et s'y concentre davantage.

Quoique les documents statistiques de l'ancien régime
méritent le plus souvent peu de créance, je crois qu'on
peut affirmer sans crainte que, pendant les soixante ans
qui ont précédé la Révolution française, le nombre des
ouvriers a plus que doublé à Paris; tandis que, dans la
même période, la population générale de la ville n'augmentait guère que d'un tiers.

Indépendamment des causes générales que je viens
de dire, il y en avait de très-particulières qui, de tous
les points de la France, attiraient les ouvriers vers Paris,
et les y aggloméraient peu à peu dans certains quartiers
qu'ils finissaient par occuper presque seuls. On avait
rendu moins gênantes à Paris que partout ailleurs en
France les entraves que la législation fiscale du temps
imposait à l'industrie; nulle part on n'échappait plus
aisément au joug des maîtrises. Certains faubourgs, tels
que le faubourg Saint-Antoine et celui du Temple, jouissaient surtout, sous ce rapport, de très-grands priviléges. Louis XVI étendit encore beaucoup ces prérogatives du faubourg Saint-Antoine, et travailla de son
mieux à accumuler là une immense population ou-
vrière, « voulant, dit ce malheureux prince dans un de
ses édits, donner aux ouvriers du faubourg Saint-Antoine une nouvelle marque de notre protection et les

délivrer des gênes qui sont préjudiciables à leurs intérêts aussi bien qu'à la liberté du commerce. »

Le nombre des usines, manufactures, hauts-four-
neaux, s'était tellement accru dans Paris, aux approches
de la Révolution, que le gouvernement finit par s'en
alarmer. La vue de ce progrès le remplissait de plusieurs craintes fort imaginaires. On trouve, entre autres,
un arrêt du conseil de 1782, où il est dit que « le Roy,
appréhendant que la multiplication rapide des manufactures n'amenât une consommation de bois qui devînt
préjudiciable à l'approvisionnement de la ville, prohibe
désormais la création d'établissements de cette espèce
dans un rayon de quinze lieues autour d'elle. » Quant
au danger véritable qu'une pareille agglomération pouvait faire naître, personne ne l'appréhendait.

Ainsi Paris était devenu le maître de la France, et
déjà s'assemblait l'armée qui devait se rendre maîtresse
de Paris.

On tombe assez d'accord aujourd'hui, ce me semble,
que la centralisation administrative et l'omnipotence de
Paris sont pour beaucoup dans la chute de tous les gouvernements que nous avons vus se succéder depuis quarante ans. Je ferai voir sans peine qu'il faut attribuer
au même fait une grande part dans la ruine soudaine
et violente de l'ancienne monarchie, et qu'on doit le
ranger parmi les principales causes de cette révolution
première qui a enfanté toutes les autres.

CHAPITRE VIII

QUE LA FRANCE ÉTAIT LE PAYS OU LES HOMMES ÉTAIENT DEVENUS
LE PLUS SEMBLABLES ENTRE EUX.

Celui qui considère attentivement la France de l'ancien régime rencontre deux vues bien contraires.

Il semble que tous les hommes qui y vivent, particulièrement ceux qui y occupent les régions moyennes et hautes de la société, les seuls qui se fassent voir, soient tous exactement semblables les uns aux autres.

Cependant, au milieu de cette foule uniforme s'élèvent encore une multitude prodigieuse de petites barrières qui la divisent en un grand nombre de parties, et dans chacune de ces petites enceintes apparaît comme une société particulière qui ne s'occupe que de ses intérêts propres, sans prendre part à la vie de tous.

Je songe à cette division presque infinie, et je comprends que, nulle part les citoyens n'étant moins préparés à agir en commun et à se prêter un mutuel appui en temps de crise, une grande révolution a pu bouleverser de fond en comble une pareille société en un moment. J'imagine toutes ces petites barrières renversées par ce grand ébranlement lui-même; j'aperçois aussitôt un corps social plus compacte et plus homogène qu'aucun de ceux qu'on avait peut-être jamais vus dans le monde.

J'ai dit comment, dans presque tout le royaume, la vie particulière des provinces était depuis longtemps éteinte; cela avait beaucoup contribué à rendre tous les Français fort semblables entre eux. A travers les diversités qui existent encore, l'unité de la nation est déjà transparente; l'uniformité de la législation la découvre. A mesure qu'on descend le cours du dix-huitième siècle, on voit s'accroître le nombre des édits, déclarations du roi, arrêts du conseil, qui appliquent les mêmes règles, de la même manière, dans toutes les parties de l'empire. Ce ne sont pas seulement les gouvernants, mais les gouvernés, qui conçoivent l'idée d'une législation si générale et si uniforme, partout la même, la même pour tous; cette idée se montre dans tous les projets de réforme qui se succèdent pendant trente ans avant que la Révolution éclate. Deux siècles auparavant, la matière même de pareilles idées, si l'on peut parler ainsi, eût manqué.

Non-seulement les provinces se ressemblent de plus en plus, mais dans chaque province les hommes des différentes classes, du moins tous ceux qui sont placés en dehors du peuple, deviennent de plus en plus semblables, en dépit des particularités de la condition.

Il n'y a rien qui mette ceci plus en lumière que la lecture des cahiers présentés par les différents ordres en 1789. On voit que ceux qui les rédigent diffèrent profondément par les intérêts, mais que, dans tout le reste, ils se montrent pareils.

Si vous étudiez comment les choses se passaient aux premiers États-généraux, vous aurez un spectacle tout contraire : le bourgeois et le noble ont alors plus d'intérêts communs, plus d'affaires communes; ils font voir bien moins d'animosité réciproque; mais ils semblent encore appartenir à deux races distinctes.

Le temps, qui avait maintenu, et sous beaucoup de rapports aggravé les priviléges qui séparaient ces deux hommes, avait singulièrement travaillé à les rendre en tout le reste pareils.

Depuis plusieurs siècles, les nobles français n'avaient cessé de s'appauvrir. « Malgré ses priviléges, la noblesse se ruine et s'anéantit tous les jours, et le tiers-état s'empare des fortunes, » écrit tristement un gentilhomme en 1755. Les lois qui protégeaient la propriété des nobles étaient pourtant toujours les mêmes; rien dans leur condition économique ne paraissait changé. Néanmoins ils s'appauvrissaient partout dans la proportion exacte où ils perdaient leur pouvoir.

On dirait que, dans les institutions humaines comme dans l'homme même, indépendamment des organes que l'on voit remplir les diverses fonctions de l'existence, se trouve une force centrale et invisible qui est le principe même de la vie. En vain les organes semblent agir comme auparavant, tout languit à la fois et meurt quand cette flamme vivifiante vient à s'éteindre. Les nobles français avaient encore les substitutions; Burke remarque même que les substitutions étaient, de son temps, plus fréquentes et plus obligatoires en France qu'en Angleterre, le droit d'aînesse, les redevances foncières et perpétuelles, et tout ce qu'on nommait les droits utiles; on les avait soustraits à l'obligation si onéreuse de faire la guerre à leurs dépens, et pourtant on leur avait conservé, en l'augmentant beaucoup, l'immunité d'impôt, c'est-à-dire qu'ils gardaient l'indemnité en perdant la charge. Ils jouissaient, en outre, de plusieurs autres avantages pécuniaires que leurs pères n'avaient jamais eus; cependant ils s'appauvrissaient graduellement à mesure que l'usage et l'esprit du gouvernement leur manquaient. C'est même à cet appauvrissement graduel qu'il faut attribuer, en partie, cette grande division de la propriété foncière que nous avons remarquée précédemment. Le gentilhomme avait cédé morceau par morceau sa terre aux paysans, ne se réservant que les rentes seigneuriales, qui lui conservaient l'apparence plutôt que la réalité de son ancien état. Plusieurs provinces de France, comme celle du Limousin, dont parle Turgot, n'étaient remplies que par une petite noblesse pauvre, qui ne possédait presque plus de terres et ne vivait guère que de droits seigneuriaux et de rentes foncières.

« Dans cette généralité, dit un intendant, dès le commencement du siècle, le nombre des familles nobles s'élève encore à plusieurs milliers, mais il n'y en a pas

quinze qui aient vingt mille livres de rente. » Je lis dans
une sorte d'instruction qu'un autre intendant (celui de
Franche-Comté) adresse à son successeur en 1750 :
« La noblesse de ce pays est assez bonne, mais fort
pauvre, et elle est autant fière qu'elle est pauvre. Elle
est très-humiliée en proportion de ce qu'elle était autrefois. La politique n'est pas mauvaise, de l'entretenir
dans cet état de pauvreté, pour la mettre dans la nécessité de servir et d'avoir besoin de nous. Elle forme,
ajoute-t-il, une confrérie où l'on n'admet que les personnes qui peuvent faire preuve de quatre quartiers.
Cette confrérie n'est point patentée, mais seulement
tolérée, et elle ne s'assemble tous les ans qu'une fois,
et en présence de l'intendant. Après avoir dîné et entendu la messe ensemble, ces nobles s'en retournent
chacun chez eux, les uns sur leurs rossinantes, les autres à pied. Vous verrez le comique de cette assemblée. »

Cet appauvrissement graduel de la noblesse se voyait
plus ou moins, non-seulement en France, mais dans
toutes les parties du continent, où le système féodal
achevait, comme en France, de disparaître, sans être
remplacé par une nouvelle forme de l'aristocratie. Chez
les peuples allemands qui bordent le Rhin, cette décadence était surtout visible et très-remarquée. Le contraire ne se rencontrait que chez les Anglais. Là, les
anciennes familles nobles qui existaient encore avaient
non-seulement conservé, mais aussi fort accru leur fortune; elles étaient restées les premières en richesses aussi
bien qu'en pouvoir. Les familles nouvelles qui s'étaient

élevées à côté d'elles n'avaient fait qu'imiter leur opulence sans la surpasser.

En France, les roturiers seuls semblaient hériter de tout le bien que la noblesse perdait; on eût dit qu'ils ne s'accroissaient que de sa substance. Aucune loi cependant n'empêchait le bourgeois de se ruiner ni ne l'aidait à s'enrichir; il s'enrichissait néanmoins sans cesse; dans bien des cas, il était devenu aussi riche et quelquefois plus riche que le gentilhomme. Bien plus, sa richesse était souvent de la même espèce : quoiqu'il vécût d'ordinaire à la ville, il était souvent propriétaire aux champs; quelquefois même il acquérait des seigneuries.

L'éducation et la manière de vivre avaient déjà mis entre ces deux hommes mille autres ressemblances. Le bourgeois avait autant de lumières que le noble, et ce qu'il faut bien remarquer, ses lumières avaient été puisées précisément au même foyer. Tous deux étaient éclairés par le même jour. Pour l'un comme pour l'autre, l'éducation avait été également théorique et littéraire. Paris, devenu de plus en plus le seul précepteur de la France, achevait de donner à tous les esprits une même forme et une allure commune.

A la fin du dix-huitième siècle, on pouvait encore apercevoir, sans doute, entre les manières de la noblesse et celles de la bourgeoisie, une différence; car il n'y a rien qui s'égalise plus lentement que cette superficie de mœurs qu'on nomme les manières; mais, au fond, tous les hommes placés au-dessus du peuple se ressemblaient; ils avaient les mêmes idées, les mêmes

habitudes, suivaient les mêmes goûts, se livraient aux
mêmes plaisirs, lisaient les mêmes livres, parlaient le
même langage. Ils ne différaient plus entre eux que par
les droits.

Je doute que cela se vît alors au même degré nulle
part ailleurs, pas même en Angleterre, où les différentes classes, quoique attachées solidement les unes
aux autres par des intérêts communs, différaient encore
souvent par l'esprit et les mœurs ; car la liberté politique que possède cette admirable puissance, de créer
entre tous les citoyens des rapports nécessaires et des
liens mutels de dépendance, ne les rend pas toujours
pour cela pareils; c'est le gouvernement d'un seul qui,
à la longue, a toujours pour effet inévitable de rendre
les hommes semblables entre eux et mutuellement indifférents à leur sort..

CHAPITRE IX

COMMENT CES HOMMES SI SEMBLABLES
ÉTAIENT PLUS SÉPARÉS QU'ILS NE L'AVAIENT JAMAIS ÉTÉ EN PETITS GROUPES
ÉTRANGERS ET INDIFFÉRENTS LES UNS AUX AUTRES.

Considérons maintenant l'autre côté du tableau, et voyons comment ces mêmes Français, qui avaient entre eux tant de traits de ressemblance, étaient cependant plus isolés les uns des autres que cela ne se voyait peut-être nulle part ailleurs, et que cela même ne s'était jamais vu en France auparavant.

Il y a bien de l'apparence qu'à l'époque où le système féodal s'établit en Europe, ce qu'on a appelé depuis la noblesse ne forma point sur-le-champ une *caste*, mais se composa, dans l'origine, de tous les principaux d'entre la nation, et ne fut ainsi, d'abord, qu'une aristocratie. C'est là une question que je n'ai point envie de discuter ici; il me suffit de remarque que, dès le moyen-âge, la noblesse est devenue une

caste, c'est-à-dire que sa marque distincte est la naissance.

Elle conserve bien ce caractère propre à l'aristocratie,
d'être un corps de citoyens qui gouvernent; mais c'est
la naissance seulement qui décide de ceux qui seront à
la tête de ce corps. Tout ce qui n'est point né noble est
en dehors de cette classe particulière et fermée, et n'occupe qu'une situation plus ou moins élevée, mais toujours subordonnée, dans l'État.

Partout où le système féodal s'est établi sur le continent de l'Europe, il a abouti à la caste; en Angleterre
seulement, il est retourné à l'aristocratie.

Je me suis toujours étonné qu'un fait qui singula-
rise à ce point l'Angleterre au milieu de toutes les nations modernes, et qui seul peut faire comprendre les
particularités de ses lois, de son esprit et de son histoire, n'ait pas fixé plus encore qu'il ne l'a fait l'attention des philosophes et des hommes d'État, et que
l'habitude ait fini par le rendre comme invisible aux
Anglais eux-mêmes. On l'a souvent à demi aperçu, à
demi décrit; jamais, ce me semble, on n'en a eu la vue
complète et claire. Montesquieu, visitant la Grande-
Bretagne en 1739, écrit bien : « Je suis ici dans un
pays qui ne ressemble guère au reste de l'Europe; »
mais il n'ajoute rien.

C'était bien moins son Parlement, sa liberté, sa
publicité, son jury, qui rendaient dès lors, en effet,
l'Angleterre si dissemblable du reste de l'Europe, que
quelque chose de plus particulier encore et de plus

efficace. L'Angleterre était le seul pays où l'on eût, non pas altéré, mais effectivement détruit le système de la caste. Les nobles et les roturiers y suivaient ensemble les mêmes affaires, y embrassaient les mêmes professions, et, ce qui est bien plus significatif, s'y mariaient entre eux. La fille du plus grand seigneur y pouvait déjà épouser sans honte un homme nouveau.

Voulez-vous savoir si la caste, les idées, les habitudes, les barrières qu'elle avait créées chez un peuple y sont définitivement anéanties : considérez-y les mariages. Là seulement, vous trouverez le trait décisif qui vous manque. Même de nos jours, en France, après soixante ans de démocratie, vous l'y chercheriez souvent en vain. Les familles anciennes et les nouvelles, qui semblent confondues en toutes choses, y évitent encore le plus qu'elles le peuvent de se mêler par le mariage.

On a souvent remarqué que la noblesse anglaise avait été plus prudente, plus habile, plus ouverte que nulle autre. Ce qu'il fallait dire, c'est que depuis longtemps il n'existe plus en Angleterre, à proprement parler, de noblesse, si on prend le mot dans le sens ancien et circonscrit qu'il avait conservé partout ailleurs.

Cette révolution singulière se perd dans la nuit des temps, mais il en reste encore un témoin vivant : c'est l'idiome. Depuis plusieurs siècles, le mot de *gentilhomme* a entièrement changé de sens en Angleterre, et le mot de *roturier* n'existe plus. Il eût déjà été impos-

sible de traduire littéralement en anglais ce vers de
Tartuffe, quand Molière l'écrivait en 1664 :

> Et tel que l'on le voit, il est bon gentilhomme.

Voulez-vous faire une autre application encore de la
science des langues à la science de l'histoire : suivez à
travers le temps et l'espace la destinée de ce mot de
gentleman, dont notre mot de gentilhomme était le père;
vous verrez sa signification s'étendre en Angleterre à
mesure que les conditions se rapprochent et se mêlent.
A chaque siècle, on l'applique à des hommes placés un
peu plus bas dans l'échelle sociale. Il passe enfin en
Amérique avec les Anglais. Là, on s'en sert pour désigner indistinctement tous les citoyens. Son histoire est
celle même de la démocratie.

En France, le mot de gentilhomme est toujours resté
étroitement resserré dans son sens primitif; depuis la
Révolution, il est à peu près sorti de l'usage, mais il
ne s'est jamais altéré. On avait conservé intact le mot
qui servait à désigner les membres de la caste, parce
qu'on avait conservé la caste elle-même, aussi séparée
de toutes les autres qu'elle l'avait jamais été.

Mais je vais bien plus loin, et j'avance qu'elle l'était
devenue beaucoup plus qu'au moment où le mot avait
pris naissance, et qu'il s'était fait parmi nous un mouvement en sens inverse de celui qu'on avait vu chez les
Anglais.

Si le bourgeois et le noble étaient plus semblables,
ils s'étaient en même temps de plus en plus isolés

l'un de l'autre : deux choses qu'on doit si peu confondre, que l'une, au lieu d'atténuer l'autre, l'aggrave
souvent.

Dans le moyen-âge et tant que la féodalité conserva
son empire, tous ceux qui tenaient des terres du seigneur (ceux que la langue féodale nommait proprement des vassaux), et beaucoup d'entre eux n'étaient
pas nobles, étaient constamment associés à celui-ci
pour le gouvernement de la seigneurie; c'était même
la principale condition de leurs tenures. Non-seulement ils devaient suivre le seigneur à la guerre, mais
ils devaient, en vertu de leur concession, passer un certain temps de l'année à sa cour, c'est-à-dire l'aider à
rendre la justice et à administrer les habitants. La cour
du seigneur était le grand rouage du gouvernement
féodal; on la voit paraître dans toutes les vieilles lois
de l'Europe, et j'en ai retrouvé encore de nos jours
des vestiges très-visibles dans plusieurs parties de
l'Allemagne. Le savant feudiste Edme de Fréminville,
qui, trente ans avant la Révolution française, s'avisa
d'écrire un gros livre sur les droits féodaux et sur la
rénovation des terriers, nous apprend qu'il a vu dans
les « titres de nombre de seigneuries, que les vassaux
étaient obligés de se rendre tous les quinze jours à la
cour du seigneur, où, étant assemblés, ils jugeaient,
conjointement avec le seigneur ou son juge ordinaire,
les assises et différends qui étaient survenus entre les
habitants. » Il ajoute, « qu'il a trouvé quelquefois
quatre-vingts, cent cinquante, et jusqu'à deux cents

de ces vassaux dans une seigneurie. Un grand nombre
d'entre eux étaient roturiers. » J'ai cité ceci, non comme
une preuve, il y en a mille autres, mais comme un
exemple de la manière dont, à l'origine et pendant
longtemps, la classe des campagnes se rapprochait des
gentilshommes et se mêlait chaque jour avec eux dans
la conduite des mêmes affaires. Ce que la cour du seigneur faisait pour les petits propriétaires ruraux, les
États provinciaux, et, plus tard, les États-généraux, le
firent pour les bourgeois des villes.

On ne saurait étudier ce qui nous reste des États-généraux du quatorzième siècle, et surtout des États provinciaux du même temps, sans s'étonner de la place
que le tiers-état occupait dans ces assemblées et de la
puissance qu'il y exerçait.

Comme homme, le bourgeois du quatorzième siècle
est sans doute fort inférieur au bourgeois du dix-huitième; mais la bourgeoisie en corps occupe dans la
société politique alors un rang mieux assuré et plus
haut. Son droit de prendre part au gouvernement est
incontesté; le rôle qu'elle joue dans les assemblées politiques est toujours considérable, souvent prépondérant. Les autres classes sentent chaque jour le besoin de
compter avec elle.

Mais ce qui frappe surtout, c'est de voir comme la
noblesse et le tiers-état trouvent alors plus de facilités
pour administrer les affaires ensemble ou pour résister
en commun, qu'ils n'en ont eu depuis. Cela ne se remarque pas seulement dans les États-généraux du qua-

torzième siècle, dont plusieurs ont eu un caractère irré-
gulier et révolutionnaire que les malheurs du temps
leur donnèrent, mais dans les États particuliers du
même temps, où rien n'indique que les affaires ne sui-
vissent pas la marche régulière et habituelle. C'est
ainsi qu'on voit, en Auvergne, les trois ordres prendre
en commun les plus importantes mesures et en surveiller l'exécution par des commissaires choisis également dans tous les trois. Le même spectacle se retrouve
à la même époque en Champagne. Tout le monde connaît cet acte célèbre par lequel les nobles et les bourgeois d'un grand nombre de villes s'associèrent, au
commencement du même siècle, pour défendre les franchises de la nation et les priviléges de leurs provinces
contre les atteintes du pouvoir royal. On rencontre à
ce moment-là, dans notre histoire, plusieurs de ces
épisodes qui semblent tirés de l'histoire d'Angleterre. De
pareils spectacles ne se revoient plus dans les siècles
suivants.

A mesure, en effet, que le gouvernement de la seigneurie se désorganise, que les États-généraux deviennent plus rares ou cessent, et que les libertés générales
achèvent de succomber, entraînant les libertés locales
dans leur ruine, le bourgeois et le gentilhomme n'ont
plus de contact dans la vie publique. Ils ne sentent plus
jamais le besoin de se rapprocher l'un de l'autre et de
s'entendre; ils sont chaque jour plus indépendants l'un
de l'autre, mais aussi plus étrangers l'un à l'autre. Au
dix-huitième siècle, cette révolution est accomplie : ces

deux hommes ne se rencontrent plus que par hasard
dans la vie privée. Les deux classes ne sont plus seulement rivales, elles sont ennemies.

Et ce qui semble bien particulier à la France, dans
le même temps que l'ordre de la noblesse perd ainsi
ses pouvoirs politiques, le gentilhomme acquiert individuellement plusieurs priviléges qu'il n'avait jamais
possédés ou accroît ceux qu'il possédait déjà. On dirait
que les membres s'enrichissent des dépouilles du corps.
La noblesse a de moins en moins le droit de commander, mais les nobles ont de plus en plus la prérogative
exclusive d'être les premiers serviteurs du maître; il
était plus facile à un roturier de devenir officier sous
Louis XIV que sous Louis XVI. Cela se voyait souvent
en Prusse, quand le fait était presque sans exemple en
France. Chacun de ces priviléges, une fois obtenu,
adhère au sang; il en est inséparable. Plus cette noblesse
cesse d'être une aristocratie, plus elle semble devenir
une caste.

Prenons le plus odieux de tous ces priviléges, celui
de l'exemption d'impôt : il est facile de voir que, depuis le quinzième siècle jusqu'à la Révolution française,
celui-ci n'a cessé de croître. Il croissait par le progrès
rapide des charges publiques. Quand on ne prélevait
que 1,200,000 livres de taille sous Charles VII, le privilége d'en être exempt était petit; quand on en prélevait 80 millions sous Louis XVI, c'était beaucoup. Lorsque la taille était le seul impôt de roture, l'exemption
du noble était peu visible; mais, quand les impôts de

cette espèce se furent multipliés sous mille noms et sous mille formes, qu'à la taille eurent été assimilées quatre autres taxes; que des charges inconnues au moyen-âge, telles que la corvée royale appliquée à tous les travaux ou services publics, la milice, etc., eurent été ajoutées à la taille et à ses accessoires, et aussi inégalement imposées, l'exemption du gentilhomme parut immense. L'inégalité, quoique grande, était, il est vrai, plus apparente encore que réelle; car le noble était souvent atteint dans son fermier par l'impôt auquel il échappait lui-même; mais en cette matière l'inégalité qu'on voit nuit plus que celle qu'on ressent.

Louis XIV, pressé par les nécessités financières qui l'accablèrent à la fin de son règne, avait établi deux taxes communes, la capitation et les vingtièmes. Mais, comme si l'exemption d'impôts avait été en soi un privilége si respectable qu'il fallût le consacrer dans le fait même qui lui portait atteinte, on eut soin de rendre la perception différente là où la taxe était commune. Pour les uns, elle resta dégradante et dure; pour les autres, indulgente et honorable.

Quoique l'inégalité, en fait d'impôts, se fût établie sur tout le continent de l'Europe, il y avait très-peu de pays où elle fût devenue aussi visible et aussi constamment sentie qu'en France. Dans une grande partie de l'Allemagne, la plupart des taxes étaient indirectes. Dans l'impôt direct lui-même, le privilége du gentilhomme consistait souvent dans une participation moins grande à une charge commune. Il y avait, de plus, certaines

taxes qui ne frappaient que sur la noblesse, et qui étaient
destinées à tenir la place du service militaire gratuit
qu'on n'exigeait plus.

Or, de toutes les manières de distinguer les hommes
et de marquer les classes, l'inégalité d'impôt est la plus
pernicieuse et la plus propre à ajouter l'isolement à
l'inégalité, et à rendre en quelque sorte l'un et l'autre
incurables. Car, voyez ses effets : quand le bourgeois et
le gentilhomme ne sont plus assujettis à payer la même
taxe, chaque année l'assiette et la levée de l'impôt tra-
cent à nouveau entre eux, d'un trait net et précis, la
limite des classes. Tous les ans, chacun des privilégiés
ressent un intérêt actuel et pressant à ne point se laisser
confondre avec la masse, et fait un nouvel effort pour
se ranger à l'écart.

Comme il n'y a presque pas d'affaires publiques qui
ne naissent d'une taxe ou qui n'aboutissent à une taxe,
du moment où les deux classes ne sont pas également
assujetties à l'impôt, elles n'ont presque plus de raisons pour délibérer jamais ensemble, plus de causes
pour ressentir des besoins et des sentiments communs;
on n'a plus affaire de les tenir séparées : on leur a
ôté en quelque sorte l'occasion et l'envie d'agir ensemble.

Burke, dans le portrait flatté qu'il trace de l'ancienne
constitution de la France, fait valoir, en faveur de l'institution de notre noblesse, la facilité que les bourgeois
avaient d'obtenir l'anoblissement en se procurant quelque office : cela lui paraît avoir de l'analogie avec l'a-

ristocratie ouverte de l'Angleterre. Louis XI avait, en
effet, multiplié les anoblissements : c'était un moyen
d'abaisser la noblesse; ses successeurs les prodiguèrent
pour avoir de l'argent. Necker nous apprend que, de
son temps, le nombre des offices qui procuraient la
noblesse s'élevait à quatre mille. Rien de pareil ne se
voyait nulle part en Europe; mais l'analogie que voulait
établir Burke entre la France et l'Angleterre n'en était
que plus fausse.

Si les classes moyennes d'Angleterre, loin de faire la
guerre à l'aristocratie, lui sont restées si intimement
unies, cela n'est pas venu surtout de ce que cette aristocratie était ouverte, mais plutôt, comme on l'a dit, de
ce que sa forme était indistincte et sa limite inconnue;
moins de ce qu'on pouvait y entrer que de ce qu'on ne
savait jamais quand on y était; de telle sorte que tout
ce qui l'approchait pouvait croire en faire partie, s'associer à son gouvernement et tirer quelque éclat ou quelque profit de sa puissance.

Mais la barrière qui séparait la noblesse de France
des autres classes, quoique très-facilement franchissa-
ble, était toujours fixe et visible, toujours reconnaissable à des signes éclatants et odieux à qui restait
dehors. Une fois qu'on l'avait franchie, on était séparé de tous ceux du milieu desquels on venait de sortir par des priviléges qui leur étaient onéreux et humi-
liants.

Le système des anoblissements, loin de diminuer la
haine du roturier contre le gentilhomme, l'accroissait

donc, au contraire, sans mesure; elle s'aigrissait de toute l'envie que le nouveau noble inspirait à ses anciens égaux. C'est ce qui fait que le tiers-état dans ses doléances montre toujours plus d'irritation contre les anoblis que contre les nobles, et que, loin de demander qu'on élargisse la porte qui peut le conduire hors de la roture, il demande sans cesse qu'elle soit rétrécie.

A aucune époque de notre histoire la noblesse n'avait été aussi facilement acquise qu'en 89, et jamais le bourgeois et le gentilhomme n'avaient été aussi séparés l'un de l'autre. Non-seulement les nobles ne veulent souffrir dans leurs colléges électoraux rien qui sente la bourgeoisie, mais les bourgeois écartent avec le même soin tous ceux qui peuvent avoir l'apparence de gentilhomme. Dans certaines provinces, les nouveaux anoblis sont repoussés d'un côté parce qu'on ne les juge pas assez nobles, et de l'autre parce qu'on trouve qu'ils le sont déjà trop. Ce fut, dit-on, le cas du célèbre Lavoisier.

Que si, laissant de côté la noblesse, nous considérons maintenant cette bourgeoisie, nous allons voir un spectacle tout semblable, et le bourgeois presque aussi à part du peuple que le gentilhomme était à part du bourgeois.

La presque totalité de la classe moyenne dans l'ancien régime habitait les villes. Deux causes avaient surtout produit cet effet : les priviléges des gentilshommes et la taille. Le seigneur qui résidait dans ses terres montrait d'ordinaire une certaine bonhomie familière envers les paysans; mais son insolence vis-à-vis des bourgeois ses voisins, était presque infinie. Elle n'avait cessé de croître à mesure que son pouvoir politique avait diminué, et par cette raison même; car, d'une part, cessant de gouverner, il n'avait plus d'intérêt à ménager ceux qui pouvaient l'aider dans cette tâche, et, de l'autre, comme on l'a remarqué souvent, il aimait à se consoler, par l'usage immodéré de ses droits apparents, de la perte de sa puissance réelle. Son absence même de ses terres, au lieu de soulager ses voisins, augmentait leur gêne. L'absentéisme ne servait pas même à cela; car des priviléges exercés par procureur n'en étaient que plus insupportables à endurer.

Je ne sais néanmoins si la taille, et tous les impôts qu'on avait assimilés à celui-là, ne furent pas des causes plus efficaces.

Je pourrais expliquer, je pense, et en assez peu de mots, pourquoi la taille et ses accessoires pesaient beaucoup plus lourdement sur les campagnes que sur les villes; mais cela paraîtra peut-être inutile au lecteur. Il me suffira donc de dire que les bourgeois réunis dans les villes avaient mille moyens d'atténuer le poids de la taille, et souvent de s'y soustraire entièrement, qu'aucun d'eux n'eût eus isolément, s'il était resté sur son domaine. Ils échappaient surtout de cette manière à l'obligation de lever la taille, ce qu'ils craignaient bien plus encore que l'obligation de la payer, et avec raison; car il n'y eut jamais, dans l'ancien régime, ni même, je pense, dans aucun régime, de pire condition que celle du collecteur paroissial de la taille. J'aurai occasion de le montrer plus loin. Personne cependant dans le village, excepté les gentilshommes, ne pouvait échapper à cette charge : plutôt que de s'y soumettre, le roturier riche louait son bien et se retirait à la ville prochaine. Turgot est d'accord avec tous les documents secrets que j'ai eu l'occasion de consulter, quand il nous dit « que la collecte de la taille change en bourgeois des villes presque tous les propriétaires roturiers des campagnes. » Ceci est, pour le dire en passant, l'une des raisons qui firent que la France était plus remplie de villes, et surtout de petites villes, que la plupart des autres pays d'Europe.

Cantonné ainsi dans des murailles, le roturier riche perdait bientôt les goûts et l'esprit des champs; il devenait entièrement étranger aux travaux et aux affaires de ceux de ses pareils qui y étaient restés. Sa vie n'avait plus, pour ainsi dire, qu'un seul but : il aspirait à devenir dans sa ville adoptive un fonctionnaire public.

C'est une très-grande erreur de croire que la passion de presque tous les Français de nos jours, et en particulier de ceux des classes moyennes, pour les places, soit née depuis la Révolution; elle a pris naissance plusieurs siècles auparavant, et elle n'a cessé, depuis ce temps, de s'accroître, grâce à mille aliments nouveaux qu'on a eu soin de lui donner.

Les places, sous l'ancien régime, ne ressemblaient pas toujours aux nôtres, mais il y en avait encore plus, je pense; le nombre des petites n'avait presque pas de fin. De 1693 à 1709 seulement, on calcule qu'il en fut créé quarante mille, presque toutes à la portée des moindres bourgeois. J'ai compté en 1750, dans une ville de province de médiocre étendue, jusqu'à cent neuf personnes occupées à rendre la justice, et cent vingt-six chargées de faire exécuter les arrêts des premières, tous gens de la ville. L'ardeur des bourgeois à remplir ces places était réellement sans égale. Dès que l'un d'eux se sentait possesseur d'un petit capital, au lieu de l'employer dans le négoce, il s'en servait aussitôt pour acheter une place. Cette misérable ambition a plus nui aux progrès de l'agriculture et du commerce en France que les maîtrises et la taille même. Quand les places venaient à manquer, l'imagination des solliciteurs, se mettant à l'œuvre, en avait bientôt inventé de nouvelles. Un sieur Lamberville publie un Mémoire pour prouver qu'il est tout à fait conforme à l'intérêt public de créer des inspecteurs pour une certaine industrie, et il termine en s'offrant lui-même pour l'emploi. Qui de nous n'a connu ce Lamberville? Un homme pourvu de quelques lettres et d'un peu d'aisance ne jugeait pas enfin qu'il fût séant de mourir sans avoir été fonctionnaire public. « Chacun, suivant son état, dit un contemporain, veut être quelque chose de par le roi. »

La plus grande différence qui se voie èn cette matière entre les temps dont je parle ici et les nôtres, c'est qu'alors le gouvernement vendait les places, tandis qu'aujourd'hui il les donne; pour les acquérir, on ne

fournit plus son argent; on fait mieux, on se livre soi-
même.

Séparé des paysans par la différence des lieux et
plus encore du genre de vie, le bourgeois l'était le plus
souvent aussi par l'intérêt. On se plaint avec beaucoup
de justice du privilége des nobles en matière d'impôt;
mais que dire de ceux des bourgeois? On compte par
milliers les offices qui les exemptent de tout ou partie
des charges publiques : celui-ci de la milice, cet autre
de la corvée, ce dernier de la taille. Quelle est la paroisse, dit-on dans un écrit du temps, qui ne compte
dans son sein, indépendamment des gentilshommes et
des ecclésiastiques, plusieurs habitants qui se sont pro-
curé, à l'aide de charges ou de commission, quelque
exemption d'impôt? L'une des raisons qui font de temps
à autre abolir un certain nombre d'offices destinés aux
bourgeois, c'est la diminution de recette qu'amène un
si grand nombre d'individus soustraits à la taille. Je ne
doute point que le nombre des exempts ne fût aussi
grand, et souvent plus grand, dans la bourgeoisie que
dans la noblesse.

Ces misérables prérogatives remplissaient d'envie ceux
qui en étaient privés, et du plus égoïste orgueil ceux
qui les possédaient. Il n'y a rien de plus visible, pendant tout le dix-huitième siècle, que l'hostilité des bourgeois des villes contre les paysans de leur banlieue, et
la jalousie de la banlieue contre la ville. « Chacune des
villes, dit Turgot, occupée de son intérêt particulier,
est disposée à y sacrifier les campagnes et les villages

de son arrondissement. » — « Vous avez souvent été obligés, dit-il ailleurs en parlant à ses subdélégués, de réprimer la tendance constamment usurpatrice et envahissante qui caractérise la conduite des villes à l'égard des campagnes et des villages de leur arrondissement.»

Le peuple même qui vit avec les bourgeois dans l'enceinte de leur ville leur devient étranger, presque ennemi. La plupart des charges locales qu'ils établissent sont tournées de façon à porter particulièrement sur les basses classes. J'ai eu plus d'une fois occasion de vérifier ce que dit le même Turgot dans un autre endroit de ses ouvrages, que les bourgeois des villes avaient trouvé le moyen de régler les octrois de manière qu'ils ne passassent pas sur eux.

Mais ce qu'on aperçoit surtout dans tous les actes de cette bourgeoisie, c'est la crainte de se voir confondue avec le peuple, et le désir passionné d'échapper par tous les moyens au contrôle de celui-ci.

« S'il plaisait au roi, disent les bourgeois de la ville dans un Mémoire au contrôleur-général, que la place de maire redevînt élective, il conviendroit d'obliger les électeurs à ne choisir que parmi les principaux notables, et même dans le présidial. »

Nous avons vu comment il avait été dans la politique de nos rois d'enlever successivement au peuple des villes l'usage de ses droits politiques. De Louis XI à Louis XV, toute leur législation révèle cette pensée. Souvent les bourgeois de la ville s'y associent, quelquefois ils la suggèrent.

Lors de la réforme municipale de 1764, un intendant consulte les officiers municipaux d'une petite ville sur la question de savoir s'il faut conserver aux artisans et *autre menu peuple* le droit d'élire les magistrats. Ces officiers répondent qu'à la vérité « le peuple n'a jamais abusé de ce droit, et qu'il serait doux sans doute de lui conserver la consolation de choisir ceux qui doivent le commander, mais qu'il vaut mieux encore, pour le maintien du bon ordre et de la tranquillité publique, se reposer de ce fait sur l'assemblée des notables. » Le subdélégué mande de son côté qu'il a réuni chez lui, en conférence secrète, les « six meilleurs citoyens de la ville. » Ces six meilleurs citoyens sont tombés unanimement d'accord que le mieux serait de confier l'élection, non pas même à l'assemblée des notables, comme le proposaient les officiers municipaux, mais à un certain nombre de députés choisis dans les différents corps dont cette assemblée se compose. Le subdélégué, plus favorable aux libertés du peuple que ces bourgeois mêmes, tout en faisant connaître leur avis, ajoute « qu'il est cependant bien dur à des artisans de payer, sans pouvoir en contrôler l'emploi, des sommes qu'ont imposées ceux de leurs concitoyens qui sont peut-être, à cause de leurs priviléges d'impôts, le moins intéressés dans la question. »

Mais achevons le tableau; considérons maintenant la bourgeoisie en elle-même, à part du peuple, comme nous avons considéré la noblesse à part des bourgeois. Nous remarquons dans cette petite portion de la nation,

mise à l'écart du reste, des divisions infinies. Il semble
que le peuple français soit comme ces prétendus corps
élémentaires dans lesquels la chimie moderne rencontre
de nouvelles particules séparables à mesure qu'elle les
regarde de plus près. Je n'ai pas trouvé moins de trente-
six corps différents parmi les notables d'une petite ville.
Ces différents corps, quoique fort menus, travaillent
sans cesse à s'amincir encore; ils vont tous les jours se
purgeant des parties hétérogènes qu'ils peuvent contenir, afin de se réduire aux éléments simples. Il y en a
que ce beau travail a réduits à trois ou quatre membres.
Leur personnalité n'en est que plus vive et leur humeur plus querelleuse. Tous sont séparés les uns des
autres par quelques petits priviléges, les moins honnêtes étant encore signes d'honneur. Entre eux, ce sont
des luttes éternelles de préséance. L'intendant et les
tribunaux sont étourdis du bruit de leurs querelles.
« On vient enfin de décider que l'eau bénite sera donnée
au présidial avant de l'être au corps de ville. Le Parlement hésitait; mais le roi a évoqué l'affaire en son
conseil, et a décidé lui-même. Il était temps; cette
affaire faisait fermenter toute la ville. » Si l'on accorde
à l'un des corps le pas sur l'autre dans l'assemblée générale des notables, celui-ci cesse d'y paraître; il renonce aux affaires publiques plutôt que de voir, dit-il,
sa dignité ravalée. Le corps des perruquiers de la ville
de La Flèche décide « qu'il témoignera de cette manière
la juste douleur que lui cause la préséance accordée aux
boulangers. » Une partie des notables d'une ville refu-

sent obstinément de remplir leur office, « parce que,
dit l'intendant, il s'est introduit dans l'assemblée quelques artisans auxquels les principaux bourgeois se trouvent humiliés d'être associés. » — « Si la place d'échevin, dit l'intendant d'une autre province, est donnée à
un notaire, cela dégoûtera les autres notables, les notaires étant ici des gens sans naissance, qui ne sont pas
de familles de notables et ont tous été clercs. » Les six
meilleurs citoyens dont j'ai déjà parlé, et qui décident
si aisément que le peuple doit être privé de ses droits
politiques, se trouvent dans une étrange perplexité
quand il s'agit d'examiner quels seront les notables et
quel ordre de préséance il convient d'établir entre eux.
En pareille matière, ils n'expriment plus modestement
que des doutes; ils craignent, disent-ils, « de faire à
quelques-uns de leurs concitoyens une douleur trop
sensible. »

La vanité naturelle aux Français se fortifie et s'aiguise
dans le frottement incessant de l'amour-propre de ces
petits corps, et le légitime orgueil du citoyen s'y oublie.
Au seizième siècle, la plupart des corporations dont je
viens de parler existent déjà; mais leurs membres, après
avoir réglé entre eux les affaires de leur association
particulière, se réunissent sans cesse à tous les autres
habitants pour s'occuper ensemble des intérêts généraux de la cité. Au dix-huitième, ils sont presque entièrement repliés sur eux-mêmes, car les actes de la vie
municipale sont devenus rares, et ils s'exécutent tous
par mandataires. Chacune de ces petites sociétés ne vit

donc que pour soi, ne s'occupe que de soi, n'a d'affaires que celles qui la touchent.

Nos pères n'avaient pas le mot d'*individualisme*, que nous avons forgé pour notre usage, parce que, de leur temps, il n'y avait pas, en effet, d'individu qui n'appartînt à un groupe et qui pût se considérer absolument seul; mais chacun des mille petits groupes dont la société française se composait ne songeait qu'à lui-même. C'était, si je puis m'exprimer ainsi, une sorte d'individualisme collectif, qui préparait les âmes au véritable individualisme que nous connaissons.

Et ce qu'il y a de plus étrange, c'est que tous ces hommes qui se tenaient si à l'écart les uns des autres étaient devenus tellement semblables entre eux, qu'il eût suffi de les faire changer de place pour ne pouvoir plus les reconnaître. Bien plus, qui eût pu sonder leur esprit eût découvert que ces petites barrières qui divisaient des gens si pareils leur paraissaient à eux-mêmes aussi contraires à l'intérêt public qu'au bon sens, et qu'en théorie ils adoraient déjà l'unité. Chacun d'eux ne tenait à sa condition particulière que parce que d'autres se particularisaient par la condition ; mais ils étaient tous prêts à se confondre dans la même masse, pourvu que personne n'eût rien à part et n'y dépassât le niveau commun.

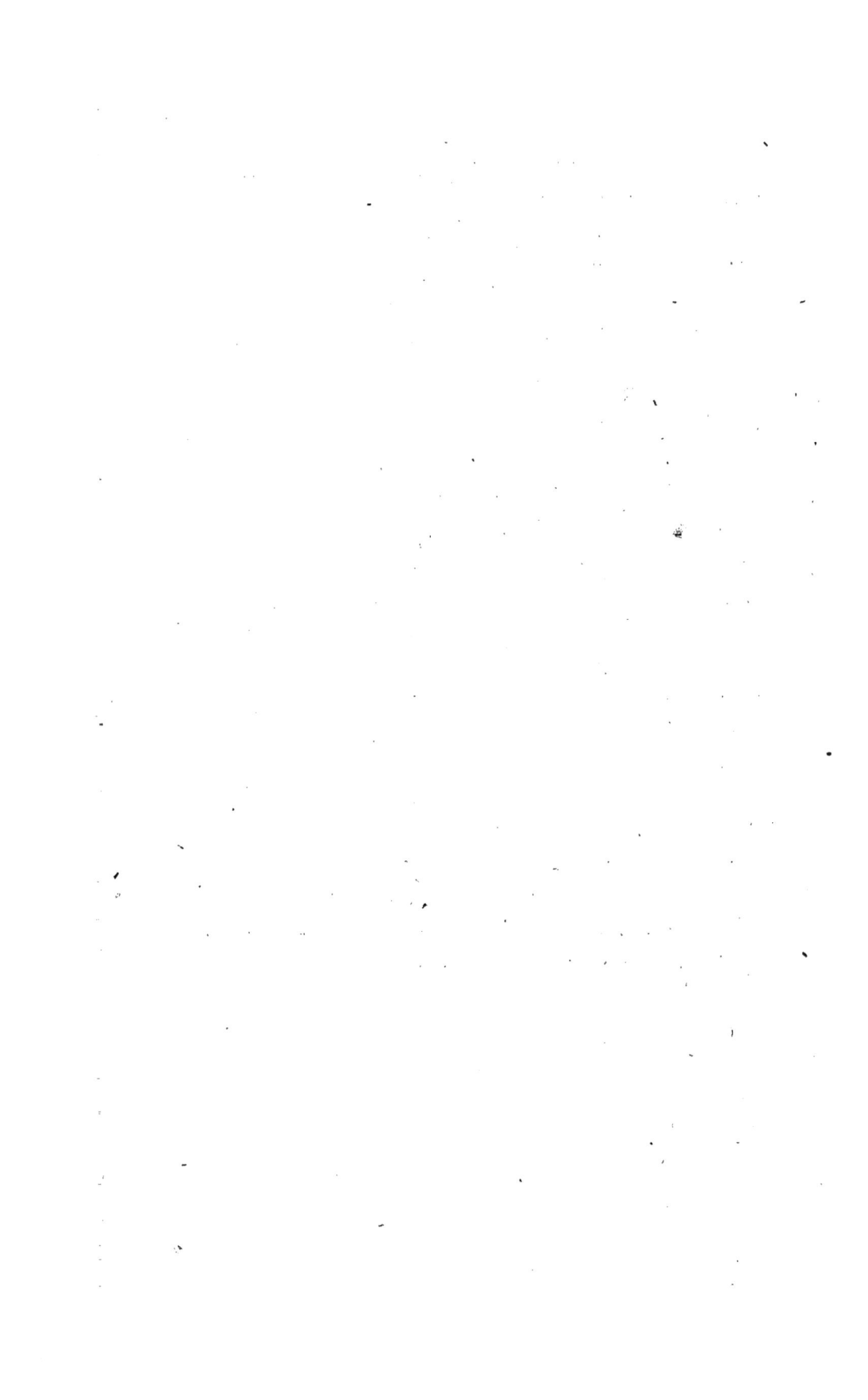

CHAPITRE X

De toutes les maladies qui attaquaient la constitution
de l'ancien régime et le condamnaient à périr, je viens
de peindre la plus mortelle. Je veux revenir encore
sur la source d'un mal si dangereux et si étrange,
et montrer combien d'autres maux en sont sortis avec
lui.

Si les Anglais, à partir du moyen-âge, avaient entièrement perdu comme nous la liberté politique et
toutes les franchises locales qui ne peuvent exister
longtemps sans elle, il est très-probable que les différentes classes dont leur aristocratie se compose se
fussent mises chacune à part, ainsi que cela a eu lieu
en France, et, plus ou moins, sur le reste du continent, et que toutes ensemble se fussent séparées du
peuple. Mais la liberté les força de se tenir toujours à

portée les unes des autres afin de pouvoir s'entendre au
besoin.

Il est curieux de voir comment la noblesse anglaise,
poussée par son ambition même, a su, quand cela lui
paraissait nécessaire, se mêler familièrement à ses inférieurs et feindre de les considérer comme ses égaux.
Arthur Young, que j'ai déjà cité, et dont le livre est
un des ouvrages les plus instructifs qui existent sur
l'ancienne France, raconte que, se trouvant un jour
à la campagne chez le duc de Liancourt, il témoigna
le désir d'interroger quelques-uns des plus habiles et
des plus riches cultivateurs des environs. Le duc chargea son intendant de les lui amener. Sur quoi, l'Anglais fait cette remarque : « Chez un seigneur anglais,
on aurait fait venir trois ou quatre cultivateurs (*far-
mers*), qui auraient dîné avec la famille, et parmi des
dames du premier rang. J'ai vu cela au moins cent
fois dans nos îles. C'est une chose que l'on chercherait
vainement en France depuis Calais jusqu'à Bayonne. »

Assurément, l'aristocratie d'Angleterre était de nature plus altière que celle de France, et moins disposée
à se familiariser avec tout ce qui vivait au-dessous
d'elle ; mais les nécessités de sa condition l'y rédui-
saient. Elle était prête à tout pour commander. On ne
voit plus, depuis des siècles, chez les Anglais, d'autres
inégalités d'impôts que celles qui furent successivement introduites en faveur des classes nécessiteuses.
Considérez, je vous prie, où des principes politiques
différents peuvent conduire des peuples si proches ! Au

dix-huitième siècle, c'est le pauvre qui jouit, en Angleterre, du privilége d'impòt; en France, c'est le
riche. Là, l'aristocratie a pris pour elle les charges
publiques les plus lourdes, afin qu'on lui permît de
gouverner; ici, elle a retenu jusqu'à la fin l'immunité d'impôt pour se consoler d'avoir perdu le gouvernement.

Au quatozième siècle, la maxime : *N'impose qui ne
veut*, paraît aussi solidement établie en France qu'en
Angleterre même. On la rappelle souvent : y contre-
venir semble toujours acte de tyrannie; s'y conformer,
rentrer dans le droit. A cette époque, on rencontre,
ainsi que je l'ai dit, une foule d'analogies entre nos
institutions politiques et celles des Anglais; mais alors
les destinées des deux peuples se séparent et vont toujours devenant plus dissemblables à mesure que le temps
marche. Elles ressemblent à deux lignes qui, partant de
points voisins, mais dans une inclinaison un peu différente, s'écartent ensuite indéfiniment à mesure qu'elles
s'allongent.

J'ose affirmer que, du jour où la nation, fatiguée des
longs désordres qui avaient accompagné la captivité du
roi Jean et la démence de Charles VI, permit aux rois
d'établir un impôt général sans son concours, et où la
noblesse eut la lâcheté de laisser taxer le tiers-état
pourvu qu'on l'exceptât elle-même; de ce jour-là fut
semé le germe de presque tous les vices et de presque
tous les abus qui ont travaillé l'ancien régime pendant
le reste de sa vie et ont fini par causer violemment

sa mort; et j'admire la singulière sagacité de Comines quand il dit : « Charles VII, qui gagna ce point d'imposer la taille à son plaisir, sans le consentement des États, chargea fort son âme et celle de ses successeurs, et fit à son royaume une plaie qui longtemps saignera. »

Considérez comment la plaie s'est élargie, en effet, avec le cours des ans; suivez pas à pas le fait dans ses conséquences.

Forbonnais dit avec raison, dans ses savantes *Recherches sur les finances de la France*, que, dans le moyen-âge, les rois vivaient généralement des revenus de leurs domaines; « et, comme les besoins extraordinaires, ajoute-t-il, étaient pourvus par des contributions extraordinaires, elles portaient également sur le clergé, la noblesse et le peuple. »

La plupart des impôts généraux votés par les trois ordres, durant le quatorzième siècle, ont, en effet, ce caractère. Presque toutes les taxes établies à cette époque sont *indirectes*, c'est-à-dire qu'elles sont acquittées par tous les consommateurs indistinctement. Parfois l'impôt est direct; il porte alors, non sur la propriété, mais sur le revenu. Les nobles, les ecclésiastiques et les bourgeois sont tenus d'abandonner au roi, durant une année, le dixième, par exemple, de tous leurs revenus. Ce que je dis là des impôts votés par les États-généraux, doit s'entendre également de ceux qu'établissaient, à la même époque, les différents États provinciaux sur leurs territoires.

Il est vrai que, dès ce temps-là, l'impôt direct, connu sous le nom de *taille*, ne pesait jamais sur le gentilhomme. L'obligation du service militaire gratuit en dispensait celui-ci ; mais la taille, comme impôt général, était alors d'un usage restreint, plutôt applicable à la seigneurie qu'au royaume.

Quand le roi entreprit pour la première fois de lever des taxes de sa propre autorité, il comprit qu'il fallait d'abord en choisir une qui ne parût pas frapper directement sur les nobles; car ceux-ci, qui formaient alors pour la royauté la classe rivale et dangereuse, n'eussent jamais souffert une nouveauté qui leur eût été si préjudiciable; il fit donc choix d'un impôt dont ils étaient exempts; il prit la taille.

A toutes les inégalités particulières qui existaient déjà, s'en joignit ainsi une plus générale, qui aggrava et maintint toutes les autres. A partir de là, à mesure que les besoins du trésor public croissent avec les attributions du pouvoir central, la taille s'étend et se diversifie; bientôt elle est décuplée, et toutes les nouvelles taxes deviennent des tailles. Chaque année l'inégalité d'impôt sépare donc les classes et isole les hommes plus profondément qu'ils n'avaient été isolés jusque-là. Du moment que l'impôt avait pour objet, non d'atteindre les plus capables de le payer, mais les plus incapables de s'en défendre, on devait être amené à cette conséquence monstrueuse de l'épargner au riche et d'en charger le pauvre. On assure que Mazarin, manquant d'argent, imagina d'établir une taxe sur les principales

maisons de Paris, mais qu'ayant rencontré dans les intéressés quelque résistance, il se borna à ajouter les
cinq millions dont il avait besoin au brevet général de
la taille. Il voulait imposer les citoyens les plus opulents;
il se trouva avoir imposé les plus misérables; mais le
trésor n'y perdit rien.

Le produit de taxes si mal réparties avait des limites,
et les besoins des princes n'en avaient plus. Cependant
ils ne voulaient ni convoquer les États pour en obtenir
des subsides, ni provoquer la noblesse, en l'imposant, à
réclamer la convocation de ces assemblées.

De là vint cette prodigieuse et malfaisante fécondité
de l'esprit financier, qui caractérise si singulièrement
l'administration des deniers publics durant les trois derniers siècles de la monarchie.

Il faut étudier dans ses détails l'histoire administrative
et financière de l'ancien régime, pour comprendre à
quelles pratiques violentes ou déshonnêtes le besoin
d'argent peut réduire un gouvernement doux, mais
sans publicité et sans contrôle, une fois que le temps a
consacré son pouvoir et l'a délivré de la peur des révolutions, cette dernière sauvegarde des peuples.

On rencontre à chaque pas, dans ces annales, des
biens royaux vendus, puis ressaisis comme invendables;
des contrats violés, des droits acquis méconnus, le créan-
cier de l'État sacrifié à chaque crise, la foi publique sans
cesse faussée.

Des priviléges accordés à perpétuité sont perpétuellement repris. Si l'on pouvait compatir aux déplaisirs

qu'une sotte vanité cause, on plaindrait le sort de ces malheureux anoblis auxquels, pendant tout le cours des dix-septième et dix-huitième siècles, on fait racheter de temps à autre ces vains honneurs ou ces injustes priviléges qu'ils ont déjà payés plusieurs fois. C'est ainsi que Louis XIV annula tous les titres de noblesse acquis depuis quatre-vingt-douze ans, titres dont la plupart avaient été donnés par lui-même; on ne pouvait les conserver qu'en fournissant une nouvelle finance, *tous ces titres ayant été obtenus par surprise*, dit l'édit. Exemple que ne manque point d'imiter Louis XV, quatre-vingts ans plus tard.

On défend au milicien de se faire remplacer, de peur, est-il dit, de faire renchérir pour l'État le prix des recrues.

Des villes, des communautés, des hôpitaux, sont contraints de manquer à leurs engagements, afin qu'ils soient en état de prêter au roi. On empêche des paroisses d'entreprendre des travaux utiles, de peur que, divisant ainsi leurs ressources, elles ne payent moins exactement la taille.

On raconte que M. Orry et M. de Trudaine, l'un contrôleur-général et l'autre directeur-général des ponts-et-chaussées, avaient conçu le projet de remplacer la corvée des chemins par une prestation en argent que devaient fournir les habitants de chaque canton pour la réparation de leurs routes. La raison qui fit renoncer ces habiles administrateurs à leur dessein est instructive : ils craignirent, est-il dit, que, les fonds étant ainsi

faits, on ne pût empêcher le trésor public de les détourner pour les appliquer à son usage, de façon que
bientôt les contribuables eussent à supporter tout à la
fois et l'imposition nouvelle et les corvées. Je ne crains
pas de dire qu'il n'y a pas un particulier qui eût pu
échapper aux arrêts de la justice, s'il avait conduit sa
propre fortune comme le grand roi, dans toute sa gloire,
menait la fortune publique.

Si vous rencontrez quelque ancien établissement du
moyen-âge qui se soit maintenu en aggravant ses vices
au rebours de l'esprit du temps, ou quelque nouveauté
pernicieuse, creusez jusqu'à la racine du mal : vous y
trouverez un expédient financier qui s'est tourné en
institution. Pour payer des dettes d'un jour, vous verrez fonder de nouveaux pouvoirs qui vont durer des
siècles.

Un impôt particulier, appelé le droit de franc fief,
avait été établi à une époque très-reculée sur les roturiers qui possédaient des biens nobles. Ce droit créait
entre les terres la même division qui existait entre les
hommes et accroissait sans cesse l'une par l'autre. Je
ne sais si le droit de franc fief n'a pas plus servi que
tout le reste à tenir séparé le roturier du gentilhomme,
parce qu'il les empêchait de se confondre dans la chose
qui assimile le plus vite et le mieux les hommes les uns
aux autres, la propriété foncière. Un abîme était ainsi,
de temps à autre, rouvert entre le propriétaire noble et
le propriétaire roturier son voisin. Rien, au contraire,
n'a plus hâté la cohésion de ces deux classes en Angle-

terre que l'abolition, dès le dix-septième siècle, de tous les signes qui y distinguaient le fief de la terre tenue en roture.

Au quatorzième siècle, le droit féodal de franc fief est léger et ne se prélève que de loin en loin; mais au dix-huitième, lorsque la féodalité est presque détruite, on l'exige à la rigueur tous les vingt ans, et il représente une année entière du revenu. Le fils le paye en succédant au père. « Ce droit, dit la Société d'agriculture de Tours en 1761, nuit infiniment au progrès de l'art agricole. De toutes les impositions des sujets du roi, il n'en est point, sans contredit, dont la vexation soit aussi onéreuse dans les campagnes. » — « Cette finance, dit un autre contemporain, qu'on n'imposait d'abord qu'une fois dans la vie, est devenue successivement depuis un impôt très-cruel. » La noblesse elle-même aurait voulu qu'on l'abolît, car il empêchait les roturiers d'acheter ses terres; mais les besoins du fisc demandaient qu'on le maintînt et qu'on l'accrût.

On charge à tort le moyen-âge de tous les maux qu'ont pu produire les corporations industrielles. Tout annonce qu'à l'origine les maîtrises et les jurandes ne furent que des moyens de lier entre eux les membres d'une même profession, et d'établir au sein de chaque industrie un petit gouvernement libre, dont la mission était tout à la fois d'assister les ouvriers et de les contenir. Il ne paraît pas que saint Louis ait voulu davantage.

Ce ne fut qu'au commencement du seizième siècle,

en pleine Renaissance, qu'on s'imagina, pour la première fois, de considérer le droit de travailler comme
un privilége que le roi pouvait vendre. Alors seulement
chaque corps d'état devint une petite aristocratie fermée, et l'on vit s'établir enfin ces monopoles si préjudiciables aux progrès des arts, et qui ont tant révolté
nos pères. Depuis Henri III, qui généralisa le mal, s'il
ne le fit pas naître, jusqu'à Louis XVI, qui l'extirpa, on
peut dire que les abus du système des jurandes ne cessèrent jamais un moment de s'accroître et de s'étendre,
dans le temps même où les progrès de la société les rendaient plus insupportables, et où la raison publique
les signalait mieux. Chaque année de nouvelles professions cessèrent d'être libres ; chaque année les priviléges des anciennes furent accrus. Jamais le mal ne fut
poussé plus loin que dans ce qu'on a coutume d'appeler les belles années du règne du Louis XIV, parce que
jamais les besoins d'argent n'avaient été plus grands,
ni la résolution de ne point s'adresser à la nation mieux
arrêtée.

Letronne disait avec raison en 1775 : « L'État n'a
établi les communautés industrielles que pour y trouver
des ressources, tantôt par des brevets qu'il vend, tantôt
par de nouveaux offices qu'il crée et que les communautés sont forcées de racheter. L'édit de 1673 vint tirer
les dernières conséquences des principes de Henri III,
en obligeant toutes les communautés à prendre des lettres de confirmation moyennant finance ; et l'on força
tous les artisans qui n'étaient pas encore en commu

nauté de s'y réunir. Cette misérable affaire produisit trois cent mille livres. »

Nous avons vu comment on bouleversa toute la constitution des villes, non par vue politique, mais dans l'espoir de procurer quelques ressources au trésor.

C'est à ce même besoin d'argent, joint à l'envie de n'en point demander aux États, que la vénalité des charges dut sa naissance, et devint peu à peu quelque chose de si étrange, qu'on n'avait jamais rien vu de pareil dans le monde. Grâce à cette institution que l'esprit de fiscalité avait fait naître, la vanité du tiers-état fut tenue pendant trois siècles en haleine et uniquement dirigée vers l'acquisition des fonctions publiques, et l'on fit pénétrer jusqu'aux entrailles de la nation cette passion universelle des places, qui devint la source commune des révolutions et de la servitude.

A mesure que les embarras financiers s'accroissaient, on voyait naître de nouveaux emplois, tous rétribués par des exemptions d'impôts ou des priviléges; et, comme c'étaient les besoins du trésor, et non ceux de l'administration, qui en décidaient, on arriva de cette manière à instituer un nombre presque incroyable de fonctions entièrement inutiles ou nuisibles. Dès 1664, lors de l'enquête faite par Colbert, il se trouva que le capital engagé dans cette misérable propriété s'élevait à près de cinq cents millions de livres. Richelieu détruisit, dit-on, cent mille offices. Ceux-ci renaissaient aussitôt sous d'autres noms. Pour un peu d'argent, on s'ôta le droit de diriger, de contrôler et de contraindre ses propres agents.

Il se bâtit de cette manière peu à peu une machine administrative si vaste, si compliquée, si embarrassée et si improductive, qu'il fallut la laisser en quelque façon marcher à vide, et construire en dehors d'elle un instrument de gouvernement qui fût plus simple et mieux à la main, au moyen duquel on fît en réalité ce que tous ces fonctionnaires avaient l'air de faire.

On peut affirmer qu'aucune de ces institutions détestables n'aurait pu subsister vingt ans, s'il avait été permis de les discuter. Aucune ne se fût établie ou aggravée si on avait consulté les États, ou si on avait écouté leurs plaintes quand par hasard on les réunissait encore. Les rares États-généraux des derniers siècles ne cessèrent de réclamer contre elles. On voit à plusieurs reprises ces assemblées indiquer comme l'origine de tous les abus le pouvoir que s'est arrogé le roi de lever arbitrairement des taxes, ou, pour reproduire les expressions mêmes dont se servait la langue énergique du quinzième siècle, « le droit de s'enrichir de la substance du peuple sans le consentement et délibération des trois États. » Ils ne s'occupent pas seulement de leurs propres droits; ils demandent avec force et souvent ils obtiennent qu'on respecte ceux des provinces et des villes. A chaque session nouvelle, il y a des voix qui s'élèvent dans leur sein contre l'inégalité des charges. Les États demandent à plusieurs reprises l'abandon du système des jurandes; ils attaquent de siècle en siècle avec une vivacité croissante la vénalité des offices. « Qui vend office vend justice, ce qui est chose infâme, » disent-ils.

Quand la vénalité des charges est établie, ils continuent à se plaindre de l'abus qu'on fait des offices. Ils s'élèvent contre tant de places inutiles et de priviléges dangereux, mais toujours en vain. Ces institutions étaient précisément établies entre eux; elles naissaient du désir de ne point les assembler et du besoin de travestir, aux yeux des Français, l'impôt qu'on n'osait leur montrer sous ses traits véritables.

Et remarquez que les meilleurs rois ont recours à ces pratiques comme les pires. C'est Louis XII qui achève de fonder la vénalité des offices; c'est Henri IV qui en vend l'hérédité : tant les vices du système sont plus forts que la vertu des hommes qui le pratiquent!

Ce même désir d'échapper à la tutelle des États fit confier aux Parlements la plupart de leurs attributions politiques, ce qui enchevêtra le pouvoir judiciaire dans le gouvernement d'une façon très-préjudiciable au bon ordre des affaires. Il fallait avoir l'air de fournir quelques garanties nouvelles à la place de celles qu'on enlevait; car les Français, qui supportent assez patiemment le pouvoir absolu, tant qu'il n'est pas oppressif, n'en aiment jamais la vue, et il est toujours sage d'élever devant lui quelque apparence de barrières qui, sans pouvoir l'arrêter, le cachent du moins un peu.

Enfin ce fut ce désir d'empêcher que la nation, à laquelle on demandait son argent, ne redemandât sa liberté, qui fit veiller sans cesse à ce que les classes restassent à part les unes des autres, afin qu'elles ne pussent ni se rapprocher ni s'entendre dans une résistance

commune, et que le gouvernement ne se trouvât jamais
avoir affaire à la fois qu'à un très-petit nombre d'hommes séparés de tous les autres. Pendant tout le cours
de cette longue histoire, où l'on voit successivement
paraître tant de princes remarquables, plusieurs par
l'esprit, quelques-uns par le génie, presque tous par le
courage, on n'en rencontre pas un seul qui fasse effort
pour rapprocher les classes et les unir autrement qu'en
les soumettant toutes à une égale dépendance. Je me
trompe : un seul l'a voulu et s'y est même appliqué de
tout son cœur; et celui-là, qui pourrait sonder les jugements de Dieu! ce fut Louis XVI.

La division des classes fut le crime de l'ancienne
royauté, et devint plus tard son excuse; car, quand
tous ceux qui composent la partie riche et éclairée de
la nation ne peuvent plus s'entendre et s'entr'aider dans
le gouvernement, l'administration du pays par lui-
même est comme impossible, et il faut qu'un maître
intervienne.

« La nation, dit Turgot avec tristesse dans un rapport secret au roi, est une société composée de différents ordres mal unis et d'un peuple dont les membres
n'ont entre eux que très-peu de liens, et où, par conséquent, personne n'est occupé que de son intérêt particulier. Nulle part il n'y a d'intérêt commun visible. Les
villages, les villes, n'ont pas plus de rapports mutuels
que les arrondissements auxquels ils sont attribués. Ils
ne peuvent même s'entendre entre eux pour mener les
travaux publics qui leur sont nécessaires. Dans cette

guerre perpétuelle de prétentions et d'entreprises, Votre Majesté est obligée de tout décider par elle-même ou par ses mandataires. On attend vos ordres spéciaux pour contribuer au bien public, pour respecter les droits d'autrui, quelquefois pour exercer les siens propres. »

Ce n'est pas une petite entreprise que de rapprocher des concitoyens qui ont ainsi vécu pendant des siècles en étrangers ou en ennemis, et de leur enseigner à conduire en commun leurs propres affaires. Il a été bien plus facile de les diviser qu'il ne l'est alors de les réunir. Nous en avons fourni au monde un mémorable exemple. Quand les différentes classes qui partageaient la société de l'ancienne France rentrèrent en contact, il y a soixante ans, après avoir été isolées si longtemps par tant de barrières, elles ne se touchèrent d'abord que par leurs endroits douloureux, et ne se retrouvèrent que pour s'entre-déchirer. Même de nos jours, leurs jalousies et leurs haines leur survivent.

CHAPITRE XI

DE L'ESPÈCE DE LIBERTÉ QUI SE RENCONTRAIT SOUS L'ANCIEN RÉGIME
ET DE SON INFLUENCE SUR LA RÉVOLUTION.

Si l'on s'arrêtait ici dans la lecture de ce livre, on n'aurait qu'une image très-imparfaite du gouvernement de l'ancien régime, et l'on comprendrait mal la société qui a fait la Révolution.

En voyant des citoyens si divisés et si contractés en eux-mêmes, un pouvoir royal si étendu et si puissant, on pourrait croire que l'esprit d'indépendance avait disparu avec les libertés publiques, et que tous les Français étaient également pliés à la sujétion. Mais il n'en était rien ; le gouvernement conduisait déjà seul et absolument toutes les affaires communes, qu'il était encore loin d'être le maître de tous les individus.

Au milieu de beaucoup d'institutions déjà préparées pour le pouvoir absolu, la liberté vivait ; mais c'était une sorte de liberté singulière, dont il est difficile aujourd'hui de se faire une idée, et qu'il faut examiner

de très-près pour pouvoir comprendre le bien et le mal
qu'elle nous a pu faire.

Tandis que le gouvernement central se substituait à
tous les pouvoirs locaux et remplissait de plus en plus
toute la sphère de l'autorité publique, des institutions
qu'il avait laissées vivre ou qu'il avait créées lui-même,
de vieux usages, d'anciennes mœurs, des abus même
gênaient ses mouvements, entretenaient encore au fond
de l'âme d'un grand nombre d'individus l'esprit de résistance, et conservaient à beaucoup de caractères leur
consistance et leur relief.

La centralisation avait déjà le même naturel, les
mêmes procédés, les mêmes visées que de nos jours,
mais non encore le même pouvoir. Le gouvernement,
dans son désir de faire de l'argent de tout, ayant mis en
vente la plupart des fonctions publiques, s'était ôté
ainsi à lui-même la faculté de les donner et de les retirer à son arbitraire. L'une de ses passions avait ainsi
grandement nui au succès de l'autre : son avidité avait
fait contre-poids à son ambition. Il en était donc réduit
sans cesse, pour agir, à employer des instruments qu'il
n'avait pas façonnés lui-même et qu'il ne pouvait briser. Il lui arrivait souvent de voir ainsi ses volontés les
plus absolues s'énerver dans l'exécution. Cette constitution bizarre et vicieuse des fonctions publiques tenait
lieu d'une sorte de garantie politique contre l'omnipotence du pouvoir central. C'était comme une sorte de
digue irrégulière et mal construite qui divisait sa force
et ralentissait son choc.

Le gouvernement ne disposait pas encore non plus de cette multitude infinie de faveurs, de secours, d'honneurs et d'argent qu'il peut distribuer aujourd'hui ; il avait donc bien moins de moyens de séduire aussi bien que de contraindre.

Lui-même, d'ailleurs, connaissait mal les bornes exactes de son pouvoir. Aucun de ses droits n'était régulièrement reconnu ni solidement établi ; sa sphère d'action était déjà immense, mais il y marchait encore d'un pas incertain, comme dans un lieu obscur et inconnu. Ces ténèbres redoutables, qui cachaient alors les limites de tous les pouvoirs et régnaient autour de tous les droits, favorables aux entreprises des princes contre la liberté des sujets, l'étaient souvent à sa défense.

L'administration, se sentant de date récente et de petite naissance, était toujours timide dans ses démarches, pour peu qu'elle rencontrât un obstacle sur son chemin. C'est un spectacle qui frappe, quand on lit la correspondance des ministres et des intendants du dix-huitième siècle, de voir comme ce gouvernement, si envahissant et si absolu tant que l'obéissance n'est pas contestée, demeure interdit à la vue de la moindre résistance, comme la plus légère critique le trouble, comme le plus petit bruit l'effarouche, et comme alors il s'arrête, il hésite, parlemente, prend des tempéraments et demeure souvent bien en deçà des limites naturelles de sa puissance. Le mol égoïsme de Louis XV et la bonté de son successeur s'y prêtaient. Ces princes,

d'ailleurs, n'imaginaient jamais qu'on songeât à les
détrôner. Ils n'avaient rien de ce naturel inquiet et dur
que la peur a souvent donné, depuis, à ceux qui gouvernent. Ils ne foulaient aux pieds que les gens qu'ils
ne voyaient pas.

Plusieurs des priviléges, des préjugés, des idées
fausses qui s'opposaient le plus à l'établissement d'une
liberté régulière et bienfaisante, maintenaient chez un
grand nombre de sujets l'esprit d'indépendance, et
disposaient ceux-là à se roidir contre les abus de l'autorité.

Les nobles méprisaient fort l'administration proprement dite, quoiqu'ils s'adressassent de temps en temps
à elle. Ils gardaient jusque dans l'abandon de leur
ancien pouvoir quelque chose de cet orgueil de leurs
pères, aussi ennemi de la servitude que de la règle. Ils
ne se préoccupaient guère de la liberté générale des
citoyens, et souffraient volontiers que la main du pouvoir s'appesantît tout autour d'eux; mais ils n'entendaient pas qu'elle pesât sur eux-mêmes, et, pour l'obtenir, ils étaient prêts à se jeter au besoin dans de grands
hasards. Au moment où la Révolution commence, cette
noblesse, qui va tomber avec le trône, a encore vis-à-
vis du roi, et surtout de ses agents, une attitude infiniment plus haute et un langage plus libre que le tiers-
état, qui bientôt renversera la royauté. Presque toutes
les garanties contre les abus du pouvoir que nous avons
possédées durant les trente-sept ans du régime repré-
sentatif sont hautement revendiquées par elle. On sent,

en lisant ses cahiers, au milieu de ses préjugés et de
ses travers, l'esprit et quelques-unes des grandes qualités de l'aristocratie. Il faudra regretter toujours qu'au
lieu de plier cette noblesse sous l'empire des lois, on
l'ait abattue et déracinée. En agissant ainsi, on a ôté à
la nation une portion nécessaire de sa substance et fait
à la liberté une blessure qui ne se guérira jamais. Une
classe qui a marché pendant des siècles la première, a
contracté, dans ce long usage incontesté de la grandeur,
une certaine fierté de cœur, une confiance naturelle en
ses forces, une habitude d'être regardée qui fait d'elle
le point le plus résistant du corps social. Elle n'a pas
seulement des mœurs viriles; elle augmente, par son
exemple, la virilité des autres classes. En l'extirpant, on
énerve jusqu'à ses ennemis mêmes. Rien ne saurait la
remplacer complétement; elle-même ne saurait jamais
renaître; elle peut retrouver les titres et les biens, mais
non l'âme de ses pères.

Les prêtres, qu'on a vus souvent depuis si servilement
soumis dans les choses civiles au souverain temporel,
quel qu'il fût, et ses plus audacieux flatteurs, pour peu
qu'il fît mine de favoriser l'Église, formaient alors l'un
des corps les plus indépendants de la nation, et le seul
dont on eût été obligé de respecter les libertés particulières.

Les provinces avaient perdu leurs franchises, les
villes n'en possédaient plus que l'ombre. Dix nobles ne
pouvaient se réunir pour délibérer ensemble sur une
affaire quelconque sans une permission expresse du roi.

L'Église de France conservait jusqu'au bout ses assemblées périodiques. Dans son sein, le pouvoir ecclésiastique lui-même avait des limites respectées. Le bas clergé y possédait des garanties sérieuses contre la tyrannie de ses supérieurs, et n'était pas préparé par l'arbitraire illimité de l'évêque à l'obéissance passive vis-à-vis du prince. Je n'entreprends point de juger cette ancienne constitution de l'Église; je dis seulement qu'elle ne préparait point l'âme des prêtres à la servilité politique.

Beaucoup d'ecclésiastiques, d'ailleurs, étaient gentilshommes de sang, et transportaient dans l'Église la fierté et l'indocilité des gens de leur condition. Tous, de plus, avaient un rang élevé dans l'État et y possédaient des priviléges. L'usage de ces mêmes droits féodaux, si fatal à la puissance morale de l'Église, donnait à ses membres individuellement un esprit d'indépendance vis-à-vis du pouvoir civil.

Mais ce qui contribuait surtout à donner aux prêtres les idées, les besoins, les sentiments, souvent les passions du citoyen, c'était la propriété foncière. J'ai eu la patience de lire la plupart des rapports et des débats que nous ont laissés les anciens États provinciaux, et particulièrement ceux du Languedoc, où le clergé était plus mêlé encore qu'ailleurs aux détails de l'administration publique, ainsi que les procès-verbaux des assemblées provinciales qui furent réunies en 1779 et 1787; et, apportant dans cette lecture les idées de mon temps, je m'étonnais de voir des évêques et des abbés, parmi lesquels plusieurs ont été aussi éminents par leur sainteté que par leur savoir, faire des rapports sur l'établissement d'un chemin ou d'un canal, y traiter la matière en profonde connaissance de cause, discuter avec infiniment de science et d'art quels étaient les meilleurs moyens d'accroître les produits de l'agriculture, d'assurer le bien-être des habitants et de faire prospérer l'industrie, toujours égaux et souvent supérieurs à tous les laïques qui s'occupaient avec eux des mêmes affaires.

J'ose penser, contrairement à une opinion bien générale et fort solidement établie, que les peuples qui ôtent au clergé catholique toute participation quelconque à la propriété foncière et transforment tous ses revenus en salaires, ne servent que les intérêts du saint-siége et ceux des princes temporels, et se privent eux-mêmes d'un très-grand élément de liberté.

Un homme qui, pour la meilleure partie de lui-même, est soumis à une autorité étrangère, et qui dans le pays qu'il habite ne peut avoir de famille, n'est, pour ainsi dire, retenu au sol que par un seul lien solide, la propriété foncière. Tranchez ce lien, il n'appartient plus en particulier à aucun lieu. Dans celui où le hasard l'a fait naître, il vit en étranger au milieu d'une société civile dont presque aucun des intérêts ne peuvent le toucher directement. Pour sa conscience, il ne dépend que du pape; pour sa subsistance, que du prince. Sa seule patrie est l'Église. Dans chaque événement politique, il n'aperçoit guère que ce qui sert

à celle-ci ou lui peut nuire. Pourvu qu'elle soit libre
et prospère, qu'importe le reste? Sa condition la plus
naturelle en politique est l'indifférence : excellent membre de la cité chrétienne, médiocre citoyen partout
ailleurs. De pareils sentiments et de semblables idées,
dans un corps qui est le directeur de l'enfance et le guide
des mœurs, ne peuvent manquer d'énerver l'âme de la
nation tout entière en ce qui touche à la vie publique.

Si l'on veut se faire une idée juste des révolutions que
peut subir l'esprit des hommes par suite des changements survenus dans leur condition, il faut relire les
cahiers de l'ordre du clergé en 1789.

Le clergé s'y montre souvent intolérant et parfois
opiniâtrément attaché à plusieurs de ses anciens priviléges; mais, du reste, aussi ennemi du despotisme,
aussi favorable à la liberté civile, et aussi amoureux
de la liberté politique que le tiers-état ou la noblesse,
il proclame que la liberté individuelle doit être garantie,
non point par des promesses, mais par une procédure
analogue à celle de l'*habeas corpus*. Il demande la destruction des prisons d'État, l'abolition des tribunaux
exceptionnels et des évocations, la publicité de tous les
débats, l'inamovibilité de tous les juges, l'admissibilité
de tous les citoyens aux emplois, lesquels ne doivent être
ouverts qu'au seul mérite; un recrutement militaire
moins oppressif et moins humiliant pour le peuple, et
dont personne ne sera exempt; le rachat des droits seigneuriaux, qui, sortis du régime féodal, dit-il, sont
contraires à la liberté; la liberté illimitée du travail, la

destruction des douanes intérieures; la multiplication
des écoles privées : il en faut une, suivant lui, dans
chaque paroisse, et qu'elle soit gratuite; des établissements laïques de bienfaisance dans toutes les campagnes, tels que des bureaux et des ateliers de charité;
toutes sortes d'encouragements pour l'agriculture.

Dans la politique proprement dite, il proclame, plus
haut que personne, que la nation a le droit imprescriptible et inaliénable de s'assembler pour faire des lois
et voter librement l'impôt. Nul Français, assure-t-il, ne
peut être forcé à payer une taxe qu'il n'a pas votée lui-
même ou par représentant. Le clergé demande encore
que les États-généraux, librement élus, soient réunis
tous les ans; qu'ils discutent en présence de la nation
toutes les grandes affaires; qu'ils fassent des lois générales auxquelles on ne puisse opposer aucun usage ou
privilége particulier; qu'ils dressent le budget et con-
trôlent jusqu'à la maison du roi, que leurs députés
soient inviolables et que les ministres leur demeurent
toujours responsables. Il veut aussi que des assemblées
d'États soient créées dans toutes les provinces et des municipalités dans toutes les villes. Du droit divin, pas le
moindre mot.

Je ne sais si, à tout prendre, et malgré les vices
éclatants de quelques-uns de ses membres, il y eut jamais dans le monde un clergé plus remarquable que le
clergé catholique de France au moment où la Révolution l'a surpris, plus éclairé, plus national, moins
retranché dans les seules vertus privées, mieux pourvu

de vertus publiques et en même temps de plus de foi :
la persécution l'a bien montré. J'ai commencé l'étude
de l'ancienne société, plein de préjugés contre lui; je
l'ai finie, plein de respect. Il n'avait, à vrai dire, que
les défauts qui sont inhérents à toutes les corporations,
les politiques aussi bien que les religieuses, quand elles
sont fortement liées et bien constituées, à savoir la tendance à envahir, l'humeur peu tolérante, et l'attache-
ment instinctif et parfois aveugle aux droits particuliers
du corps.

La bourgeoisie de l'ancien régime était également
bien mieux préparée que celle d'aujourd'hui à montrer
un esprit d'indépendance. Plusieurs des vices mêmes
de sa conformation y aidaient. Nous avons vu que les
places qu'elle occupait étaient plus nombreuses encore
dans ce temps-là que de nos jours, et que les classes
moyennes montraient autant d'ardeur pour les acquérir. Mais voyez la différence des temps. La plupart de
ces places, n'étant ni données ni ôtées par le gouvernement, augmentaient l'importance du titulaire sans le
mettre à la merci du pouvoir, c'est-à-dire que ce qui
aujourd'hui consomme la sujétion de tant de gens était
précisément ce qui leur servait le plus puissamment alors
à se faire respecter.

Les immunités de toutes sortes qui séparaient si malheureusement la bourgeoisie du peuple en faisaient,
d'ailleurs, une fausse aristocratie qui montrait souvent
l'orgueil et l'esprit de résistance de la véritable. Dans
chacune de ces petites associations particulières qui la

divisaient en tant de parties, on oubliait volontiers le bien général, mais on était sans cesse préoccupé de l'intérêt et des droits du corps. On y avait une dignité commune, des priviléges communs à défendre. Nul ne pouvait jamais s'y perdre dans la foule et y aller cacher de lâches complaisances. Chaque homme s'y trouvait sur un théâtre fort petit, il est vrai, mais très-éclairé, et y avait un public toujours le même et toujours prêt à l'applaudir ou à le siffler.

L'art d'étouffer le bruit de toutes les résistances était alors bien moins perfectionné qu'aujourd'hui. La France n'était pas encore devenue le lieu sourd où nous vivons; elle était, au contraire, fort retentissante, bien que la liberté politique ne s'y montrât pas, et il suffisait d'y élever la voix pour être entendu au loin.

Ce qui assurait surtout dans ce temps-là aux opprimés un moyen de se faire entendre, était la constitution de la justice.

Nous étions devenus un pays de gouvernement absolu par nos institutions politiques et administratives, mais nous étions restés un peuple libre par nos institutions judiciaires. La justice de l'ancien régime était compliquée, embarrassée, lente et coûteuse; c'étaient de grands défauts, sans doute, mais on ne rencontrait jamais chez elle la servilité vis-à-vis du pouvoir, qui n'est qu'une forme de la vénalité, et la pire. Ce vice capital, qui non-seulement corrompt le juge, mais infecte bientôt tout le corps du peuple, lui était entièrement étranger. Le magistrat était inamovible et ne cher-

chait pas à avancer, deux choses aussi nécessaires l'une
que l'autre à son indépendance; car qu'importe qu'on
ne puisse pas le contraindre si on a mille moyens de le
gagner?

Il est vrai que le pouvoir royal avait réussi à dérober
aux tribunaux ordinaires la connaissance de presque
toutes les affaires où l'autorité publique était intéressée;
mais il les redoutait encore en les dépouillant. S'il les
empêchait de juger, il n'osait pas toujours les empêcher de recevoir les plaintes et de dire leur avis; et,
comme la langue judiciaire conservait alors les allures
du vieux français, qui aime à donner le nom propre
aux choses, il arrivait souvent aux magistrats d'appeler
crûment actes despotiques et arbitraires, les procédés
du gouvernement. L'intervention irrégulière des cours
dans le gouvernement, qui troublait souvent la bonne
administration des affaires, servait ainsi parfois de sauvegarde à la liberté des hommes : c'était un grand mal
qui en limitait un plus grand.

Au sein de ces corps judiciaires, et tout autour d'eux,
la vigueur des anciennes mœurs se conservait au milieu
des idées nouvelles. Les Parlements étaient sans doute
plus préoccupés d'eux-mêmes que de la chose publique;
mais il faut reconnaître que, dans la défense de leur
propre indépendance et de leur honneur, ils se montraient toujours intrépides, et qu'ils communiquaient
leur âme à tout ce qui les approchait.

Lorsque, en 1770, le Parlement de Paris fut cassé,
les magistrats qui en faisaient partie subirent la perte

de leur état et de leur pouvoir sans qu'on en vît un seul
céder individuellement devant la volonté royale. Bien
plus, des cours d'une espèce différente, comme la cour
des aides, qui n'étaient ni atteintes ni menacées, s'expo-
sèrent volontairement aux mêmes rigueurs, alors que
ces rigueurs étaient devenues certaines. Mais voici
mieux encore : les principaux avocats qui plaidaient
devant le Parlement s'associèrent de leur plein gré à
sa fortune ; ils renoncèrent à ce qui faisait leur gloire
et leur richesse, et se condamnèrent au silence plutôt
que de paraître devant des magistrats déshonorés. Je
ne connais rien de plus grand dans l'histoire des peuples libres que ce qui arriva à cette occasion, et pourtant cela se passait au dix-huitième siècle, à côté de la
cour de Louis XV.

Les habitudes judiciaires étaient devenues, sur bien
des points, des habitudes nationales. On avait généralement pris aux tribunaux l'idée que toute affaire est
sujette à débat et toute décision à appel, l'usage de la
publicité, le goût des formes, choses ennemies de la
servitude : c'est la seule partie de l'éducation d'un peuple libre que l'ancien régime nous ait donnée. L'administration elle-même avait beaucoup emprunté au langage et aux usages de la justice. Le roi se croyait obligé
de motiver toujours ses édits et d'exposer ses raisons
avant de conclure ; le conseil rendait des arrêts précédés
de longs préambules ; l'intendant signifiait par huissier
ses ordonnances. Dans le sein de tous les corps administratifs d'origine ancienne, tels, par exemple, que le

corps des trésoriers de France ou des élus, les affaires
se discutaient publiquement et se décidaient après plaidoiries. Toutes ces habitudes, toutes ces formes étaient
autant de barrières à l'arbitraire du prince.

Le peuple seul, surtout celui des campagnes, se trouvait presque toujours hors d'état de résister à l'oppression autrement que par la violence.

La plupart des moyens de défense que je viens d'indiquer étaient, en effet, hors de sa portée; pour s'en aider,
il fallait avoir dans la société une place d'où l'on pût
être vu et une voix en état de se faire entendre. Mais, en
dehors du peuple, il n'y avait point d'homme en France
qui, s'il en avait le cœur, ne pût chicaner son obéissance
et résister encore en pliant.

Le roi parlait à la nation en chef plutôt qu'en maître.
« Nous nous faisons gloire, dit Louis XVI, au commencement de son règne, dans le préambule d'un édit,
de commander à une nation libre et généreuse. » Un
de ses aïeux avait déjà exprimé la même idée dans un
plus vieux langage, lorsque, remerciant les États-généraux de la hardiesse de leurs remontrances, il avait
dit : « Nous aimons mieux parler à des francs qu'à des
serfs. »

Les hommes du dix-huitième siècle ne connaissaient
guère cette espèce de passion du bien-être qui est comme
la mère de la servitude, passion molle, et pourtant te-
nace et inaltérable, qui se mêle volontiers et, pour ainsi
dire, s'entrelace à plusieurs vertus privées, à l'amour
de la famille, à la régularité des mœurs, au respect des

croyances religieuses, et même à la pratique tiède et assidue du culte établi, qui permet l'honnêteté et défend l'héroïsme, et excelle à faire des hommes rangés et de lâches citoyens. Ils étaient meilleurs et pires.

Les Français d'alors aimaient la joie et adoraient le plaisir; ils étaient peut-être plus déréglés dans leurs habitudes et plus désordonnés dans leurs passions et dans leurs idées que ceux d'aujourd'hui; mais ils ignoraient ce sensualisme tempéré et décent que nous voyons. Dans les hautes classes, on s'occupait bien plus à orner sa vie qu'à la rendre commode, à s'illustrer qu'à s'enrichir. Dans les moyennes même, on ne se laissait jamais absorber tout entier dans la recherche du bien-être; souvent on en abandonnait la poursuite pour courir après des jouissances plus délicates et plus hautes; partout on plaçait, en dehors de l'argent, quelque autre bien. « Je connais ma nation, écrivait en style bizarre, mais qui ne manque pas de fierté, un contemporain ; habile à fondre et à dissiper les métaux, elle n'est point faite pour les honorer d'un culte habituel, et elle se trouverait toute prête à retourner vers ses antiques idoles, la valeur, la gloire, et j'ose dire la magnanimité. »

Il faut bien se garder, d'ailleurs, d'évaluer la bassesse des hommes par le degré de leur soumission envers le souverain pouvoir : ce serait se servir d'une fausse mesure. Quelque soumis que fussent les hommes de l'ancien régime aux volontés du roi, il y avait une sorte d'obéissance qui leur était inconnue : ils ne sa-

vaient pas ce que c'était que se plier sous un pouvoir
illégitime ou contesté, qu'on honore peu, que souvent
on méprise, mais qu'on subit volontiers parce qu'il sert
ou peut nuire. Cette forme dégradante de la servitude
leur fut toujours étrangère. Le roi leur inspirait des
sentiments qu'aucun des princes les plus absolus qui
ont paru depuis dans le monde n'a pu faire naître, et
qui sont même devenus pour nous presque incompréhensibles, tant la Révolution en a extirpé de nos cœurs
jusqu'à la racine. Ils avaient pour lui tout à la fois la
tendresse qu'on a pour un père et le respect qu'on ne
doit qu'à Dieu. En se soumettant à ses commandements
les plus arbitraires, ils cédaient moins encore à la contrainte qu'à l'amour, et il leur arrivait souvent ainsi de
conserver leur âme très-libre jusque dans la plus
extrême dépendance. Pour eux, le plus grand mal de
l'obéissance était la contrainte; pour nous, c'est le
moindre. Le pire est dans le sentiment servile qui fait
obéir. Ne méprisons pas nos pères, nous n'en avons
pas le droit. Plût à Dieu que nous pussions retrouver,
avec leurs préjugés et leurs défauts, un peu de leur
grandeur !

On aurait donc bien tort de croire que l'ancien régime fut un temps de servilité et de dépendance. Il y
régnait beaucoup plus de liberté que de nos jours; mais
c'était une espèce de liberté irrégulière et intermit-
tente, toujours contractée dans la limite des classes,
toujours liée à l'idée d'exception et de privilége, qui
permettait presque autant de braver la loi que l'arbi-

traire, et n'allait presque jamais jusqu'à fournir à tous
les citoyens les garanties les plus naturelles et les plus
nécessaires. Ainsi réduite et déformée, la liberté était
encore féconde. C'est elle qui, dans le temps même où
la centralisation travaillait de plus en plus à égaliser, à
assouplir et à ternir tous les caractères, conserva dans
un grand nombre de particuliers leur originalité na-
tive, leur coloris et leur relief, nourrit dans leur cœur
l'orgueil de soi, et y fit souvent prédominer sur tous
les goûts le goût de la gloire. Par elle se formèrent ces
âmes vigoureuses, ces génies fiers et audacieux que
nous allons voir paraître, et qui feront de la Révolution
française l'objet tout à la fois de l'admiration et de la
terreur des générations qui la suivent. Il serait bien
étrange que des vertus si mâles eussent pu croître sur
un sol où la liberté n'était plus.

Mais, si cette sorte de liberté déréglée et malsaine
préparait les Français à renverser le despotisme, elle
les rendait moins propres qu'aucun autre peuple, peut-
être, à fonder à sa place l'empire paisible et libre des
lois.

CHAPITRE XII

COMMENT, MALGRÉ LES PROGRÈS DE LA CIVILISATION, LA CONDITION
DU PAYSAN FRANÇAIS ÉTAIT QUELQUEFOIS PIRE, AU DIX-HUITIÈME SIÈCLE,
QU'ELLE NE L'AVAIT ÉTÉ AU TREIZIÈME.

Au dix-huitième siècle, le paysan français ne pouvait plus être la proie de petits despotes féodaux ; il
n'était que rarement en butte à des violences de la part
du gouvernement ; il jouissait de la liberté civile et
possédait une partie du sol ; mais tous les hommes des
autres classes s'étaient écartés de lui, et il vivait plus
seul que cela ne s'était vu nulle part peut-être dans le
monde. Sorte d'oppression nouvelle et singulière, dont
les effets méritent d'être considérés très-attentivement à
part.

Dès le commencement du dix-septième siècle, Henri IV
se plaignait, suivant Péréfixe, que les nobles abandon-
nassent les campagnes. Au milieu du dix-huitième,
cette désertion est devenue presque générale ; tous les

documents du temps la signalent et la déplorent, les
économistes dans leurs livres, les intendants dans leurs
correspondances, les sociétés d'agriculture dans leurs
Mémoires. On en trouve la preuve authentique dans
les registres de la capitation. La capitation se percevait
au lieu du domicile réel : la perception de toute la
grande noblesse et d'une partie de la moyenne est levée
à Paris.

Il ne restait guère dans les campagnes que le gentilhomme que la médiocrité de sa fortune empêchait d'en
sortir. Celui-là s'y trouvait vis-à-vis des paysans ses voisins, dans une position où jamais propriétaire riche
ne s'était vu, je pense. N'étant plus leur chef, il n'avait
plus l'intérêt qu'il avait eu autrefois à les ménager, à
les aider, à les conduire; et, d'une autre part, n'étant
pas soumis lui-même aux mêmes charges publiques
qu'eux, il ne pouvait éprouver de vive sympathie pour
leur misère, qu'il ne partageait pas, ni s'associer à leurs
griefs, qui lui étaient étrangers. Ces hommes n'étaient
plus ses sujets, il n'était pas encore leur concitoyen :
fait unique dans l'histoire.

Ceci amenait une sorte d'absentéisme de cœur, si je
puis m'exprimer ainsi, plus fréquent encore et plus
efficace que l'absentéisme proprement dit. De là vint
que le gentilhomme résidant sur ses terres y montrait
souvent les vues et les sentiments qu'aurait eus en son
absence son intendant; comme celui-ci, il ne voyait plus
dans les tenanciers que des débiteurs, et il exigeait d'eux
à la rigueur tout ce qui lui revenait encore d'après la

loi ou la coutume, ce qui rendait parfois la perception
de ce qui restait des droits féodaux plus dure qu'au
temps de la féodalité même.

Souvent obéré et toujours besoigneux, il vivait d'ordinaire fort chichement dans son château, ne songeant
qu'à y amasser l'argent qu'il allait dépenser l'hiver à
la ville. Le peuple, qui d'un mot va souvent droit à
l'idée, avait donné à ce petit gentilhomme le nom du
moins gros des oiseaux de proie : il l'avait nommé le
hobereau.

On peut m'opposer sans doute des individus; je parle
des classes, elles seules doivent occuper l'histoire. Qu'il
y eût dans ce temps-là beaucoup de propriétaires riches
qui, sans occasion nécessaire et sans intérêt commun,
s'occupassent du bien-être des paysans, qui le nie? Mais
ceux-là luttaient heureusement contre la loi de leur condition nouvelle, qui, en dépit d'eux-mêmes, les poussait
vers l'indifférence, comme leurs anciens vassaux vers la
haine.

On a souvent attribué cet abandon des campagnes par
la noblesse à l'influence particulière de certains ministres et de certains rois : les uns à Richelieu, les autres
à Louis XIV. Ce fut, en effet, une pensée presque toujours suivie par les princes, durant les trois derniers
siècles de la monarchie, de séparer les gentilshommes
du peuple, et de les attirer à la cour et dans les emplois.
Cela se voit surtout au dix-septième siècle, où la noblesse
était encore pour la royauté un objet de crainte. Parmi
les questions adressées aux intendants se trouve encore

celle-ci : « Les gentilshommes de votre province aiment-ils à rester chez eux ou à en sortir? »

On a la lettre d'un intendant répondant sur ce sujet; il se plaint de ce que les gentilshommes de sa province se plaisent à rester avec leurs paysans, au lieu de remplir leurs devoirs auprès du roi. Or, remarquez bien ceci : la province dont on parlait ainsi, c'était l'Anjou; ce fut depuis la Vendée. Ces gentilshommes qui refusaient, dit-on, de rendre leurs devoirs au roi, sont les seuls qui aient défendu, les armes à la main, la monarchie en France et qui soient morts en combattant pour elle; et ils n'ont dû cette glorieuse distinction qu'à ce qu'ils avaient su retenir autour d'eux ces paysans, parmi lesquels on leur reprochait d'aimer à vivre.

Il faut néanmoins se garder d'attribuer à l'influence directe de quelques-uns de nos rois l'abandon des campagnes par la classe qui formait alors la tête de la nation. La cause principale et permanente de ce fait ne fut pas dans la volonté de certains hommes, mais dans l'action lente et incessante des institutions; et ce qui le prouve, c'est que, quand, au dix-huitième siècle, le gouvernement veut combattre le mal, il ne peut pas même en suspendre le progrès. A mesure que la noblesse achève de perdre ses droits politiques sans en acquérir d'autres, et que les libertés locales disparaissent, cette émigration des nobles s'accroît : on n'a plus besoin de les attirer hors de chez eux; ils n'ont plus envie d'y rester : la vie des champs leur est devenue insipide.

Ce que je dis ici des nobles doit s'entendre, en tout pays, des propriétaires riches : pays de centralisation, campagnes vides d'habitants riches et éclairés; je pourrais ajouter : pays de centralisation, pays de culture imparfaite et routinière, et commenter le mot si profond de Montesquieu, en en déterminant le sens : « Les terres produisent moins en raison de leur fertilité que de la liberté des habitants. » Mais je ne veux pas sortir de mon sujet.

Nous avons vu ailleurs comment les bourgeois, quittant de leur côté les campagnes, cherchaient de toutes parts un asile dans les villes. Il n'y a pas un point sur lequel tous les documents de l'ancien régime soient mieux d'accord. On ne voit presque jamais dans les campagnes, disent-ils, qu'une génération de paysans riches. Un cultivateur parvient-il par son industrie à acquérir enfin un peu de bien : il fait aussitôt quitter à son fils la charrue, l'envoie à la ville et lui achète un petit office. C'est de cette époque que date cette sorte d'horreur singulière que manifeste souvent, même de nos jours, l'agriculteur français pour la profession qui l'a enrichi. L'effet a survécu à la cause.

A vrai dire, le seul homme bien élevé, ou, comme disent les Anglais, le seul *gentleman* qui résidât d'une manière permanente au milieu des paysans et restât en contact incessant avec eux, était le curé; aussi le curé fût-il devenu le maître des populations rurales, en dépit de Voltaire, s'il n'avait été rattaché lui-même d'une façon si étroite et si visible à la hiérarchie politique; en possédant plusieurs des priviléges de celle-ci, il avait inspiré en partie la haine qu'elle faisait naître.

Voilà donc le paysan presque entièrement séparé des classes supérieures; il est éloigné de ceux mêmes de ses pareils qui auraient pu l'aider et le conduire: A mesure que ceux-ci arrivent aux lumières ou à l'aisance, ils le fuient; il demeure comme trié au milieu de toute la nation et mis à part.

Cela ne se voyait au même degré chez aucun des grands peuples civilisés de l'Europe, et en France même le fait était récent. Le paysan du quatorzième siècle était tout à la fois plus opprimé et plus secouru. L'aristocratie le tyrannisait quelquefois, mais elle ne le délaissait jamais.

Au dix-huitième siècle, un village est une communauté dont tous les membres sont pauvres, ignorants et grossiers; ses magistrats sont aussi incultes et aussi méprisés qu'elle; son syndic ne sait pas lire; son collecteur ne peut dresser de sa main les comptes dont dépend la fortune de ses voisins et la sienne propre. Non-seulement son ancien seigneur n'a plus le droit de le gouverner, mais il est arrivé à considérer comme une sorte de dégradation de se mêler de son gouvernement. Asseoir les tailles, lever la milice, régler les corvées, actes serviles, œuvres de syndic. Il n'y a plus que le pouvoir central qui s'occupe d'elle, et, comme il est placé fort loin et n'a encore rien à craindre de ceux qui l'habitent, il ne s'occupe guère d'elle que pour en tirer profit.

Venez voir maintenant ce que devient une classe dé-
laissée, que personne n'a envie de tyranniser, mais que
nul ne cherche à éclairer et à servir.

Les plus lourdes charges que le système féodal faisait peser sur l'habitant des campagnes sont retirées ou
allégées, sans doute; mais ce qu'on ne sait point assez,
c'est qu'à celles-là il s'en était substitué d'autres, plus
pesantes peut-être. Le paysan ne souffrait pas tous les
maux qu'avaient soufferts ses pères, mais il endurait
beaucoup de misères que ses pères n'avaient jamais connues.

On sait que c'est presque uniquement aux dépens des
paysans que la taille avait décuplé depuis deux siècles.
Il faut ici dire un mot de la manière dont on la levait
sur eux, pour montrer quelles lois barbares peuvent se
fonder ou se maintenir dans les siècles civilisés, quand
les hommes les plus éclairés de la nation n'ont point
d'intérêt personnel à les changer.

Je trouve dans une lettre confidentielle que le contrôleur-général lui-même écrit, en 1772, aux intendants, cette peinture de la taille, qui est un petit chef-
d'œuvre d'exactitude et de brièveté : « La taille, dit ce
ministre, arbitraire dans sa répartition, solidaire dans
sa perception, personnelle, et non réelle dans la plus
grande partie de la France, est sujette à des variations
continuelles par suite de tous les changements qui arrivent chaque année dans la fortune des contribuables. »
Tout est là en trois phrases; on ne saurait décrire avec
plus d'art le mal dont on profite.

La somme totale que devait la paroisse était fixée tous
les ans. Elle variait sans cesse, comme dit le ministre,
de façon qu'aucun cultivateur ne pouvait prévoir un an
d'avance ce qu'il aurait à payer l'an d'après. Dans l'intérieur de la paroisse, c'était un paysan pris au hasard
chaque année, et nommé le collecteur, qui devait diviser la charge de l'impôt sur tous les autres.

J'ai promis que je dirais quelle était la condition de
ce collecteur. Laissons parler l'assemblée provinciale
du Berry en 1779; elle n'est pas suspecte : elle est
composée tout entière de privilégiés qui ne payent point
la taille et qui sont choisis par le roi. « Comme tout le
monde veut éviter la charge de collecteur, disait-elle
en 1779, il faut que chacun la prenne à son tour. La
levée de la taille est donc confiée tous les ans à un nouveau collecteur, sans égard à la capacité ou à l'honnêteté; aussi la confection de chaque rôle se ressent du
caractère de celui qui le fait. Le collecteur y imprime
ses craintes, ses faiblesses ou ses vices. Comment, d'ailleurs, y réussirait-il bien? Il agit dans les ténèbres; car
qui sait au juste la richesse de son voisin et la proportion de cette richesse avec celle d'un autre? Cependant
l'opinion du collecteur seule doit former la décision,
et il est responsable sur tous ses biens, et même par
corps, de la recette. D'ordinaire, il lui faut perdre pendant deux ans la moitié de ses journées à courir chez les
contribuables. Ceux qui ne savent pas lire sont obligés
d'aller chercher dans le voisinage quelqu'un qui les sup-
plée. »

Turgot avait déjà dit d'une autre province, un peu auparavant : « Cet emploi cause le désespoir et presque toujours la ruine de ceux qu'on en charge ; on réduit ainsi successivement à la misère toutes les familles aisées d'un village. »

Ce malheureux était armé pourtant d'un arbitraire immense ; il était presque autant tyran que martyr. Pendant cet exercice, où il se ruinait lui-même, il tenait dans ses mains la ruine de tout le monde. « La préférence pour ses parents, — c'est encore l'assemblée provinciale qui parle, — pour ses amis et ses voisins, la haine, la vengeance contre ses ennemis, le besoin d'un protecteur, la crainte de déplaire à un citoyen aisé qui donne de l'ouvrage, combattent dans son cœur les sentiments de la justice. » La terreur rend souvent le collecteur impitoyable ; il y a des paroisses où le collecteur ne marche jamais qu'accompagné de garnisaires et d'huissiers. « Lorsqu'il marche sans huissiers, dit un intendant au ministre en 1764, les taillables ne veulent pas payer. » — « Dans la seule élection de Villefranche, nous dit encore l'assemblée provinciale de la Guyenne, on compte cent six porteurs de contraintes et autres recors toujours en chemin. »

Pour échapper à cette taxation violente et arbitraire, le paysan français, en plein dix-huitième siècle, agit comme le juif du moyen-âge : il se montre misérable en apparence, quand par hasard il ne l'est pas en réalité ; son aisance lui fait peur avec raison : j'en trouve une preuve bien sensible dans un document que je ne

prends plus en Guyenne, mais à cent lieues de là. La
Société d'agriculture du Maine annonce, dans son rapport de 1761, qu'elle avait eu l'idée de distribuer des
bestiaux en prix et en encouragements. « Elle a été
arrêtée, dit-elle, par les suites dangereuses qu'une basse
jalousie pourrait attirer contre ceux qui remporteraient
ces prix, et qui, à la faveur de la répartition arbitraire
des impositions, leur occasionnerait une vexation dans
les années suivantes. »

Dans ce système d'impôt, chaque contribuable avait,
en effet, un intérêt direct et permanent à épier ses voisins et à dénoncer au collecteur les progrès de leur
richesse; on les y dressait tous, à l'envi, à la délation
et à la haine. Ne dirait-on pas que ces choses se passent
dans les domaines d'un rajah de l'Hindostan?

Il y avait pourtant dans le même temps, en France,
des pays où l'impôt était levé avec régularité et avec
douceur : c'étaient certains pays d'États. Il est vrai qu'on
avait laissé à ceux-là le droit de le lever eux-mêmes.
En Languedoc, par exemple, la taille n'est établie que
sur la propriété foncière, et ne varie point suivant l'aisance du propriétaire; elle a pour base fixe et visible
un cadastre fait avec soin et renouvelé tous les trente
ans, et dans lequel les terres sont divisées en trois
classes, suivant leur fertilité. Chaque contribuable sait
d'avance exactement ce que représente la part d'impôt
qu'il doit payer. S'il ne paye point, lui seul, ou plutôt
son champ seul, en est responsable. Se croit-il lésé dans
la répartition : il a toujours le droit d'exiger que l'on

compare sa cote avec celle d'un autre habitant de la paroisse qu'il choisit lui-même. C'est ce que nous nommons aujourd'hui l'appel à l'égalité proportionnelle.

On voit que toutes ces règles sont précisément celles que nous suivons maintenant ; on ne les a guère améliorées depuis, on n'a fait que les généraliser ; car il est digne de remarque que, bien que nous ayons pris au gouvernement de l'ancien régime la forme même de notre administration publique, nous nous sommes gardés de l'imiter en tout le reste. C'est aux assemblées provinciales, et non à lui, que nous avons emprunté nos meilleures méthodes administratives. En adoptant la machine, nous avons rejeté le produit.

La pauvreté habituelle du peuple des campagnes avait donné naissance à des maximes qui n'étaient pas propres à la faire cesser. « Si les peuples étaient à l'aise, avait écrit Richelieu dans son Testament politique, difficilement resteraient-ils dans les règles. » Au dix-huitième siècle, on ne va plus si loin, mais on croit encore que le paysan ne travaillerait point s'il n'était constamment aiguillonné par la nécessité : la misère y paraît la seule garantie contre la paresse. C'est précisément la théorie que j'ai entendu quelquefois professer à l'occasion des nègres de nos colonies. Cette opinion est si répandue parmi ceux qui gouvernent, que presque tous les économistes se croient obligés de la combattre en forme.

On sait que l'objet primitif de la taille avait été de permettre au roi d'acheter des soldats qui dispensassent

les nobles et leurs vassaux du service militaire; mais,
au dix-septième siècle, l'obligation du service militaire fut de nouveau imposée, comme nous l'avons vu,
sous le nom de milice, et, cette fois, elle ne pesa plus
que sur le peuple seul, et presque uniquement sur le
paysan.

Il suffit de considérer la multitude des procès-verbaux de maréchaussée qui remplissent les cartons d'une
intendance, et qui tous se rapportent à la poursuite de
miliciens réfractaires ou déserteurs, pour juger que la
milice ne se levait pas sans obstacle. Il ne paraît pas,
en effet, qu'il y eût de charge publique qui fût plus insupportable aux paysans que celle-là; pour s'y soustraire, ils se sauvaient souvent dans les bois, où il fallait
les poursuivre à main armée. Cela étonne, quand on
songe à la facilité avec laquelle le recrutement forcé
s'opère aujourd'hui.

Il faut attribuer cette extrême répugnance des paysans
de l'ancien régime pour la milice moins au principe
même de la loi qu'à la manière dont elle était exécutée;
on doit s'en prendre surtout à la longue incertitude
où elle tenait ceux qu'elle menaçait (on pouvait être
appelé jusqu'à quarante ans, à moins qu'on ne se ma-
riât); à l'arbitraire de la révision, qui rendait presque
inutile l'avantage d'un bon numéro; à la défense de se
faire remplacer; au dégoût d'un métier dur et périlleux,
où toute espérance d'avancement était interdite; mais
surtout au sentiment qu'un si grand poids ne pesait que
sur eux seuls, et sur les plus misérables d'entre eux,

l'ignominie de la condition rendant ses rigueurs plus amères.

J'ai eu dans les mains beaucoup de procès-verbaux de tirage, dressés en l'année 1769, dans un grand nombre de paroisses ; on y voit figurer les exempts de chacune d'elles : celui-ci est domestique chez un gentilhomme ; celui-là garde d'une abbaye ; un troisième n'est que le valet d'un bourgeois, il est vrai, mais ce bourgeois *vit noblement*. L'aisance seule exempte ; quand un cultivateur figure annuellement parmi les plus haut imposés, ses fils ont le privilége d'être exempts de la milice : c'est ce qu'on appelle encourager l'agriculture. Les économistes, grands amateurs d'égalité en tout le reste, ne sont point choqués de ce privilége ; ils demandent seulement qu'on l'étende à d'autres cas, c'est-à-dire que la charge des paysans les plus pauvres et les moins patronés devienne plus lourde. « La médiocrité de la solde du soldat, dit l'un d'eux, la manière dont il est couché, habillé, nourri, son entière dépendance, rendraient trop cruel de prendre un autre homme qu'un homme du bas peuple. »

Jusqu'à la fin du règne de Louis XIV, les grands chemins ne furent point entretenus, ou le furent aux frais de tous ceux qui s'en servaient, c'est-à-dire de l'État ou de tous les propriétaires riverains ; mais, vers ce temps-là, on commença à les réparer à l'aide de la seule corvée, c'est-à-dire aux dépens des seuls paysans. Cet expédient pour avoir de bonnes routes sans les payer

parut si heureusement imaginé, qu'en 1737, une circulaire du contrôleur-général Orry l'appliqua à toute la
France. Les intendants furent armés du droit d'emprisonner à volonté les récalcitrants ou de leur envoyer des
garnisaires.

A partir de là, toutes les fois que le commerce s'accroît, que le besoin et le goût des bonnes routes se répandent, la corvée s'étend à de nouveaux chemins et
sa charge augmente. On trouve dans le rapport fait
en 1779 à l'assemblée provinciale du Berry, que les
travaux exécutés par la corvée dans cette pauvre province doivent être évalués par année à 700,000 livres.
On les évaluait en 1787, en basse Normandie, à la
même somme à peu près. Rien ne saurait mieux montrer le triste sort du peuple des campagnes : les progrès de la société, qui enrichissent toutes les autres
classes, le désespèrent; la civilisation tourne contre
lui seul.

Je lis, vers la même époque, dans les correspondances des intendants, qu'il convient de refuser aux
paysans de faire emploi de la corvée sur les routes
particulières de leurs villages, attendu qu'elle doit être
réservée aux seuls grands chemins, ou, comme on disait alors, *aux chemins du roi*. L'idée étrange qu'il
convient de faire payer le prix des routes aux plus
pauvres et à ceux qui semblent le moins devoir voyager, cette idée, bien que nouvelle, s'enracine si naturellement dans l'esprit de ceux qui en profitent, que
bientôt ils n'imaginent plus ue la chose puisse avoir

lieu autrement, En l'année 1776, on essaye de transformer la corvée en une taxe locale; l'inégalité se
transforme aussitôt avec elle et la suit dans le nouvel
impôt.

De seigneuriale qu'elle était, la corvée, en devenant
royale, s'était étendue peu à peu à tous les travaux
publics. Je vois en 1719 la corvée servir à bâtir des
casernes! *Les paroisses doivent envoyer leurs meilleurs
ouvriers*, dit l'ordonnance, *et tous les autres travaux
doivent céder devant celui-ci.* La corvée transporte les
forçats dans les bagnes et les mendiants dans les dépôts de charité; elle charroie les effets militaires toutes
les fois que les troupes changent de place : charge fort
onéreuse dans un temps où chaque régiment menait
à sa suite un lourd bagage; il fallait rassembler de
très-loin un grand nombre de charrettes et de bœufs
pour le traîner. Cette sorte de corvée, qui avait peu
d'importance dans l'origine, devint l'une des plus pesantes quand les armées permanentes devinrent elles-
mêmes nombreuses. Je trouve des entrepreneurs de
l'État qui demandent à grands cris qu'on leur livre la
corvée pour transporter les bois de construction depuis
les forêts jusqu'aux arsenaux maritimes. Ces corvéables
recevaient d'ordinaire un salaire, mais toujours arbitrairement fixé et bas. Le poids d'une charge si mal
posée devient parfois si lourd, que le receveur des
tailles s'en inquiète. « Les frais exigés des paysans pour
le rétablissement des chemins, écrit l'un d'eux en 1751,
les mettront bientôt hors d'état de payer leur taille. »

Toutes ces oppressions nouvelles auraient-elles pu
s'établir s'il s'était rencontré à côté du paysan, des
hommes riches et éclairés, qui eussent eu le goût et
le pouvoir, sinon de le défendre, du moins d'intercé-
der pour lui auprès de ce commun maître qui tenait
déjà dans ses mains la fortune du pauvre et celle du
riche?

J'ai lu la lettre qu'un grand propriétaire écrivait,
en 1774, à l'intendant de sa province, pour l'engager à
faire ouvrir un chemin. Ce chemin, suivant lui, devait
faire la prospérité 'du village, et il en donnait les raisons, puis il passait à l'établissement d'une foire qui
doublerait, assurait-il, le prix des denrées. Ce bon citoyen ajoutait que, aidé d'un faible secours, on pourrait
établir une école qui procurerait au roi des sujets plus
industrieux. Il n'avait point songé jusque-là à ces amé-
liorations nécessaires ; il ne s'en était avisé que depuis
deux ans qu'une lettre de cachet le retenait dans son
château. « Mon exil depuis deux ans dans mes terres,
dit-il ingénument, m'a convaincu de l'extrême utilité de
toutes ces choses. »

Mais c'est surtout dans les temps de disette qu'on
s'aperçoit que les liens de patronage et de dépendance
qui reliaient autrefois le grand propriétaire rural aux
paysans sont relâchés ou rompus. Dans ces moments
de crise, le gouvernement central s'effraye de son isolement et de sa faiblesse ; il voudrait faire renaître
pour l'occasion les influences individuelles ou les associations politiques qu'il a détruites ; il les appelle à

son aide : personne ne vient, et il s'étonne d'ordinaire en trouvant morts les gens auxquels il a lui-même ôté la vie.

En cette extrémité, il y a des intendants, dans les provinces les plus pauvres, qui, comme Turgot, par exemple, prennent illégalement des ordonnances pour obliger les propriétaires riches à nourrir leurs métayers jusqu'à la récolte prochaine. J'ai trouvé, à la date de 1770, les lettres de plusieurs curés qui proposent à l'intendant de taxer les grands propriétaires de leurs paroisses, tant ecclésiastiques que laïques, « lesquels y possèdent, disent-ils, de vastes propriétés qu'ils n'habitent point, et dont ils touchent de gros revenus qu'ils vont manger ailleurs. »

Même en temps ordinaire, les villages sont infestés de mendiants; car, comme dit Letronne, les pauvres sont assistés dans les villes; mais à la campagne, pendant l'hiver, la mendicité est de nécessité absolue.

De temps à autre, on procédait contre ces malheureux d'une façon très-violente. En 1767, le duc de Choiseul voulut tout à coup détruire la mendicité en France. On peut voir dans la correspondance des intendants avec quelle rigueur il s'y prit. La maréchaussée eut ordre d'arrêter à la fois tous les mendiants qui se trouvaient dans le royaume; on assure que plus de cinquante mille furent ainsi saisis. Les vagabonds valides devaient être envoyés aux galères; quant aux autres, on ouvrit pour les recevoir plus de quarante dépôts de mendicité : il eût mieux valu rouvrir le cœur des riches.

Ce gouvernement de l'ancien régime, qui était, ainsi que je l'ai dit, si doux et parfois si timide, si ami des formes, de la lenteur et des égards, quand il s'agissait des hommes placés au-dessus du peuple, est souvent rude et toujours prompt quand il procède contre les basses classes, surtout contre les paysans. Parmi les pièces qui m'ont passé sous les yeux, je n'en ai pas vu une seule qui fît connaître l'arrestation de bourgeois par l'ordre d'un intendant; mais les paysans sont arrêtés sans cesse, à l'occasion de la corvée, de la milice, de la mendicité, de la police, et dans mille autres circonstances. Pour les uns, des tribunaux indépendants, de longs débats, une publicité tutélaire; pour les autres, le prévôt, qui jugeait sommairement et sans appel.

« La distance immense qui existe entre le peuple et toutes les autres classes, écrit Necker en 1785, aide à détourner les yeux de la manière avec laquelle on peut manier l'autorité vis-à-vis de tous les gens perdus dans la foule. Sans la douceur et l'humanité qui caractérisent les Français et l'esprit du siècle, ce serait un sujet continuel de tristesse pour ceux qui savent compatir au joug dont ils sont exempts. »

Mais c'est moins encore au mal qu'on faisait à ces malheureux qu'au bien qu'on les empêchait de se faire à eux-mêmes que l'oppression se montrait. Ils étaient libres et propriétaires, et ils restaient presque aussi ignorants et souvent plus misérables que les serfs, leurs aïeux. Ils demeuraient sans industrie au milieu des pro-

diges des arts, et incivilisés dans un monde tout bril-
lant de lumière. En conservant l'intelligence et la pers-
picacité particulières à leur race, ils n'avaient pas appris
à s'en servir; ils ne pouvaient même réussir dans la
culture des terres, qui était leur seule affaire. « Je vois
sous mes yeux l'agriculture du dixième siècle, » dit un
célèbre agronome anglais. Ils n'excellaient que dans le
métier des armes; là, du moins, ils avaient un contact
naturel et nécessaire avec les autres classes.

C'est dans cet abîme d'isolement et de misère que
le paysan vivait; il s'y tenait comme fermé et impé-
nétrable. J'ai été surpris, et presque effrayé, en aperce-
vant que, moins de vingt ans avant que le culte catholique fût aboli sans résistance et que les églises fussent
profanées, la méthode quelquefois suivie par l'administration pour connaître la population d'un canton était
celle-ci : les curés indiquaient le nombre de ceux qui
s'étaient présentés à Pâques à la sainte table; on y ajoutait le nombre présumé des enfants en bas âge et des
malades : le tout formait le total des habitants. Cependant les idées du temps pénétraient déjà de toutes
parts ces esprits grossiers; elles y entraient par des
voies détournées et souterraines, et prenaient dans ces
lieux étroits et obscurs des formes étranges. Néanmoins rien ne paraissait encore changé au dehors. Les
mœurs du paysan, ses habitudes, ses croyances, semblaient toujours les mêmes; il était soumis, il était
même joyeux.

Il faut se défier de la gaieté que montre souvent le

Français dans ses plus grands maux ; elle prouve seulement que, croyant sa mauvaise fortune inévitable, il cherche à s'en distraire en n'y pensant point, et non qu'il ne la sent pas. Ouvrez à cet homme une issue qui puisse le conduire hors de cette misère dont il semble si peu souffrir, il se portera aussitôt de ce côté avec tant de violence, qu'il vous passera sur le corps sans vous voir, si vous êtes sur son chemin.

Nous apercevons clairement ces choses du point où nous sommes ; mais les contemporains ne les voyaient pas. Ce n'est jamais qu'à grand'peine que les hommes des classes élevées parviennent à discerner nettement ce qui se passe dans l'âme du peuple, et en particulier dans celle des paysans. L'éducation et le genre de vie ouvrent à ceux-ci sur les choses humaines des jours qui leur sont propres et qui demeurent fermés à tous les autres. Mais, quand le pauvre et le riche n'ont presque plus d'intérêts communs, de communs griefs, ni d'affaires communes, cette obscurité qui cache l'esprit de l'un à l'esprit de l'autre devient insondable, et ces deux hommes pourraient vivre éternellement côte à côte sans se pénétrer jamais. Il est curieux de voir dans quelle sécurité étrange vivaient tous ceux qui occupaient les étages supérieurs et moyens de l'édifice social au moment même où la Révolution commençait, et de les entendre discourant ingénieusement entre eux sur les vertus du peuple, sur sa douceur, son dévouement, ses innocents plaisirs, quand déjà 93 est sous leurs pieds : spectacle ridicule et terrible !

Arrêtons-nous ici avant de passer outre, et considérons un moment, à travers tous ces petits faits que je
viens de décrire, l'une des plus grandes lois de Dieu
dans la conduite des sociétés.

La noblesse française s'obstine à demeurer à part des
autres classes; les gentilshommes finissent par se laisser
exempter de la plupart des charges publiques qui pèsent sur elles; ils se figurent qu'ils conserveront leur
grandeur en se soustrayant à ces charges, et il paraît
d'abord en être ainsi. Mais bientôt une maladie interne
et invisible semble s'être attachée à leur condition, qui
se réduit peu à peu sans que personne les touche; ils
s'appauvrissent à mesure que leurs immunités s'accroissent. La bourgeoisie, avec laquelle ils avaient tant
craint de se confondre, s'enrichit au contraire et s'é-
claire, à côté d'eux, sans eux et contre eux; ils n'a-
vaient pas voulu avoir les bourgeois comme associés ni
comme concitoyens; ils vont trouver en eux des rivaux,
bientôt des ennemis, et enfin des maîtres. Un pouvoir
étranger les a déchargés du soin de conduire, de protéger, d'assister leurs vassaux; mais, comme en même
temps il leur a laissé leurs droits pécuniaires et leurs
priviléges honorifiques, ils estiment n'avoir rien perdu;
comme ils continuent à marcher les premiers, ils croient
qu'ils conduisent encore, et, en effet, ils continuent à
avoir autour d'eux des hommes que, dans les actes no-
tariés, ils appellent leurs *sujets;* d'autres se nomment
leurs vassaux, leurs tenanciers, leurs fermiers. En réalité, personne ne les suit; ils sont seuls, et, quand on va

se présenter enfin pour les accabler, il ne leur restera qu'à fuir.

Quoique la destinée de la noblesse et celle de la bourgeoisie aient été fort différentes entre elles, elles se sont ressemblé en un point : le bourgeois a fini par vivre aussi à part du peuple que le gentilhomme lui-même. Loin de se rapprocher des paysans, il avait fui le contact de leurs misères ; au lieu de s'unir étroite-ment à eux pour lutter en commun contre l'inégalité commune, il n'avait cherché qu'à créer de nouvelles injustices à son usage : on l'avait vu aussi ardent à se procurer des exceptions que le gentilhomme à main-tenir ses priviléges. Ces paysans, dont il était sorti, lui étaient devenus non-seulement étrangers, mais, pour ainsi dire, inconnus, et ce n'est qu'après qu'il leur eut mis les armes à la main qu'il s'aperçut qu'il avait excité des passions dont il n'avait pas même d'idée, qu'il était aussi impuissant à contenir qu'à conduire, et dont il al-lait devenir la victime, après en avoir été le promoteur.

On s'étonnera dans tous les âges en voyant les ruines de cette grande maison de France qui avait paru de-voir s'étendre sur toute l'Europe ; mais ceux qui liront attentivement son histoire comprendront sans peine sa chute. Presque tous les vices, presque toutes les er-reurs, presque tous les préjugés funestes que je viens de peindre ont dû, en effet, soit leur naissance, soit leur durée, soit leur développement, à l'art qu'ont eu la plu-part de nos rois de diviser les hommes, afin de les gou-verner plus absolument.

Mais quand le bourgeois eut été ainsi bien isolé du gentilhomme, et le paysan du gentilhomme et du bourgeois; lorsque, un travail analogue se continuant au sein de chaque classe, il se fut fait dans l'intérieur de chacune d'elles de petites agrégations particulières, presque aussi isolées les unes des autres que les classes l'étaient entre elles, il se trouva que le tout ne composait plus qu'une masse homogène, mais dont les parties n'étaient plus liées. Rien n'était plus organisé pour gêner le gouvernement; rien, non plus, pour l'aider. De telle sorte que l'édifice entier de la grandeur de ces princes put s'écrouler tout ensemble et en un moment, dès que la société qui lui servait de base s'agita.

Et ce peuple enfin, qui semble seul avoir tiré profit des fautes et des erreurs de tous ses maîtres, s'il a échappé, en effet, à leur empire, il n'a pu se soustraire au joug des idées fausses, des habitudes vicieuses, des mauvais penchants qu'ils lui avaient donnés ou laissé prendre. On l'a vu parfois transporter les goûts d'un esclave jusque dans l'usage même de sa liberté, aussi incapable de se conduire lui-même qu'il s'était montré dur pour ses précepteurs.

LIVRE III

CHAPITRE PREMIER

COMMENT, VERS LE MILIEU DU DIX-HUITIÈME SIÈCLE,
LES HOMMES DE LETTRES DEVINRENT LES PRINCIPAUX HOMMES POLITIQUES
DU PAYS, ET DES EFFETS QUI EN RÉSULTÈRENT.

Je perds maintenant de vue les faits anciens et généraux qui ont préparé la grande révolution que je veux peindre. J'arrive aux faits particuliers et plus récents qui ont achevé de déterminer sa place, sa naissance et son caractère.

La France était depuis longtemps, parmi toutes les nations de l'Europe, la plus littéraire ; néanmoins les gens de lettres n'y avaient jamais montré l'esprit qu'ils y firent voir vers le milieu du dix-huitième siècle, ni occupé la place qu'ils y prirent alors. Cela ne s'était jamais vu parmi nous, ni, je pense, nulle part ailleurs.

Ils n'étaient point mêlés journellement aux affaires,

comme en Angleterre ; jamais, au contraire, ils n'avaient vécu plus loin d'elles ; ils n'étaient revêtus d'aucune autorité quelconque, et ne remplissaient aucune fonction publique dans une société déjà toute remplie de fonctionnaires.

Cependant ils ne demeuraient pas, comme la plupart de leurs pareils en Allemagne, entièrement étrangers à la politique, et retirés dans le domaine de la philosophie pure et des belles-lettres. Ils s'occupaient sans cesse des matières qui ont trait au gouvernement ; c'était là même, à vrai dire, leur occupation propre. On les entendait tous les jours discourir sur l'origine des sociétés et sur leurs formes primitives, sur les droits primordiaux des citoyens et sur ceux de l'autorité, sur les rapports naturels et artificiels des hommes entre eux, sur l'erreur ou la légitimité de la coutume, et sur les principes mêmes des lois. Pénétrant ainsi chaque jour jusqu'aux bases de la constitution de leur temps, ils en examinaient curieusement la structure et en critiquaient le plan général. Tous ne faisaient pas, il est vrai, de ces grands problèmes, l'objet d'une étude particulière et approfondie ; la plupart même ne les touchaient qu'en passant et comme en se jouant ; mais tous les rencontraient. Cette sorte de politique abstraite et littéraire était répandue, à doses inégales, dans toutes les œuvres de ce temps-là, et il n'y en a aucune, depuis le lourd traité jusqu'à la chanson, qui n'en contienne un peu.

Quant aux systèmes politiques de ces écrivains, ils

variaient tellement entre eux, que celui qui voudrait
les concilier et en former une seule théorie de gouvernement ne viendrait jamais à bout d'un pareil travail.

Néanmoins, quand on écarte les détails pour arriver
aux idées-mères, on découvre aisément que les auteurs de ces systèmes différents s'accordent au moins
sur une notion très-générale que chacun d'eux paraît
avoir également conçue, qui semble préexister dans
son esprit à toutes les idées particulières et en être
la source commune. Quelque séparés qu'ils soient
dans le reste de leur course, ils se tiennent tous à ce
point de départ : tous pensent qu'il convient de substituer des règles simples et élémentaires, puisées dans
la raison et dans la loi naturelle, aux coutumes compliquées et traditionnelles qui régissent la société de leur
temps.

En y regardant bien, l'on verra que ce qu'on pourrait appeler la philosophie politique du dix-huitième
siècle consiste à proprement parler dans cette seule no-
tion-là.

Une pareille pensée n'était point nouvelle : elle passait et repassait sans cesse depuis trois mille ans à travers l'imagination des hommes sans pouvoir s'y fixer.
Comment parvint-elle à s'emparer cette fois de l'esprit
de tous les écrivains? Pourquoi, au lieu de s'arrêter,
ainsi qu'elle l'avait déjà fait souvent, dans la tête de
quelques philosophes, était-elle descendue jusqu'à la
foule, et y avait-elle pris la consistance et la chaleur
d'une passion politique, de telle façon qu'on put voir des

théories générales et abstraites sur la nature des sociétés devenir le sujet des entretiens journaliers des oisifs et enflammer jusqu'à l'imagination des femmes et des paysans? Comment des hommes de lettres qui ne possédaient ni rangs, ni honneurs, ni richesses, ni responsabilité, ni pouvoir, devinrent-ils, en fait, les principaux hommes politiques du temps, et même les seuls, puisque, tandis que d'autres exerçaient le gouvernement, eux seuls tenaient l'autorité? Je voudrais l'indiquer en peu de mots, et faire voir quelle influence extraordinaire et terrible ces faits, qui ne semblent appartenir qu'à l'histoire de notre littérature, ont eue sur la Révolution et jusqu'à nos jours.

Ce n'est pas par hasard que les philosophes du dix-huitième siècle avaient généralement conçu des notions si opposées à celles qui servaient encore de base à la société de leur temps; ces idées leur avaient été naturellement suggérées par la vue de cette société même qu'ils avaient tous sous les yeux. Le spectacle de tant de priviléges abusifs ou ridicules, dont on sentait de plus en plus le poids et dont on apercevait de moins en moins la cause, poussait, ou plutôt précipitait simultanément l'esprit de chacun d'eux vers l'idée de l'égalité naturelle des conditions. En voyant tant d'institutions irrégulières et bizarres, filles d'autres temps, que personne n'avait essayé de faire concorder entre elles ni d'accommoder aux besoins nouveaux, et qui semblaient devoir éterniser leur existence après avoir perdu leur vertu, ils prenaient aisément en dégoût les choses an·

ciennes et la tradition, et ils étaient naturellement conduits à vouloir rebâtir la société de leur temps d'après
un plan entièrement nouveau, que chacun d'eux traçait
à la seule lumière de sa raison.

La condition même de ces écrivains les préparait à
goûter les théories générales et abstraites en matière de
gouvernement et à s'y confier aveuglément. Dans l'éloignement presque infini où ils vivaient de la pratique,
aucune expérience ne venait tempérer les ardeurs de
leur naturel ; rien ne les avertissait des obstacles que
les faits existants pouvaient apporter aux réformes
même les plus désirables ; ils n'avaient nulle idée des
périls qui accompagnent toujours les révolutions les
plus nécessaires. Ils ne les pressentaient même point ;
car l'absence complète de toute liberté politique faisait
que le monde des affaires ne leur était pas seulement
mal connu, mais invisible. Ils n'y faisaient rien et ne
pouvaient même voir ce que d'autres y faisaient. Ils
manquaient donc de cette instruction superficielle que
la vue d'une société libre et le bruit de tout ce qui
s'y dit, donnent à ceux-mêmes qui s'y mêlent le moins
du gouvernement. Ils devinrent ainsi beaucoup plus
hardis dans leurs nouveautés, plus amoureux d'idées
générales et de systèmes, plus contempteurs de la
sagesse antique et plus confiants encore dans leur raison individuelle que cela ne se voit communément
chez les auteurs qui écrivent des livres spéculatifs sur la
politique.

La même ignorance leur livrait l'oreille et le cœur

de la foule. Si les Français avaient encore pris part,
comme autrefois, au gouvernement dans les États-généraux, si même ils avaient continué à s'occuper journellement de l'administration du pays dans les assemblées
de leurs provinces, on peut affirmer qu'ils ne se seraient
jamais laissé enflammer, comme ils le firent alors, par
les idées des écrivains ; ils eussent retenu un certain
usage des affaires qui les eût prévenus contre la théorie
pure.

Si, comme les Anglais, ils avaient pu, sans détruire
leurs anciennes institutions, en changer graduellement
l'esprit par la pratique, peut-être n'en auraient-ils pas
imaginé si volontiers de toutes nouvelles. Mais chacun
d'eux se sentait tous les jours gêné dans sa fortune,
dans sa personne, dans son bien-être ou dans son orgueil par quelque vieille loi, quelque ancien usage politique, quelques débris des anciens pouvoirs, et il n'a-
percevait à sa portée aucun remède qu'il pût appliquer
lui-même à ce mal particulier. Il semblait qu'il fallût
tout supporter ou tout détruire dans la constitution du
pays.

Nous avions pourtant conservé une liberté dans la
ruine de toutes les autres : nous pouvions philosopher
presque sans contrainte sur l'origine des sociétés, sur la
nature essentielle des gouvernements et sur les droits
primordiaux du genre humain.

Tous ceux que la pratique journalière de la législation gênait s'éprirent bientôt de cette politique littéraire. Le goût en pénétra jusqu'à ceux que la nature ou

la condition éloignait naturellement le plus des spéculations abstraites. Il n'y eut pas de contribuable lésé par
l'inégale répartition des tailles qui ne s'échauffât à l'idée
que tous les hommes doivent être égaux ; pas de petit
propriétaire dévasté par les lapins du gentilhomme son
voisin qui ne se plût à entendre dire que tous les priviléges indistinctement étaient condamnés par la raison.
Chaque passion publique se déguisa ainsi en philosophie ; la vie politique fut violemment refoulée dans la
littérature, et les écrivains, prenant en main la direction
de l'opinion, se trouvèrent un moment tenir la place
que les chefs de parti occupent d'ordinaire dans les pays
libres.

Personne n'était plus en état de leur disputer ce rôle.

Une aristocratie dans sa vigueur ne mène pas seulement les affaires ; elle dirige encore les opinions, donne
le ton aux écrivains et l'autorité aux idées. Au dix-
huitième siècle, la noblesse française avait entièrement
perdu cette partie de son empire ; son crédit avait suivi
la fortune de son pouvoir : la place qu'elle avait occupée
dans le gouvernement des esprits était vide, et les écrivains pouvaient s'y étendre à leur aise et la remplir seuls.

Bien plus, cette aristocratie elle-même, dont ils prenaient la place, favorisait leur entreprise ; elle avait si
bien oublié comment des théories générales, une fois
admises, arrivent inévitablement à se transformer en
passions politiques et en actes, que les doctrines les plus
opposées à ses droits particuliers et même à son existence, lui paraissaient des jeux fort ingénieux de l'es-

prit; elle s'y mêlait elle-même volontiers pour passer le
temps, et jouissait paisiblement de ses immunités et de
ses priviléges, en dissertant avec sérénité sur l'absurdité
de toutes les coutumes établies.

On s'est étonné souvent en voyant l'étrange aveuglement avec lequel les hautes classes de l'ancien régime
ont aidé ainsi elles-mêmes à leur ruine; mais où auraient-elles pris leurs lumières? Les institutions libres
ne sont pas moins nécessaires aux principaux citoyens,
pour leur apprendre leurs périls, qu'aux moindres,
pour assurer leurs droits. Depuis plus d'un siècle que
les dernières traces de la vie publique avaient disparu
parmi nous, les gens les plus directement intéressés au
maintien de l'ancienne constitution n'avaient été avertis
par aucun choc ni par aucun bruit de la décadence de
cet antique édifice. Comme rien n'avait extérieurement
changé, ils se figuraient que tout était resté précisément de même. Leur esprit était donc arrêté au point
de vue où avait été placé celui de leurs pères. La noblesse se montre aussi préoccupée des empiétements du
pouvoir royal dans les cahiers de 1789, qu'elle eût pu
l'être dans ceux du quinzième siècle. De son côté, l'in-
fortuné Louis XVI, un moment avant de périr dans le
débordement de la démocratie, Burke le remarque avec
raison, continuait à voir dans l'aristocratie la principale
rivale du pouvoir royal; il s'en défiait comme si l'on eût
été encore au temps de la Fronde. La bourgeoisie et le
peuple lui paraissaient, au contraire, comme à ses aïeux,
l'appui le plus sûr du trône.

Mais ce qui nous paraîtra plus étrange, à nous qui avons sous les yeux les débris de tant de révolutions, c'est que la notion même d'une révolution violente était absente de l'esprit de nos pères. On ne la discutait pas, on ne l'avait pas conçue. Les petits ébranlements que la liberté publique imprime sans cesse aux sociétés les mieux assises rappellent tous les jours la possibilité des renversements et tiennent la prudence publique en éveil; mais dans cette société française du dix-huitième siècle, qui allait tomber dans l'abîme, rien n'avait encore averti qu'on penchât.

Je lis attentivement les cahiers que dressèrent les trois ordres avant de se réunir en 1789; je dis les trois ordres, ceux de la noblesse et du clergé aussi bien que celui du tiers. Je vois qu'ici on demande le changement d'une loi, là d'un usage, et j'en tiens note. Je continue ainsi jusqu'au bout cet immense travail, et, quand je viens à réunir ensemble tous ces vœux particuliers, je m'aperçois avec une sorte de terreur que ce qu'on réclame est l'abolition simultanée et systématique de toutes les lois et de tous les usages ayant cours dans le pays; je vois sur-le-champ qu'il va s'agir d'une des plus vastes et des plus dangereuses révolutions qui aient jamais paru dans le monde. Ceux qui en seront demain les victimes n'en savent rien; ils croient que la transformation totale et soudaine d'une société si compliquée et si vieille peut s'opérer sans secousse, à l'aide de la raison, et par sa seule efficace. Les malheureux! ils ont oublié jusqu'à cette maxime que leurs pères avaient ainsi exprimée, quatre cents ans auparavant, dans le français naïf et énergique de ce temps-là : *Par requierre de trop grande franchise et libertés chet-on en trop grand servaige.*

Il n'est pas surprenant que la noblesse et la bourgeoisie, exclues depuis si longtemps de toute vie publique, montrassent cette singulière inexpérience; mais ce qui étonne davantage, c'est que ceux mêmes qui conduisaient les affaires, les ministres, les magistrats, les intendants, ne font guère voir plus de prévoyance. Plusieurs étaient cependant de très-habiles gens dans leur métier; ils possédaient à fond tous les détails de l'administration publique de leur temps; mais, quant à cette grande science du gouvernement, qui apprend à comprendre le mouvement général de la société, à juger ce qui se passe dans l'esprit des masses et à prévoir ce qui va en résulter, ils y étaient tout aussi neufs que le peuple lui-même. Il n'y a, en effet, que le jeu des institutions libres qui puisse enseigner complétement aux hommes d'État cette partie principale de leur art.

Cela se voit bien dans le Mémoire que Turgot adressait au roi en 1775, où il lui conseillait, entre autres choses, de faire librement élire par toute la nation et de réunir chaque année autour de sa personne, pendant six semaines, une assemblée représentative, mais de ne lui accorder aucune puissance effective. Elle ne s'occuperait que d'administration et jamais de gouvernement, aurait plutôt des avis à donner que des volontés

à exprimer, et, à vrai dire, ne serait chargée que de
discourir sur les lois sans les faire. « De cette façon, le
pouvoir royal serait éclairé et non gêné, disait-il, et
l'opinion publique satisfaite sans péril. Car ces assemblées n'auraient nulle autorité pour s'opposer aux opérations indispensables, et si, par impossible, elles ne
s'y portaient pas, Sa Majesté resterait toujours la maîtresse. » On ne pouvait méconnaître davantage la portée
d'une mesure et l'esprit de son temps. Il est souvent arrivé, il est vrai, vers la fin des révolutions, qu'on a pu
faire impunément ce que Turgot proposait, et, sans accorder de libertés réelles, en donner l'ombre. Auguste
l'a tenté avec succès. Une nation fatiguée de longs débats consent volontiers qu'on la dupe, pourvu qu'on la
repose, et l'histoire nous apprend qu'il suffit alors, pour
la contenter, de ramasser dans tout le pays un certain
nombre d'hommes obscurs ou dépendants, et de leur
faire jouer devant elle le rôle d'une assemblée politique,
moyennant salaire. Il y a eu de cela plusieurs exemples. Mais, au début d'une révolution, ces entreprises
échouent toujours et ne font jamais qu'enflammer le
peuple sans le contenter. Le moindre citoyen d'un pays
libre sait cela; Turgot, tout grand administrateur qu'il
était, l'ignorait.

Si l'on songe maintenant que cette même nation française, si étrangère à ses propres affaires et si dépourvue
d'expérience, si gênée par ses institutions et si impuis-
sante à les amender, était en même temps alors, de toutes
les nations de la terre, la plus lettrée et la plus amou-

reuse du bel esprit, on comprendra sans peine comment les écrivains y devinrent une puissance politique et finirent par y être la première.

Tandis qu'en Angleterre ceux qui écrivaient sur le gouvernement et ceux qui gouvernaient étaient mêlés, les uns introduisant les idées nouvelles dans la pratique, les autres redressant et circonscrivant les théories à l'aide des faits, en France, le monde politique resta comme divisé en deux provinces séparées et sans commerce entre elles. Dans la première, on administrait; dans la seconde, on établissait les principes abstraits sur lesquels toute administration eût dû se fonder. Ici, on prenait des mesures particulières que la routine indiquait; là, on proclamait des lois générales, sans jamais songer aux moyens de les appliquer : aux uns, la conduite des affaires; aux autres, la direction des intelligences.

Au-dessus de la société réelle, dont la constitution était encore traditionnelle, confuse et irrégulière, où les lois demeuraient diverses et contradictoires, les rangs tranchés, les conditions fixes et les charges inégales, il se bâtissait ainsi peu à peu une société imaginaire, dans laquelle tout paraissait simple et coordonné, uniforme, équitable et conforme à la raison.

Graduellement l'imagination de la foule déserta la première pour se retirer dans la seconde. On se désintéressa de ce qui était, pour songer à ce qui pouvait être, et l'on vécut enfin par l'esprit dans cette cité idéale qu'avaient construite les écrivains.

On a souvent attribué notre révolution à celle d'Amérique : celle-ci eut, en effet, beaucoup d'influence sur la Révolution française, mais elle la dut moins à ce qu'on fit alors aux États-Unis qu'à ce qu'on pensait au même moment en France. Tandis que dans le reste de l'Europe la révolution d'Amérique n'était encore qu'un fait nouveau et singulier, chez nous elle rendait seulement plus sensible et plus frappant ce qu'on croyait connaître déjà. Là, elle étonnait; ici, elle achevait de convaincre. Les Américains semblaient ne faire qu'exécuter ce que nos écrivains avaient conçu : ils donnaient la substance de la réalité à ce que nous étions en train de rêver. C'est comme si Fénelon se fût trouvé tout à coup dans Salente.

Cette circonstance, si nouvelle dans l'histoire, de toute l'éducation politique d'un grand peuple entièrement faite par des gens de lettres, fut ce qui contribua le plus peut-être à donner à la Révolution française son génie propre et à faire sortir d'elle ce que nous voyons.

Les écrivains ne fournirent pas seulement leurs idées au peuple qui la fit; ils lui donnèrent leur tempérament et leur humeur. Sous leur longue discipline, en l'absence de tous autres conducteurs, au milieu de l'ignorance profonde où l'on vivait de la pratique, toute la nation, en les lisant, finit par contracter les instincts, le tour d'esprit, les goûts et jusqu'aux travers naturels à ceux qui écrivent; de telle sorte que, quand elle eut enfin à agir, elle transporta dans la politique toutes les habitudes de la littérature.

Quand on étudie l'histoire de notre révolution, on voit qu'elle a été menée précisément dans le même esprit qui a fait écrire tant de livres abstraits sur le gouvernement. Même attrait pour les théories générales, les systèmes complets de législation et l'exacte symétrie dans les lois; même mépris des faits existants; même confiance dans la théorie; même goût de l'original, de l'ingénieux et du nouveau dans les institutions; même envie de refaire à la fois la constitution tout entière suivant les règles de la logique et d'après un plan unique, au lieu de chercher à l'amender dans ses parties. Effrayant spectacle! car ce qui est qualité dans l'écrivain est parfois vice dans l'homme d'État, et les mêmes choses qui souvent ont fait faire de beaux livres peuvent mener à de grandes révolutions.

La langue de la politique elle-même prit alors quelque chose de celle que parlaient les auteurs; elle se remplit d'expressions générales, de termes abstraits, de mots ambitieux, de tournures littéraires. Ce style, aidé par les passions politiques qui l'employaient, pénétra dans toutes les classes et descendit avec une singulière facilité jusqu'aux dernières. Bien avant la Révolution, les édits du roi Louis XVI parlent souvent de la loi naturelle et des droits de l'homme. Je trouve des paysans qui, dans leurs requêtes, appellent leurs voisins des concitoyens; l'intendant, un respectable magistrat; le curé de la paroisse, le ministre des autels, et le bon Dieu, l'Être suprême, et auxquels il ne manque guère, pour devenir d'assez méchants écrivains, que de savoir l'orthographe.

Ces qualités nouvelles se sont si bien incorporées à l'ancien fonds du caractère français, que souvent on a attribué à notre naturel ce qui ne provenait que de cette éducation singulière. J'ai entendu affirmer que le goût ou plutôt la passion que nous avons montrée depuis soixante ans pour les idées générales, les systèmes et les grands mots en matière politique, tenait à je ne sais quel attribut particulier à notre race, à ce qu'on appelait un peu emphatiquement l'*esprit français :* comme si ce prétendu attribut eût pu apparaître tout à coup vers la fin du siècle dernier, après s'être caché pendant tout le reste de notre histoire.

Ce qui est singulier, c'est que nous avons gardé les habitudes que nous avions prises à la littérature en perdant presque complétement notre ancien amour des lettres. Je me suis souvent étonné, dans le cours de ma vie publique, en voyant des gens qui ne lisaient guère les livres du dix-huitième siècle, non plus que ceux d'aucun autre, et qui méprisaient fort les auteurs, retenir si fidèlement quelques-uns des principaux défauts qu'avait fait voir, avant leur naissance, l'esprit littéraire.

CHAPITRE II

COMMENT L'IRRÉLIGION AVAIT PU DEVENIR UNE PASSION
GÉNÉRALE ET DOMINANTE CHEZ LES FRANÇAIS DU DIX-HUITIÈME SIÈCLE,
ET QUELLE SORTE D'INFLUENCE CELA EUT SUR LE CARACTÈRE
DE LA RÉVOLUTION.

Depuis la grande révolution du seizième siècle, où l'esprit d'examen avait entrepris de démêler entre les diverses traditions chrétiennes quelles étaient les fausses et les véritables, il n'avait jamais cessé de se produire des génies plus curieux ou plus hardis qui les avaient contestées ou rejetées toutes. Le même esprit qui, au temps de Luther, avait fait sortir à la fois du catholicisme plusieurs millions de catholiques, poussait isolément chaque année quelques chrétiens hors du christianisme lui-même : à l'hérésie avait succédé l'incrédulité.

On peut dire d'une manière générale qu'au dix-huitième siècle le christianisme avait perdu sur tout le continent de l'Europe une grande partie de sa puis-

sance : mais, dans la plupart des pays, il était plutôt
délaissé que violemment combattu; ceux mêmes qui
l'abandonnaient le quittaient comme à regret. L'irréligion était répandue parmi les princes et les beaux-es-
prits; elle ne pénétrait guère encore dans le sein des
classes moyennes et du peuple; elle restait le caprice
de certains esprits, non une opinion commune. « C'est
un préjugé répandu généralement en Allemagne, dit
Mirabeau en 1787, que les provinces prussiennes sont
remplies d'athées. La vérité est que, s'il s'y rencontre
quelques libres penseurs, le peuple y est aussi attaché
à la religion que dans les contrées les plus dévotes, et
qu'on y compte même un grand nombre de fanatiques. »
Il ajoute qu'il est bien à regretter que Frédéric II n'autorise point le mariage des prêtres catholiques, et surtout refuse de laisser à ceux qui se marient les revenus
de leur bénéfice ecclésiastique, « mesure, dit-il, que
nous oserions croire digne de ce grand homme. » Nulle
part l'irréligion n'était encore devenue une passion générale, ardente, intolérante ni oppressive, si ce n'est en
France.

Là, il se passait une chose qui ne s'était pas encore
rencontrée. On avait attaqué avec violence en d'autres
temps des religions établies; mais l'ardeur qu'on montrait contre elles avait toujours pris naissance dans le
zèle que des religions nouvelles inspiraient. Les religions fausses et détestables de l'antiquité n'avaient eu
elles-mêmes d'adversaires nombreux et passionnés que
quand le christianisme s'était présenté pour les sup-

planter; jusque-là, elles s'éteignaient doucement et sans bruit dans le 'doute et l'indifférence : c'est la mort sénile des religions. En France, on attaqua avec une sorte de fureur la religion chrétienne, sans essayer même 'de mettre une autre religion à sa place. On travailla ardemment et continûment à ôter des âmes la foi qui les avait remplies, et on les laissa vides. Une multitude d'hommes s'enflammèrent dans cette ingrate entreprise. L'incrédulité absolue en matière de religion, qui est si contraire aux instincts naturels de l'homme et met son âme dans une assiette si douloureuse, parut attrayante à la foule. Ce qui n'avait produit jusque-là qu'une sorte de langueur maladive engendra cette fois le fanatisme et l'esprit de propagande.

La rencontre de plusieurs grands écrivains disposés à nier les vérités de la religion chrétienne ne paraît pas suffisante pour rendre raison d'un événement si extraordinaire; car pourquoi tous ces écrivains, tous, ont-ils porté leur esprit de ce côté plutôt que d'un autre? Pourquoi parmi eux n'en a-t-on vu aucun qui se soit imaginé de choisir la thèse contraire? Et enfin, pourquoi ont-ils trouvé, plus que tous leurs prédécesseurs, l'oreille de la foule tout ouverte pour les entendre et son esprit si enclin à les croire? Il n'y a que des causes très-particulières au temps et au pays de ces écrivains qui puissent expliquer et leur entreprise et surtout son succès. L'esprit de Voltaire était depuis longtemps dans le monde; mais Voltaire lui-même ne pouvait guère, en effet, régner qu'au dix-huitième siècle et en France.

Reconnaissons d'abord que l'Église n'avait rien de
plus attaquable chez nous qu'ailleurs ; les vices et les
abus qu'on y avait mêlés étaient, au contraire, moindres
que dans la plupart des pays catholiques ; elle était infiniment plus tolérante qu'elle ne l'avait été jusque-là
et qu'elle ne l'était encore chez d'autres peuples. Aussi
est-ce bien moins dans l'état de la religion que dans
celui de la société qu'il faut chercher les causes particulières du phénomène.

Pour le comprendre, il ne faut jamais perdre de vue
ce que j'ai dit au chapitre précédent, à savoir : que tout
l'esprit d'opposition politique que faisaient naître les
vices du gouvernement, ne pouvant se produire dans
les affaires, s'était réfugié dans la littérature, et que les
écrivains étaient devenus les véritables chefs du grand
parti qui tendait à renverser toutes les institutions sociales et politiques du pays.

Ceci bien saisi, la question change d'objet. Il ne s'agit
plus de savoir en quoi l'Église de ce temps-là pouvait
pécher comme institution religieuse, mais en quoi elle
faisait obstacle à la révolution politique qui se préparait,
et devait être particulièrement gênante aux écrivains
qui en étaient les principaux promoteurs.

L'Église faisait obstacle, par les principes mêmes de
son gouvernement, à ceux qu'ils voulaient faire prévaloir dans le gouvernement civil. Elle s'appuyait principalement sur la tradition : ils professaient un grand
mépris pour toutes les institutions qui se fondent sur
le respect du passé ; elle reconnaissait une autorité su-

périeure à la raison individuelle : ils n'en appelaient
qu'à cette même raison ; elle se fondait sur une hiérarchie : ils tendaient à la confusion des rangs. Pour pouvoir s'entendre avec elle, il eût fallu que de part et
d'autre on eût reconnu que la société politique et la société religieuse, étant par nature essentiellement différentes, ne peuvent se régler par des principes semblables; mais on était bien loin de là alors, et il semblait
que, pour arriver à attaquer les institutions de l'État, il
fût nécessaire de détruire celles de l'Église, qui leur servaient de fondement et de modèle.

L'Église, d'ailleurs, était elle-même alors le premier
des pouvoirs politiques, et le plus détesté de tous, quoiqu'il n'en fût pas le plus oppressif, car elle était venue
se mêler à eux sans y être appelée par sa vocation et par
sa nature, consacrait souvent chez eux des vices qu'elle
blâmait ailleurs, les couvrait de son inviolabilité sacrée,
et semblait vouloir les rendre immortels comme elle-
même. En l'attaquant, on était sûr d'entrer tout d'abord
dans la passion du public.

Mais, outre ces raisons générales, les écrivains en
avaient de plus particulières, et pour ainsi dire de personnelles, pour s'en prendre d'abord à elle. L'Église représentait précisément cette partie du gouvernement qui
leur était la plus proche et la plus directement opposée.
Les autres pouvoirs ne se faisaient sentir à eux que de
temps en temps; mais celui-là, étant spécialement chargé
de surveiller les démarches de la pensée et de censurer
les écrits, les incommodait tous les jours. En défendant

contre elle les libertés générales de l'esprit humain, ils
combattaient dans leur cause propre et commençaient
par briser l'entrave qui les serrait eux-mêmes le plus
étroitement.

L'Église, de plus, leur paraissait être, de tout le vaste
édifice qu'ils attaquaient, et était, en effet, le côté le
plus ouvert et le moins défendu. Sa puissance s'était
affaiblie en même temps que le pouvoir des princes temporels s'affermissait. Après avoir été leur supérieure,
puis leur égale, elle s'était réduite à devenir leur cliente;
entre eux et elle, il s'était établi une sorte d'échange :
ils lui prêtaient leur force matérielle, elle leur prêtait
son autorité morale; ils faisaient obéir à ses préceptes,
elle faisait respecter leur volonté. Commerce dangereux,
quand les temps de révolution approchent, et toujours
désavantageux à une puissance qui ne se fonde pas sur
la contrainte, mais sur la croyance.

Quoique nos rois s'appelassent encore les fils aînés de
l'Église, ils s'acquittaient fort négligemment de leurs
obligations envers elle; ils montraient bien moins d'ardeur à la protéger qu'ils n'en mettaient à défendre leur
propre gouvernement. Ils ne permettaient pas, il est
vrai, qu'on portât la main sur elle; mais ils souffraient
qu'on la perçât de loin de mille traits.

Cette demi-contrainte qu'on imposait alors aux ennemis de l'Église, au lieu de diminuer leur pouvoir,
l'augmentait. Il y a des moments où l'oppression des
écrivains parvient à arrêter le mouvement de la pensée, dans d'autres elle le précipite; mais il n'est jamais

arrivé qu'une sorte de police semblable à celle qu'on exerçait alors sur la presse n'ait pas centuplé son pouvoir.

Les auteurs n'étaient persécutés que dans la mesure qui fait plaindre, et non dans celle qui fait trembler; ils souffraient cette espèce de gène qui anime à la lutte, et non ce joug pesant qui accable. Les poursuites dont ils étaient l'objet, presque toujours lentes, bruyantes et vaines, semblaient avoir pour but moins de les détourner d'écrire que de les y exciter. Une complète liberté de la presse eût été moins dommageable à l'Église.

« Vous croyez notre intolérance, écrivait Diderot à David Hume en 1768, plus favorable au progrès de l'esprit que votre liberté illimitée; d'Holbach, Helvétius, Morellet et Suard ne sont pas de votre avis. » C'était pourtant l'Écossais qui avait raison. Habitant d'un pays libre, il en possédait l'expérience; Diderot jugeait la chose en homme de lettres, Hume la jugeait en politique.

J'arrête le premier Américain que je rencontre, soit dans son pays, soit ailleurs, et je lui demande s'il croit la religion utile à la stabilité des lois et au bon ordre de la société; il me répond sans hésiter qu'une société civilisée, mais surtout une société libre, ne peut subsister sans religion. Le respect de la religion y est, à ses yeux, la plus grande garantie de la stabilité de l'État et de la sûreté des particuliers. Les moins versés dans la science du gouvernement savent au moins cela. Cepen-

dant il n'y a pas de pays au monde où les doctrines les
plus hardies des philosophes du dix-huitième siècle, en
matière de politique, soient plus appliquées qu'en Amérique; leurs seules doctrines anti-religieuses n'ont jamais pu s'y faire jour, même à la faveur de la liberté
illimitée de la presse.

J'en dirai autant des Anglais. Notre philosophie irréligieuse leur fut prêchée avant même que la plupart de
nos philosophes vinssent au monde : ce fut Bolingbroke
qui acheva de dresser Voltaire. Pendant tout le cours
du dix-huitième siècle, l'incrédulité eut des représentants célèbres en Angleterre. D'habiles écrivains, de
profonds penseurs, prirent en main sa cause; ils ne purent jamais la faire triompher comme en France, parce
que tous ceux qui avaient quelque chose à craindre
dans les révolutions se hâtèrent de venir au secours des
croyances établies. Ceux mêmes d'entre eux qui étaient
les plus mêlés à la société française de ce temps-là, et
qui ne jugeaient pas les doctrines de nos philosophes
fausses, les repoussèrent comme dangereuses. De grands
partis politiques, ainsi que cela arrive toujours chez
les peuples libres, trouvèrent intérêt à lier leur cause à
celle de l'Église; on vit Bolingbroke lui-même devenir
l'allié des évêques. Le clergé, animé par ces exemples et
ne se sentant jamais seul, combattit lui-même énergi-
quement pour sa propre cause. L'Église d'Angleterre,
malgré le vice de sa constitution et les abus de toute
sorte qui fourmillaient dans son sein, soutint victorieu-
sement le choc; des écrivains, des orateurs, sortirent

de ses rangs et se portèrent avec ardeur à la défense du christianisme. Les théories qui étaient hostiles à celui-ci, après avoir été discutées et réfutées, furent enfin rejetées par l'effort de la société elle-même, sans que le gouvernement s'en mêlât.

Mais pourquoi chercher des exemples ailleurs qu'en France? Quel Français s'aviserait aujourd'hui d'écrire les livres de Diderot ou d'Helvétius? Qui voudrait les lire? Je dirai presque, qui en sait les titres? L'expérience incomplète que nous avons acquise depuis soixante ans dans la vie publique, a suffi pour nous dégoûter de cette littérature dangereuse. Voyez comme le respect de la religion a repris graduellement son empire dans les différentes classes de la nation, à mesure que chacune d'elles acquérait cette expérience, à la dure école des révolutions. L'ancienne noblesse qui était la classe la plus irréligieuse avant 89, devint la plus fervente après 93; la première atteinte, elle se convertit la première. Lorsque la bourgeoisie se sentit frappée elle-même dans son triomphe, on la vit se rapprocher à son tour des croyances. Peu à peu le respect de la religion pénétra partout où les hommes avaient quelque chose à perdre dans le désordre populaire, et l'incrédulité disparut, ou du moins se cacha, à mesure que la peur des révolutions se faisait voir.

Il n'en était pas ainsi à la fin de l'ancien régime. Nous avions si complétement perdu la pratique des grandes affaires humaines, et nous ignorions si bien la part que prend la religion dans le gouvernement des empires,

que l'incrédulité s'établit d'abord dans l'esprit de ceux-
là mêmes qui avaient l'intérêt le plus personnel et le
plus pressant à retenir l'État dans l'ordre et le peuple
dans l'obéissance. Non-seulement ils l'accueillirent, mais
dans leur aveuglement ils la répandirent au-dessous
d'eux; ils firent de l'impiété une sorte de passe-temps de
leur vie oisive.

L'Église de France, jusque-là si fertile en grands
orateurs, se sentant ainsi désertée de tous ceux qu'un
intérêt commun devait rattacher à sa cause, devint
muette. On put croire un moment que, pourvu qu'on
lui conservât ses richesses et son sang, elle était prête
à passer condamnation sur sa croyance.

Ceux qui niaient le christianisme élevant la voix et
ceux qui croyaient encore faisant silence, il arriva ce
qui s'est vu si souvent depuis parmi nous, non-seulement en fait de religion, mais en toute autre matière :
les hommes qui conservaient l'ancienne foi craignirent
d'être les seuls à lui rester fidèles, et, redoutant plus
l'isolement que l'erreur, ils se joignirent à la foule
sans penser comme elle. Ce qui n'était encore que le
sentiment d'une partie de la nation parut ainsi l'opinion de tous, et sembla dès lors irrésistible aux yeux
mêmes de ceux qui lui donnaient cette fausse apparence.

Le discrédit universel dans lequel tombèrent toutes
les croyances religieuses à la fin du siècle dernier, a
exercé sans aucun doute la plus grande influence sur
toute notre révolution; il en a marqué le caractère. Rien

n'a plus contribué à donner à sa physionomie cette expression terrible qu'on lui a vue.

Quand je cherche à démêler les différents effets que l'irréligion produisit alors en France, je trouve que ce fut bien plus en déréglant les esprits qu'en dégradant les cœurs, ou même en corrompant les mœurs, qu'elle disposa les hommes de ce temps-là à se porter à des extrémités si singulières.

Lorsque la religion déserta les âmes, elle ne les laissa pas, ainsi que cela arrive souvent, vides et débilitées ; elles se trouvèrent momentanément remplies par des sentiments et des idées qui tinrent pour un temps sa place et ne leur permirent pas d'abord de s'affaisser.

Si les Français qui firent la Révolution étaient plus incrédules que nous en fait de religion, il leur restait du moins une croyance admirable qui nous manque : ils croyaient en eux-mêmes. Ils ne doutaient pas de la perfectibilité, de la puissance de l'homme ; ils se passionnaient volontiers pour sa gloire, ils avaient foi dans sa vertu. Ils mettaient dans leurs propres forces cette confiance orgueilleuse qui mène souvent à l'erreur, mais sans laquelle un peuple n'est capable que de servir ; ils ne doutaient point qu'ils ne fussent appelés à transformer la société et à régénérer notre espèce. Ces sentiments et ces passions étaient devenus pour eux comme une sorte de religion nouvelle qui, produisant quelques-uns des grands effets qu'on a vu les religions produire, les arrachait à l'égoïsme individuel, les poussait jusqu'à l'héroïsme et au dévouement, et les rendait souvent comme insensibles à tous ces petits biens qui nous possèdent.

J'ai beaucoup étudié l'histoire, et j'ose affirmer que je n'y ai jamais rencontré de révolution où l'on ait pu voir au début, dans un aussi grand nombre d'hommes, un patriotisme plus sincère, plus de désintéressement, plus de vraie grandeur. La nation y montra le principal défaut, mais aussi la principale qualité qu'a la jeunesse, l'inexpérience et la générosité.

Et pourtant l'irréligion produisit alors un mal public immense.

Dans la plupart des grandes révolutions politiques qui avaient paru jusque-là dans le monde, ceux qui attaquaient les lois établies avaient respecté les croyances, et, dans la plupart des révolutions religieuses, ceux qui attaquaient la religion n'avaient pas entrepris du même coup de changer la nature et l'ordre de tous les pouvoirs et d'abolir de fond en comble l'ancienne constitution du gouvernement. Il y avait donc toujours eu dans les plus grands ébranlements des sociétés un point qui restait solide.

Mais, dans la Révolution française, les lois religieuses ayant été abolies en même temps que les lois civiles étaient renversées, l'esprit humain perdit entièrement son assiette; il ne sut plus à quoi se retenir ni où s'arrêter, et l'on vit apparaître des révolutionnaires d'une espèce inconnue, qui portèrent l'audace jusqu'à la folie, qu'aucune nouveauté ne put surprendre, aucun scrupule ralentir, et qui n'hésitèrent jamais

devant l'exécution d'aucun dessein. Et il ne faut pas
croire que ces êtres nouveaux aient été la création isolée
et éphémère d'un moment, destinée à passer avec lui;
ils ont formé depuis une race qui s'est perpétuée et
répandue dans toutes les parties civilisées de la terre,
qui partout a conservé la même physionomie, les
mêmes passions, le même caractère. Nous l'avons trouvée dans le monde en naissant; elle est encore sous nos
yeux.

CHAPITRE III

Une chose digne de remarque, c'est que, parmi toutes
les idées et tous les sentiments qui ont préparé la Révolution, l'idée et le goût de la liberté publique proprement dite se soient présentés les derniers, comme ils
ont été les premiers à disparaître.

Depuis longtemps on avait commencé à ébranler le
vieil édifice du gouvernement; il chancelait déjà, et il
n'était pas encore question d'elle. Voltaire y songeait à
peine : trois ans de séjour en Angleterre la lui avaient
fait voir sans la lui faire aimer. La philosophie scepti-
que qu'on prêche librement chez les Anglais le ravit;
leurs lois politiques le touchent peu : il en remarque
les vices plus que les vertus. Dans ses lettres sur l'Angleterre, qui sont un de ses chefs-d'œuvre, le Parle-

ment est ce dont il parle le moins ; en réalité, il envie surtout aux Anglais leur liberté littéraire, mais ne se soucie guère de leur liberté politique, comme si la première pouvait jamais exister longtemps sans la seconde.

Vers le milieu du siècle, on voit paraître un certain nombre d'écrivains qui traitent spécialement des questions d'administration publique, et auxquels plusieurs principes semblables ont fait donner le nom commun d'*économistes* ou de *physiocrates*. Les économistes ont eu moins d'éclat dans l'histoire que les philosophes ; moins qu'eux ils ont contribué peut-être à l'avénement de la Révolution ; je crois pourtant que c'est surtout dans leurs écrits qu'on peut le mieux étudier son vrai naturel. Les philosophes ne sont guère sortis des idées très-générales et très-abstraites en matière de gouvernement ; les économistes, sans se séparer des théories, sont cependant descendus plus près des faits. Les uns ont dit ce qu'on pouvait imaginer, les autres ont indiqué parfois ce qu'il y avait à faire. Toutes les institutions que la Révolution devait abolir sans retour ont été l'objet particulier de leurs attaques ; aucune n'a trouvé grâce à leurs yeux. Toutes celles, au contraire, qui peuvent passer pour son œuvre propre, ont été annoncées par eux à l'avance et préconisées avec ardeur ; on en citerait à peine une seule dont le germe n'ait été déposé dans quelques-uns de leurs écrits ; on trouve en eux tout ce qu'il y a de plus substantiel en elle.

Bien plus, on reconnaît déjà dans leurs livres ce tempérament révolutionnaire et démocratique que nous connaissons si bien; ils n'ont pas seulement la haine de certains priviléges, la diversité même leur est odieuse : ils adoreraient l'égalité jusque dans la servitude. Ce qui les gène dans leurs desseins n'est bon qu'à briser. Les contrats leur inspirent peu de respect; les droits privés, nuls égards; ou plutôt il n'y a déjà plus à leurs yeux, à bien parler, de droits privés, mais seulement une utilité publique. Ce sont pourtant, en général, des hommes de mœurs douces et tranquilles, des gens de bien, d'honnêtes magistrats, d'habiles administrateurs; mais le génie particulier à leur œuvre les entraîne.

Le passé est pour les économistes l'objet d'un mépris sans bornes. « La nation est gouvernée depuis des siècles par de faux principes; tout semble y avoir été fait au hasard, » dit Letronne. Partant de cette idée, ils se mettent à l'œuvre; il n'y a pas d'institution si vieille et qui paraisse si bien fondée dans notre histoire, dont ils ne demandent l'abolition, pour peu qu'elle les incommode et nuise à la symétrie de leurs plans. L'un d'eux propose d'effacer à la fois toutes les anciennes divisions territoriales et de changer tous les noms des provinces, quarante ans avant que l'Assemblée constituante l'exécute.

Ils ont déjà conçu la pensée de toutes les réformes sociales et administratives que la Révolution a faites, avant que l'idée des institutions libres ait commencé à

se faire jour dans leur esprit. Ils sont, il est vrai, très-
favorables au libre échange des denrées, au *laisser-faire*
ou au *laisser-passer* dans le commerce et dans l'industrie ; mais, quant aux libertés politiques proprement dites, ils n'y songent point, et même, quand elles
se présentent par hasard à leur imagination, ils les
repoussent d'abord. La plupart commencent par se
montrer fort ennemis des assemblées délibérantes, des
pouvoirs locaux et secondaires, et, en général, de tous
ces contre-poids qui ont été établis, dans différents
temps, chez tous les peuples libres, pour balancer la
puissance centrale. « Le système des contre-forces, dit
Quesnay, dans un gouvernement, est une idée funeste. »
— « Les spéculations d'après lesquelles on a imaginé
le système des contre-poids sont chimériques, » dit un
ami de Quesnay.

La seule garantie qu'ils inventent contre l'abus du
pouvoir, c'est l'éducation publique ; car, comme dit encore Quesnay, « le despotisme est impossible si la nation est éclairée. » — « Frappés des maux qu'entraînent
les abus de l'autorité, dit un autre de ses disciples, les
hommes ont inventé mille moyens totalement inutiles,
et ont négligé le seul véritablement efficace, qui est
l'enseignement public général, continuel, de la justice
par essence et de l'ordre naturel. » C'est à l'aide de ce
petit galimatias littéraire qu'ils entendent suppléer à
toutes les garanties politiques.

Letronne, qui déplore si amèrement l'abandon dans
lequel le gouvernement laisse les campagnes, qui nous

les montre sans chemins, sans industrie, sans lumières,
n'imagine point que leurs affaires pourraient bien être
mieux faites, si on chargeait les habitants eux-mêmes de
les faire.

Turgot lui-même, que la grandeur de son âme et les
rares qualités de son génie doivent faire mettre à part
de tous les autres, n'a pas beaucoup plus qu'eux le goût
des libertés politiques, ou du moins le goût ne lui en
vient que tard et lorsque le sentiment public le lui
suggère. Pour lui, comme pour la plupart des économistes, la première garantie politique est une certaine
instruction publique donnée par l'État, d'après certains
procédés et dans un certain esprit. La confiance qu'il
montre en cette sorte de médication intellectuelle, ou,
comme le dit un de ses contemporains, dans le *mécanisme d'une éducation conforme aux principes*, est
sans bornes. « J'ose vous répondre, sire, dit-il dans un
Mémoire où il propose au roi un plan de cette espèce,
que dans dix ans votre nation ne sera plus reconnaissable, et que, par les lumières, les bonnes mœurs,
par le zèle éclairé pour votre service et pour celui de
la patrie, elle sera infiniment au-dessus de tous les autres peuples. Les enfants qui ont maintenant dix ans
se trouveront alors des hommes préparés pour l'État,
affectionnés à leur pays, soumis, non par crainte, mais
par raison, à l'autorité, secourables envers leurs concitoyens, accoutumés à reconnaître et à respecter la justice. »

Il y avait si longtemps que la liberté politique était

détruite en France, qu'on y avait presque entièrement
oublié quelles étaient ses conditions et ses effets. Bien
plus, les débris informes qui en restaient encore, et les
institutions qui semblaient avoir été faites pour la suppléer, la rendaient suspecte et donnaient souvent des
préjugés contre elle. La plupart des assemblées d'États
qui existaient encore gardaient, avec les formes surannées, l'esprit du moyen-âge, et gênaient le progrès de
la société loin d'y aider ; les parlements, chargés seuls
de tenir lieu de corps politiques, ne pouvaient empêcher
le mal que le gouvernement faisait, et souvent empê-
chaient le bien qu'il voulait faire.

L'idée d'accomplir la révolution qu'ils imaginaient
à l'aide de tous ces vieux instruments, paraît aux économistes impraticable ; la pensée de confier l'exécution de leurs plans à la nation devenue sa maîtresse
leur agrée même fort peu ; car comment faire adopter
et suivre par tout un peuple un système de réforme si
vaste et si étroitement lié dans ses parties? Il leur semble plus facile et plus opportun de faire servir à leurs
desseins l'administration royale elle-même.

Ce pouvoir nouveau n'est pas sorti des institutions
du moyen-âge ; il n'en porte point l'empreinte ; au milieu de ses erreurs, ils démêlent en lui certains bons
penchants. Comme eux, il a un goût naturel pour l'é-
galité des conditions et pour l'uniformité des règles ;
autant qu'eux-mêmes, il hait au fond du cœur tous les
anciens pouvoirs qui sont nés de la féodalité ou qui
tendent vers l'aristocratie. On chercherait en vain dans

le reste de l'Europe une machine de gouvernement aussi
bien montée, aussi grande et aussi forte; la rencontre
d'un tel gouvernement parmi nous leur semble une
circonstance singulièrement heureuse : ils l'auraient
appelée providentielle, s'il avait été de mode, alors
comme aujourd'hui, de faire intervenir la Providence à
tout propos. « La situation de la France, dit Letronne,
est infiniment meilleure que celle de l'Angleterre; car
ici on peut accomplir des réformes qui changent tout
l'état du pays en un moment, tandis que chez les Anglais de telles réformes peuvent toujours être entravées
par les partis. »

Il ne s'agit donc pas de détruire ce pouvoir absolu,
mais de le convertir. « Il faut que l'État gouverne suivant les règles de l'ordre essentiel, dit Mercier de la
Rivière, et, quand il en est ainsi, il faut qu'il soit tout-
puissant. » — « Que l'État comprenne bien son devoir,
dit un autre, et alors qu'on le laisse libre. » Allez de
Quesnay à l'abbé Bodeau, vous les trouverez tous de la
même humeur.

Ils ne comptent pas seulement sur l'administration
royale pour former la société de leur temps; ils lui
empruntent aussi, en partie, l'idée du gouvernement futur
qu'ils veulent fonder. C'est en regardant l'un qu'ils se
sont fait une image de l'autre.

L'État, suivant les économistes, n'a pas uniquement
à commander à la nation, mais à la façonner d'une certaine manière : c'est à lui de former l'esprit des citoyens
suivant un certain modèle qu'il s'est proposé à l'avance;

son devoir est de le remplir de certaines idées et de fournir à leur cœur certains sentiments qu'il juge nécessaires. En réalité, il n'y a pas de limites à ses droits ni
de bornes à ce qu'il peut faire; il ne réforme pas seulement les hommes, il les transforme; il ne tiendrait
peut-être qu'à lui d'en faire d'autres! « L'État fait des
hommes tout ce qu'il veut, » dit Bodeau. Ce mot résume
toutes leurs théories.

Cet immense pouvoir social que les économistes imaginent n'est pas seulement plus grand qu'aucun de ceux
qu'ils ont sous les yeux; il en diffère encore par l'origine
et le caractère. Il ne découle pas directement de Dieu; il
ne se rattache point à la tradition; il est impersonnel : il
ne s'appelle plus le roi, mais l'État; il n'est pas l'héritage d'une famille; il est le produit et le représentant
de tous, et doit faire plier le droit de chacun sous la volonté de tous.

Cette forme particulière de la tyrannie qu'on nomme
le despotisme démocratique, dont le moyen-âge n'avait
pas eu l'idée, leur est déjà familière. Plus de hiérarchie dans la société, plus de classes marquées, plus de
rangs fixes; un peuple composé d'individus presque
semblables et entièrement égaux, cette masse confuse
reconnue pour le seul souverain légitime, mais soigneusement privée de toutes les facultés qui pourraient
lui permettre de diriger et même de surveiller elle-
même son gouvernement. Au-dessus d'elle, un man-
dataire unique, chargé de tout faire en son nom sans
la consulter. Pour contrôler celui-ci, une raison publi-

que sans organes ; pour l'arrêter, des révolutions et
non des lois : en droit, un agent subordonné ; en fait,
un maître.

Ne trouvant encore autour d'eux rien qui leur paraisse conforme à cet idéal, ils vont le chercher au fond
de l'Asie. Je n'exagère pas en affirmant qu'il n'y en a
pas un qui n'ait fait dans quelque partie de ses écrits
l'éloge emphatique de la Chine. On est sûr en lisant
leurs livres d'y rencontrer au moins cela ; et, comme la
Chine est encore très-mal connue, il n'est sorte de bille-
vesées dont ils ne nous entretiennent à propos d'elle.
Ce gouvernement imbécile et barbare, qu'une poignée
d'Européens maîtrise à son gré, leur semble le modèle
le plus parfait que puissent copier toutes les nations
du monde. Il est pour eux ce que devinrent plus tard
l'Angleterre et enfin l'Amérique pour tous les Français. Ils se sentent émus et comme ravis à la vue d'un
pays dont le souverain absolu, mais exempt de préjugés, laboure une fois l'an la terre de ses propres mains
pour honorer les arts utiles ; où toutes les places sont
obtenues dans des concours littéraires ; qui n'a pour religion qu'une philosophie, et pour aristocratie que des
lettrés.

On croit que les théories destructives qui sont dési-
gnées de nos jours sous le nom de *socialisme* sont d'origine récente ; c'est une erreur : ces théories sont contemporaines des premiers économistes. Tandis que ceux-ci
employaient le gouvernement tout-puissant qu'ils rêvaient
à changer les formes de la société, les autres s'empa-

raient en imagination du même pouvoir pour en ruiner
les bases.

Lisez le *Code de la Nature* par Morelly, vous y trouverez, avec toutes les doctrines des économistes sur la
toute-puissance de l'État et sur ses droits illimités, plusieurs des théories politiques qui ont le plus effrayé la
France dans ces derniers temps, et que nous nous figu-
rions avoir vues naître : la communauté de biens, le droit
au travail, l'égalité absolue, l'uniformité en toutes
choses, la régularité mécanique dans tous les mouvements des individus, la tyrannie réglementaire et l'ab-
sorption complète de la personnalité des citoyens dans
le corps social.

« Rien dans la société n'appartiendra singulièrement
ni en propriété à personne, » dit l'article 1er de ce Code.
« La propriété est détestable, et celui qui tentera de la
rétablir sera renfermé pour toute sa vie, comme un fou
furieux et ennemi de l'humanité. Chaque citoyen sera
sustenté, entretenu et occupé aux dépens du public, »
dit l'article 2. « Toutes les productions seront amassées
dans des magasins publics, pour être distribuées à tous
les citoyens et servir aux besoins de leur vie. Les villes
seront bâties sur le même plan ; tous les édifices à
l'usage des particuliers seront semblables. A cinq ans,
tous les enfants seront enlevés à la famille et élevés en
commun, aux frais de l'État, d'une façon uniforme. »
Ce livre vous paraît écrit d'hier : il date de cent ans ; il
paraissait en 1755, dans le même temps que Quesnay
fondait son école : tant il est vrai que la centralisation

et le socialisme sont des produits du même sol; ils sont,
relativement l'un à l'autre, ce que le fruit cultivé est au
sauvageon.

De tous les hommes de leur temps, ce sont les économistes qui paraîtraient le moins dépaysés dans le nôtre ;
leur passion pour l'égalité est si décidée et leur goût de
la liberté si incertain, qu'ils ont un faux air de contemporains. Quand je lis les discours et les écrits des hommes qui ont fait la Révolution, je me sens tout à coup
transporté dans un lieu et au milieu d'une société que je
ne connais pas; mais, quand je parcours les livres des
économistes, il me semble que j'ai vécu avec ces gens-là
et que je viens de discourir avec eux.

Vers 1750, la nation tout entière ne se fût pas montrée plus exigeante en fait de liberté politique que les
économistes eux-mêmes; elle en avait perdu le goût et
jusqu'à l'idée, en en perdant l'usage. Elle souhaitait des
réformes plus que des droits, et, s'il se fût trouvé alors
sur le trône un prince de la taille et de l'humeur du
grand Frédéric, je ne doute point qu'il n'eût accompli
dans la société et dans le gouvernement plusieurs des
plus grands changements que la Révolution y a faits,
non-seulement sans perdre sa couronne, mais en augmentant beaucoup son pouvoir. On assure que l'un des
plus habiles ministres qu'ait eus Louis XV, M. de Ma-
chault, entrevit cette idée et l'indiqua à son maître ; mais
de telles entreprises ne se conseillent point : on n'est propre
à les accomplir que quand on a été capable de les concevoir.

Vingt ans après, il n'en était plus de même : l'image

de la liberté politique s'était offerte à l'esprit des Français et leur devenait chaque jour de plus en plus attrayante. On s'en aperçoit à bien des signes. Les provinces commencent à concevoir le désir de s'administrer de nouveau elles-mêmes. L'idée que le peuple tout entier a le droit de prendre part à son gouvernement pénètre dans les esprits et s'en empare. Le souvenir des anciens États-généraux se ravive. La nation, qui déteste sa propre histoire, n'en rappelle avec plaisir que cette partie. Le nouveau courant entraîne les économistes eux-mêmes, et les force d'embarrasser leur système unitaire de quelques institutions libres.

Lorsqu'en 1771 les Parlements sont détruits, le même public qui avait eu si souvent à souffrir de leurs préjugés s'émeut profondément en voyant leur chute. Il semblait qu'avec eux tombât la dernière barrière qui pouvait contenir encore l'arbitraire royal.

Cette opposition étonne et indigne Voltaire. « Presque tout le royaume est dans l'effervescence et la consternation, écrit-il à ses amis; la fermentation est aussi forte dans les provinces qu'à Paris même. L'édit me semble pourtant rempli de réformes utiles. Détruire la vénalité des charges, rendre la justice gratuite, empêcher les plaideurs de venir à Paris des extrémités du royaume pour s'y ruine, charger le roi de payer les frais de justices seigneuriales, ne sont-ce pas là de grands services rendus à la nation? Ces Parlements, d'ailleurs, n'ont-ils pas été souvent persécuteurs et barbares? En vérité, j'admire les Welches de prendre le parti de ces bour-

geois insolents et indociles. Pour moi, je crois que le
roi a raison, et, puisqu'il faut servir, je pense que mieux
vaut le faire sous un lion de bonne maison, et qui est né
beaucoup plus fort que moi, que sous deux cents rats de
mon espèce. » Et il ajoute en matière d'excuse : « Son-
gez que je dois apprécier infiniment la grâce qu'a faite
le roi à tous les seigneurs de terres de payer les frais de
leurs justices. »

Voltaire, absent de Paris depuis longtemps, croyait
que l'esprit public en était encore resté au point où il
l'avait laissé. Il n'en était rien. Les Français ne se bor-
naient plus à désirer que leurs affaires fussent mieux
faites ; ils commençaient à vouloir les faire eux-mêmes,
et il était visible que la grande révolution que tout préparait allait avoir lieu, non-seulement avec l'assentiment
du peuple, mais par ses mains.

Je pense qu'à partir de ce moment-là cette révolution
radicale, qui devait confondre dans une même ruine ce
que l'ancien régime contenait de plus mauvais et ce qu'il
renfermait de meilleur, était désormais inévitable. Un
peuple si mal préparé à agir par lui-même ne pouvait
entreprendre de tout réformer à la fois sans tout détruire. Un prince absolu eût été un novateur moins
dangereux. Pour moi, quand je considère que cette
même révolution, qui a détruit tant d'institutions, d'i-
dées, d'habitudes contraires à la liberté, en a, d'autre
part, aboli tant d'autres dont celle-ci peut à peine se
passer, j'incline à croire qu'accomplie par un despote
elle nous eût peut-être laissés moins impropres à deve-

nir un jour une nation libre que faite au nom de la souveraineté du peuple et par lui.

Il ne faut jamais perdre de vue ce qui précède, si
l'on veut comprendre l'histoire de notre révolution.

Quand l'amour des Français pour la liberté politique
se réveilla, ils avaient déjà conçu en matière de gouvernement un certain nombre de notions qui, non-seulement ne s'accordaient pas facilement avec l'existence
d'institutions libres, mais y étaient presque contraires.

Ils avaient admis comme idéal d'une société un peuple
sans autre aristocratie que celle des fonctionnaires publics, une administration unique et toute-puissante,
directrice de l'État, tutrice des particuliers. En voulant
être libres, ils n'entendirent point se départir de cette
notion première; ils essayèrent seulement de la concilier avec celle de la liberté.

Ils entreprirent donc de mêler ensemble une centralisation administrative sans bornes et un corps législatif
prépondérant : l'administration de la bureaucratie et le
gouvernement des électeurs. La nation en corps eut tous
les droits de la souveraineté, chaque citoyen en particulier fut resserré dans la plus étroite dépendance : à l'une
on demanda l'expérience et les vertus d'un peuple libre;
à l'autre les qualités d'un bon serviteur.

C'est ce désir d'introduire la liberté politique au milieu d'institutions et d'idées qui lui étaient étrangères
ou contraires, mais dont nous avions déjà contracté
l'habitude ou conçu par avance le goût, qui, depuis
soixante ans, a produit tant de vains essais de gouver-

nement libre, suivis de si funestes révolutions, jusqu'à
ce qu'enfin, fatigués de tant d'efforts, rebutés par un
travail si laborieux et si stérile, abandonnant leur seconde
visée pour revenir à la première, beaucoup de Français
se réduisirent à penser que vivre égaux sous un maître
avait encore, après tout, une certaine douceur. C'est
ainsi que nous nous trouvons ressembler infiniment plus
aujourd'hui aux économistes de 1750 qu'à nos pères
de 1789.

Je me suis souvent demandé où est la source de cette
passion de la liberté politique qui, dans tous les temps,
a fait faire aux hommes les plus grandes choses que
l'humanité ait accomplies, dans quels sentiments elle
s'enracine et se nourrit.

Je vois bien que, quand les peuples sont mal conduits, ils conçoivent volontiers le désir de se gouverner
eux-mêmes; mais cette sorte d'amour de l'indépendance, qui ne prend naissance que dans certains maux
particuliers et passagers que le despotisme amène, n'est
jamais durable : elle passe avec l'accident qui l'avait fait
naître; on semblait aimer la liberté, il se trouve qu'on
ne faisait que haïr le maître. Ce que haïssent les peuples faits pour être libres, c'est le mal même de la
dépendance.

Je ne crois pas non plus que le véritable amour de la
liberté soit jamais né de la seule vue des biens matériels
qu'elle procure; car cette vue vient souvent à s'obscur-
cir. Il est bien vrai qu'à la longue la liberté amène toujours à ceux qui savent la retenir l'aisance, le bien-être,

et souvent la richesse; mais il y a des temps où elle trouble momentanément l'usage de pareils biens; il y en a d'autres où le despotisme seul peut en donner la jouissance passagère. Les hommes qui ne prisent que ces biens-là en elle ne l'ont jamais conservée longtemps.

Ce qui, dans tous les temps, lui a attaché si fortement le cœur de certains hommes, ce sont ses attraits mêmes, son charme propre, indépendant de ses bienfaits; c'est le plaisir de pouvoir parler, agir, respirer sans contrainte, sous le seul gouvernement de Dieu et des lois. Qui cherche dans la liberté autre chose qu'elle-même est fait pour servir.

Certains peuples la poursuivent obstinément à travers toutes sortes de périls et de misères. Ce ne sont pas les biens matériels qu'elle leur donne que ceux-ci aiment alors en elle; ils la considèrent elle-même comme un bien si précieux et si nécessaire, qu'aucun autre ne pourrait les consoler de sa perte et qu'ils se consolent de tout en la goûtant. D'autres se fatiguent d'elle au milieu de leurs prospérités; ils se la laissent arracher des mains sans résistance, de peur de compromettre par un effort ce même bien-être qu'ils lui doivent. Que manque-t-il à ceux-là pour rester libres? Quoi? Le goût même de l'être. Ne me demandez pas d'analyser ce goût sublime, il faut l'éprouver. Il entre de lui-même dans les grands cœurs que Dieu a préparés pour le recevoir; il les remplit, il les enflamme.

On doit renoncer à le faire comprendre aux âmes médiocres qui ne l'ont jamais ressenti.

CHAPITRE IV

On ne saurait douter que l'épuisement du royaume
sous Louis XIV n'ait commencé dans le temps même où
ce prince triomphait encore de toute l'Europe. On en
rencontre les premiers indices dans es années les plus
glorieuses du règne. La France étau ruinée bien avant
qu'elle eût cessé de vaincre. Qui n a ıu cet effrayant
essai de statistique administrative que Vauban nous a
laissé? Les intendants, dans les Mémoires qu'ils adressent au duc de Bourgogne à la fin du dix-septième siècle
et avant même que la guerre malheureuse de la Succession soit commencée, font tous allusion à cette décadence
croissante de la nation et n'en parlent point comme d'un
fait très-récent. « La population a fort diminué dans
cette généralité depuis un certain nombre d'années, »
dit l'un. « Cette ville, qui était autrefois riche et floris-

sante, est aujourd'hui sans industrie, » dit l'autre. Celui-ci : « Il y a eu des manufactures dans la province, mais
elles sont aujourd'hui abandonnées. » Celui-là : « Les
habitants tiraient autrefois beaucoup plus de leur sol
qu'à présent; l'agriculture y était infiniment plus floris-
sante il y a vingt ans. » — « La population et la production ont diminué d'un cinquième depuis environ trente
ans, » disait un intendant d'Orléans dans le même
temps. On devrait conseiller la lecture de ces Mémoires
aux particuliers qui prisent le gouvernement absolu et
aux princes qui aiment la guerre.

Comme ces misères avaient principalement leur
source dans les vices de la constitution, la mort de
Louis XIV et la paix même ne firent pas renaître la
prospérité publique. C'est une opinion commune à tous
ceux qui écrivent sur l'administration ou sur l'économie
sociale, dans la première moitié du dix-huitième siècle,
que les provinces ne se rétablissent point; beaucoup
pensent même qu'elles continuent à se ruiner. Paris
seul, disent-ils, s'enrichit et s'accroît. Des intendants,
d'anciens ministres, des hommes d'affaires, sont d'accord sur ce point avec des gens de lettres.

Pour moi, j'avoue que je ne crois point à cette décadence continue de la France durant la première moitié
du dix-huitième siècle; mais une opinion si générale,
que partagent des gens si bien informés, prouve du
moins qu'on ne faisait alors aucun progrès visible. Tous
les documents administratifs qui se rapportent à cette
époque de notre histoire, et qui me sont tombés sous les

yeux, dénotent, en effet, dans la société, une sorte de léthargie. Le gouvernement ne fait guère que tourner dans le cercle des vieilles routines, sans rien créer de nouveau; les villes ne font presque aucun effort pour rendre la condition de leurs habitants plus commode et plus saine; les particuliers même ne se livrent à aucune entreprise considérable.

Environ trente ou quarante ans avant que la Révolution éclate, le spectacle commence à changer; on croit discerner alors dans toutes les parties du corps social une sorte de tressaillement intérieur qu'on n'avait point remarqué jusque-là. Il n'y a qu'un examen très-attentif qui puisse d'abord le faire reconnaître; mais peu à peu il devient plus caractéristique et plus distinct. Chaque année, ce mouvement s'étend et s'accélère; la nation se remue enfin tout entière et semble renaître. Prenez-y garde! ce n'est pas son ancienne vie qui se ranime; l'esprit qui meut ce grand corps est un esprit nouveau; il ne le ravive un moment que pour le dissoudre.

Chacun s'inquiète et s'agite dans sa condition et fait effort pour en changer: la recherche du mieux est universelle; mais c'est une recherche impatiente et chagrine, qui fait maudire le passé et imaginer un état de choses tout contraire à celui qu'on a sous les yeux.

Bientôt cet esprit pénètre jusqu'au sein du gouvernement lui-même; il le transforme au dedans sans rien altérer au dehors: on ne change pas les lois, mais on les pratique autrement.

J'ai dit ailleurs que le contrôleur-général et l'intendant de 1740 ne ressemblaient point à l'intendant et au contrôleur-général de 1780. La correspondance administrative montre cette vérité dans les détails. L'intendant de 1780 a cependant les mêmes pouvoirs, les mêmes agents, le même arbitraire que son prédécesseur, mais non les mêmes visées : l'un ne s'occupait guère que de maintenir sa province dans l'obéissance, d'y lever la milice, et surtout d'y percevoir la taille; l'autre a bien d'autres soins : sa tête est remplie de mille projets qui tendent à accroître la richesse publique. Les routes, les canaux, les manufactures, le commerce, sont les principaux objets de sa pensée; l'agriculture surtout attire ses regards. Sully devient alors à la mode parmi les administrateurs.

C'est dans ce temps qu'ils commencent à former les sociétés d'agriculture dont j'ai déjà parlé, qu'ils établissent des concours, qu'ils distribuent des primes. Il y a des circulaires du contrôleur-général qui ressemblent moins à des lettres d'affaires qu'à des traités sur l'art agricole.

C'est principalement dans la perception de tous les impôts, qu'on peut mieux voir le changement qui s'est opéré dans l'esprit de ceux qui gouvernent. La législation est toujours aussi inégale, aussi arbitraire et aussi dure que par le passé, mais tous ses vices se tempèrent dans l'exécution.

« Lorsque je commençai à étudier les lois fiscales, dit M. Mollien dans ses Mémoires, je fus effrayé de ce que j'y trouvai : des amendes, des emprisonnements,

des punitions corporelles mises à la disposition de tribunaux spéciaux pour de simples omissions ; des commis
des fermes qui tenaient presque toutes les propriétés et
les personnes à la discrétion de leurs serments, etc.
Heureusement, je ne me bornai pas à la simple lecture
de ce code, et j'eus bientôt lieu de reconnaître qu'il y
avait entre le texte et son application la même différence qu'entre les mœurs des anciens financiers et celles
des nouveaux. Les jurisconsultes étaient toujours portés
à l'atténuation des délits et à la modération des peines. »

« A combien d'abus et de vexations la perception des
impôts peut-elle donner lieu ! dit l'assemblée provinciale de basse Normandie en 1787 ; nous devons cependant rendre justice à la douceur et aux ménagements
dont on a usé depuis quelques années. »

L'examen des documents justifie pleinement cette
assertion. Le respect de la liberté et la vie des hommes
s'y fait souvent voir. On y aperçoit surtout une préoccu-
pation véritable des maux des pauvres : on l'y eût en
vain cherchée jusque-là. Les violences du fisc envers les
misérables sont rares, les remises d'impôts plus fréquentes, les secours plus nombreux. Le roi augmente
tous les fonds destinés à créer des ateliers de charité
dans les campagnes ou à venir en aide aux indigents,
et souvent il en établit de nouveaux. Je trouve plus de
80,000 livres distribuées par l'État de cette manière
dans la seule généralité de la haute Guyenne en 1779 ;
40,000, en 1784, dans celle de Tours ; 48,000 dans
celle de Normandie en 1787. Louis XVI ne voulait pas

abandonner à ses seuls ministres cette partie du gouvernement; il s'en chargeait parfois lui-même. Lorsqu'en 1776 un arrêt du conseil vint fixer les indemnités
qui seraient dues aux paysans dont le gibier du roi
dévastait les champs aux environs des capitaineries, et
indiqua des moyens simples et sûrs de se la faire payer,
le roi rédigea lui-même les considérants. Turgot nous
raconte que ce bon et malheureux prince les lui remit
écrits de sa main, en disant : « Vous voyez que je travaille aussi de mon côté. » Si l'on peignait l'ancien
régime tel qu'il était dans les dernières années de son
existence, on en ferait un portrait très-flatté et peu res-
semblant.

A mesure que ces changements s'opèrent dans l'esprit des gouvernés et des gouvernants, la prospérité
publique se développe avec une rapidité jusque-là sans
exemple. Tous les signes l'annoncent : la population
augmente; les richesses s'accroissent plus vite encore.
La guerre d'Amérique ne ralentit pas cet essor; l'État
s'y obère, mais les particuliers continuent à s'enrichir;
ils deviennent plus industrieux, plus entreprenants,
plus inventifs.

« Depuis 1774, dit un administrateur du temps, les
divers genres d'industrie, en se développant, avaient
agrandi la matière de toutes les taxes de consommation. » Quand on compare, en effet, les uns aux autres
les traités faits, aux différentes époques du règne de
Louis XVI, entre l'État et les compagnies financières
chargées de la levée des impôts, on voit que le prix des

fermages ne cesse de s'élever, à chaque renouvellement,
avec une rapidité croissante. Le bail de 1786 donne
14 millions de plus que celui de 1780. « On peut compter que le produit de tous les droits des consommations
augmente de 2 millions par an, » dit Necker dans le
compte-rendu de 1781.

Arthur Young assure qu'en 1788 Bordeaux faisait
plus de commerce que Liverpool ; et il ajoute : « Dans
ces derniers temps, les progrès du commerce maritime
ont été plus rapides en France qu'en Angleterre même ;
ce commerce y a doublé depuis vingt ans. »

Si l'on veut faire attention à la différence des temps,
on se convaincra qu'à aucune des époques qui ont suivi
la Révolution, la prospérité publique ne s'est développée
plus rapidement que pendant les vingt années qui la
précédèrent. Les trente-sept ans de monarchie constitu-
tionnelle, qui furent pour nous des temps de paix et de
progrès rapides, peuvent seuls se comparer, sous ce
rapport, au règne de Louis XVI.

La vue de cette prospérité déjà si grande et si croissante a lieu d'étonner, si l'on songe à tous les vices que
renfermait encore le gouvernement et à toutes les gênes
que rencontrait encore l'industrie ; il se peut même que
beaucoup de politiques nient le fait parce qu'ils ne peuvent l'expliquer, jugeant, comme le médecin de Molière,
qu'un malade ne saurait guérir contre les règles. Comment croire, en effet, que la France pût prospérer et
s'enrichir avec l'inégalité des charges, la diversité des
coutumes, les douanes intérieures, les droits féodaux,

les jurandes, les offices, etc. ? En dépit de tout cela, elle commençait pourtant à s'enrichir et à se développer de toutes parts, parce qu'en dehors de tous ces rouages mal construits et mal engrenés, qui semblaient destinés à ralentir la machine sociale plus qu'à la pousser, se cachaient deux ressorts très-simples et très-forts, qui suffisaient déjà pour tenir tout ensemble et faire tout marcher vers le but de la prospérité publique : un gouvernement resté très-puissant en cessant d'être despotique, qui maintenait l'ordre partout ; une nation qui, dans ses classes supérieures, était déjà la plus éclairée et la plus libre du continent, et au sein de laquelle chacun pouvait s'enrichir à sa guise et garder sa fortune une fois acquise.

Le roi continuait à parler en maître, mais il obéissait lui-même en réalité à une opinion publique qui l'inspirait ou l'entraînait tous les jours, qu'il consultait, craignait, flattait sans cesse ; absolu par la lettre des lois, limité par leur pratique. Dès 1784, Necker disait dans un document public, comme un fait incontesté : « La plupart des étrangers ont peine à se faire une idée de l'autorité qu'exerce en France aujourd'hui l'opinion publique : ils comprennent difficilement ce que c'est que cette puissance invisible qui commande jusque dans le palais du roi. Il en est pourtant ainsi. »

Rien n'est plus superficiel que d'attribuer la grandeur et la puissance d'un peuple au seul mécanisme de ses lois ; car, en cette matière, c'est moins la perfection de l'instrument que la force des moteurs qui fait le produit. Voyez l'Angleterre : combien, aujourd'hui encore, ses lois administratives paraissent-elles plus compliquées, plus diverses, plus irrégulières que les nôtres! Y a-t-il pourtant un seul pays en Europe où la fortune publique soit plus grande, la propriété particulière plus étendue, plus sûre et plus variée, la société plus solide et plus riche? Cela ne vient pas de la bonté de telles lois en particulier, mais de l'esprit qui anime la législation anglaise tout entière. L'imperfection de certains organes n'empêche rien, parce que la vie est puissante.

A mesure que se développe en France la prospérité que je viens de décrire, les esprits paraissent cependant plus mal assis et plus inquiets; le mécontentement public s'aigrit; la haine contre toutes les institutions anciennes va croissant. La nation marche visiblement vers une révolution.

Bien plus, les parties de la France qui devaient être le principal foyer de cette révolution sont précisément celles où les progrès se font le mieux voir. Si on étudie ce qui reste des archives de l'ancienne généralité de l'Ile-de-France, on s'assurera aisément que c'est dans les contrées qui avoisinent Paris que l'ancien régime s'était le plus tôt et le plus profondément réformé. Là, la liberté et la fortune des paysans sont déjà mieux garanties que dans aucun autre pays d'élection. La corvée personnelle a disparu longtemps avant 1789. La levée de la taille est devenue plus régulière, plus mo-

dérée, plus égale que dans le reste de la France. Il faut
lire le règlement qui l'améliore, en 1772, si l'on veut
comprendre ce que pouvait alors un intendant pour le
bien-être comme pour la misère de toute une province.
Vu dans ce règlement, l'impôt a déjà un tout autre aspect. Des commissaires du gouvernement se rendent
tous les ans dans chaque paroisse; la communauté s'assemble en leur présence; la valeur des biens est publiquement établie, les facultés de chacun contradictoire-
ment reconnues; la taille s'asseoit enfin avec le concours
de tous ceux qui doivent la payer. Plus d'arbitraire du
syndic, plus de violences inutiles. La taille conserve
sans doute les vices qui lui sont inhérents, quel que soit
le système de la perception; elle ne pèse que sur une
classe de contribuables, et y frappe l'industrie comme
la propriété; mais sur tout le reste elle diffère profondément de ce qui porte encore son nom dans les généra-
lités voisines.

Nulle part, au contraire, l'ancien régime ne s'était
mieux conservé que le long de la Loire, vers son em-
bouchure, dans les marécages du Poitou et dans les
landes de la Bretagne. C'est précisément là que s'alluma
et se nourrit le feu de la guerre civile, et qu'on résista
le plus violemment et le plus longtemps à la Révolution;
de telle sorte qu'on dirait que les Français ont trouvé
leur position d'autant plus insupportable qu'elle devenait meilleure.

Une telle vue étonne; l'histoire est toute remplie de
pareils spectacles.

Ce n'est pas toujours en allant de mal en pis que l'on tombe en révolution. Il arrive le plus souvent qu'un peuple qui avait supporté sans se plaindre, et comme s'il ne les sentait pas, les lois les plus accablantes, les rejette violemment dès que le poids s'en allége. Le régime qu'une révolution détruit vaut presque toujours mieux que celui qui l'avait immédiatement précédé, et l'expérience apprend que le moment le plus dangereux pour un mauvais gouvernement est d'ordinaire celui où il commence à se réformer. Il n'y a qu'un grand génie qui puisse sauver un prince qui entreprend de soulager ses sujets après une oppression longue. Le mal qu'on souffrait patiemment comme inévitable semble insupportable dès qu'on conçoit l'idée de s'y soustraire. Tout ce qu'on ôte alors des abus semble mieux découvrir ce qui en reste et en rend le sentiment plus cuisant : le mal est devenu moindre, il est vrai, mais la sensibilité est plus vive. La féodalité dans toute sa puissance n'avait pas inspiré aux Français autant de haine qu'au moment où elle allait disparaître. Les plus petits coups de l'arbitraire de Louis XVI paraissaient plus difficiles à supporter que tout le despotisme de Louis XIV. Le court emprisonnement de Beaumarchais produisit plus d'émotion dans Paris que les dragonnades.

Personne ne prétend plus, en 1780, que la France est en décadence; on dirait, au contraire, qu'il n'y a en ce moment plus de bornes à ses progrès. C'est alors que la théorie de la perfectibilité continue et indéfinie de l'homme prend naissance. Vingt ans auparavant, on n'espérait rien de l'avenir; maintenant, on n'en redoute rien. L'imagination, s'emparant d'avance de cette félicité prochaine et inouïe, rend insensible aux biens qu'on a déjà et précipite vers les choses nouvelles.

Indépendamment de ces raisons générales, il y en a d'autres plus particulières et non moins puissantes du phénomène. Quoique l'administration des finances se fût perfectionnée comme tout le reste, elle gardait les vices qui tiennent au gouvernement absolu lui-même. Comme elle était secrète et sans garantie, on y suivait encore quelques-unes des plus mauvaises pratiques qui avaient eu cours sous Louis XIV et sous Louis XV. L'effort même que faisait le gouvernement pour développer la prospérité publique, les secours et les encouragements qu'il distribuait, les travaux publics qu'il faisait exécuter, augmentaient chaque jour les dépenses sans accroître dans la même proportion les recettes; cela jetait chaque jour le roi dans des embarras encore plus grands que ceux de ses devanciers. Comme ceux-ci, il laissait sans cesse ses créanciers en souffrance; il empruntait comme eux de toutes mains, sans publicité et sans concurrence, et ses créanciers n'étaient jamais sûrs de toucher leurs rentes; leur capital même était toujours à la merci de la seule bonne foi du prince.

Un témoin digne de confiance, car il avait vu de ses propres yeux et était mieux qu'un autre en état de bien voir, dit à cette occasion : « Les Français ne trouvaient alors que hasards dans leurs rapports avec leur propre gouvernement. Plaçaient-ils leurs capitaux dans ses emprunts : ils ne pouvaient jamais compter sur une époque fixe pour le payement des intérêts; construisaient-ils ses vaisseaux, réparaient-ils ses routes, vêtissaient-ils ses soldats : ils restaient sans garanties de leurs avances, sans échéance pour le remboursement, réduits à calculer les chances d'un contrat avec les ministres comme celles d'un prêt fait à la grosse aventure. » Et il ajoute avec beaucoup de sens : « Dans ce temps où l'industrie, prenant plus d'essor, avait développé dans un plus grand nombre d'hommes l'amour de la propriété, le goût et le besoin de l'aisance, ceux qui avaient confié une partie de leur propriété à l'État souffraient avec plus d'impatience la violation de la loi des contrats par celui de tous les débiteurs qui devait le plus la respecter. »

Les abus reprochés ici à l'administration française n'étaient point, en effet, nouveaux; ce qui l'était, c'était l'impression qu'ils faisaient naître. Les vices du système financier avaient même été bien plus criants dans les temps antérieurs; mais il s'était fait depuis, dans le gouvernement et dans la société, des changements qui y rendaient infiniment plus sensible qu'autrefois.

Le gouvernement, depuis vingt ans qu'il était devenu plus actif et qu'il se livrait à toute sorte d'entreprises auxquelles il n'avait pas songé jusque-là, avait achevé de devenir le plus grand consommateur des produits de l'industrie et le plus grand entrepreneur de travaux qu'il y eût dans le royaume. Le nombre de ceux qui avaient avec lui des relations d'argent, qui étaient intéressés dans ses emprunts, vivaient de ses salaires et

spéculaient dans ses marchés, s'était prodigieusement
accru. Jamais la fortune de l'État et la fortune particulière n'avaient été autant entremêlées. La mauvaise
gestion des finances, qui n'avait été longtemps qu'un
mal public, devint alors, pour une multitude de familles, une calamité privée. En 1789, l'État devait
ainsi près de 600 millions à des créanciers presque
tous débiteurs eux-mêmes, et qui, comme l'a dit un
financier du temps, associaient à leurs griefs contre le
gouvernement tous ceux que son inexactitude associait
à leur souffrance. Et remarquez qu'à mesure que les
mécontents de cette espèce devenaient plus nombreux,
ils devenaient aussi plus irrités; car l'envie de spéculer,
l'ardeur de s'enrichir, le goût du bien-être, se répandant et s'accroissant avec les affaires, faisaient paraître
de pareils maux insupportables à ceux mêmes qui, trente
ans auparavant, les auraient peut-être endurés sans se
plaindre.

De là vint que les rentiers, les commerçants, les industriels et autres gens de négoce ou hommes d'argent,
qui forment d'ordinaire la classe la plus ennemie des
nouveautés politiques, la plus amie du gouvernement
existant, quel qu'il soit, et la mieux soumise aux lois
mêmes qu'elle méprise ou qu'elle déteste, se montra
cette fois la plus impatiente et la plus résolue en fait de
réformes. Elle appelait surtout à grands cris une révolution complète dans tout le système des finances, sans
penser qu'en remuant profondément cette partie du
gouvernement, on allait faire tomber tout le reste.

Comment aurait-on pu échapper à une catastrophe ?
D'un côté, une nation dans le sein de laquelle le désir
de faire fortune va se répandant tous les jours ; de l'autre, un gouvernement qui excite sans cesse cette passion nouvelle et la trouble sans cesse, l'enflamme et la
désespère, poussant ainsi des deux parts vers sa propre
ruine.

CHAPITRE V

COMMENT ON SOULEVA LE PEUPLE EN VOULANT LE SOULAGER.

Comme le peuple n'avait pas paru un seul instant, depuis cent quarante ans, sur la scène des affaires publiques, on avait absolument cessé de croire qu'il pût jamais s'y montrer; en le voyant si insensible, on le jugeait sourd; de sorte que, lorsqu'on commença à s'intéresser à son sort, on se mit à parler devant lui de lui-même comme s'il n'avait pas été là. Il semblait qu'on ne dût être entendu que de ceux qui étaient placés au-dessus de lui, et que le seul danger qu'il y eût à craindre était de ne pas se faire bien comprendre d'eux.

Les gens qui avaient le plus à redouter sa colère s'entretenaient à haute voix en sa présence des injustices cruelles dont il avait toujours été victime; ils se montraient les uns aux autres les vices monstrueux que renfermaient les institutions qui lui étaient le plus pesantes;

ils employaient leur rhétorique à peindre ses misères et
son travail mal récompensés : ils le remplissaient de
fureur en s'efforçant ainsi de le soulager. Je n'entends
point parler des écrivains, mais du gouvernement, de
ses principaux agents, des privilégiés eux-mêmes.

Quand le roi, treize ans avant la Révolution, essaye
d'abolir la corvée, il dit dans son préambule : « A l'exception d'un petit nombre de provinces (les pays d'États),
presque tous les chemins du royaume ont été faits gratuitement par la partie la plus pauvre de nos sujets.
Tout le poids en est donc retombé sur ceux qui n'ont
que leurs bras et ne sont intéressés que très-secondaire-
ment aux chemins ; les véritables intéressés sont les propriétaires, presque tous privilégiés, dont les biens aug-
mentent de valeur par l'établissement des routes. En
forçant le pauvre à entretenir seul celles-ci, en l'obligeant à donner son temps et son travail sans salaire, on
lui enlève l'unique ressource qu'il ait contre la misère et
la faim, pour le faire travailler au profit des riches. »

Quand on entreprend, dans le même temps, de faire
disparaître les gênes que le système des corporations
industrielles imposait aux ouvriers, on proclame, au
nom du roi, « que le droit de travailler est la plus sacrée
de toutes les propriétés ; que toute loi qui lui porte
atteinte viole le droit naturel et doit être considérée
comme nulle de soi ; que les corporations existantes
sont, en outre, des institutions bizarres et tyranniques,
produit de l'égoïsme, de la cupidité et de la violence. »
De semblables paroles étaient périlleuses. Ce qui l'était

plus encore était de les prononcer en vain. Quelques
mois plus tard, on rétablissait les corporations et la
corvée.

C'était Turgot, dit-on, qui mettait un pareil langage
dans la bouche du roi. La plupart de ses successeurs ne
le font point parler autrement. Lorsque, en 1780, le
roi annonce à ses sujets que les accroissements de la
taille seront désormais soumis à la publicité de l'enregistrement, il a soin d'ajouter en forme de glose : « Les
taillables, déjà tourmentés par les vexations de la perception des tailles, étaient encore exposés, jusqu'à présent, à des augmentations inattendues, de telle sorte
que le tribut de la partie la plus pauvre de nos sujets
s'est accru dans une proportion bien supérieure à celle
de tous les autres. » Quand le roi, n'osant point encore
rendre toutes les charges égales, entreprend du moins
d'établir l'égalité de perception dans celles qui sont déjà
communes, il dit : « Sa Majesté espère que les personnes
riches ne se trouveront pas lésées, lorsque, remises au
niveau commun, elles ne feront qu'acquitter la charge
qu'elles auraient dû depuis longtemps partager plus
également. »

Mais c'est surtout dans les temps de disette qu'on
semble avoir en vue d'enflammer les passions du peuple
plus encore que de pourvoir à ses besoins. Un intendant, pour stimuler la charité des riches, parle alors
« de l'injustice et de l'insensibilité de ces propriétaires
qui doivent aux travaux du pauvre tout ce qu'ils possèdent, et qui le laissent mourir de faim au moment où

celui-ci s'épuise pour mettre leurs biens en valeur. »
Le roi dit, de son côté, dans une occasion analogue :
« Sa Majesté veut défendre le peuple contre les manœu-
vres qui l'exposent à manquer de l'aliment de première
nécessité, en le forçant de livrer son travail à tel salaire
qu'il plaît aux riches de lui donner. Le roi ne souffrira
pas qu'une partie des hommes soit livrée à l'avidité de
l'autre. »

Jusqu'à la fin de la monarchie, la lutte qui existait
entre les différents pouvoirs administratifs donnait lieu
à toutes sortes de manifestations de cette espèce : les
deux contendants s'accusaient volontiers l'un l'autre des
misères du peuple. Cela se voit bien, notamment dans
la querelle qui s'émut en 1772 entre le Parlement de
Toulouse et le roi, à propos de la circulation des grains.
« Le gouvernement, par ses fausses mesures, risque de
faire mourir le pauvre de faim, » dit ce Parlement.
« L'ambition du Parlement et l'avidité des riches causent la détresse publique, » repart le roi. Des deux
côtés, on travaille ainsi à introduire dans l'esprit du
peuple l'idée que c'est aux supérieurs qu'il doit toujours
s'en prendre de ses maux.

Ces choses ne se trouvent pas dans des correspondances secrètes, mais dans des documents publics, que
le gouvernement et le Parlement ont soin de faire im-
primer et publier eux-mêmes à milliers. Chemin faisant,
le roi adresse à ses prédécesseurs et à lui-même des
vérités fort dures. « Le trésor de l'État, dit-il un jour,
a été grevé par les profusions de plusieurs règnes. Beau-

coup de nos domaines inaliénables ont été concédés à vil prix. » — « Les corporations industrielles, lui fait-on dire une autre fois avec plus de raison que de prudence, sont surtout le produit de l'avidité fiscale des rois. » — « S'il est arrivé souvent de faire des dépenses inutiles et si la taille s'est accrue outre mesure, remarque-t-il plus loin, cela est venu de ce que l'administration des finances, trouvant l'augmentation de la taille, à cause de sa clandestinité, la ressource la plus facile, y avait recours, quoique plusieurs autres eussent été moins onéreuses à nos peuples. »

Tout cela était adressé à la partie éclairée de la nation, pour la convaincre de l'utilité de certaines mesures que des intérêts particuliers faisaient blâmer. Quant au peuple, il était bien entendu qu'il écoutait sans comprendre.

Il faut reconnaître qu'il restait, jusque dans cette bienveillance, un grand fonds de mépris pour ces misérables dont on voulait si sincèrement soulager les maux, et que ceci rappelle un peu le sentiment de madame du Châtelet, qui ne faisait pas difficulté, nous dit le secrétaire de Voltaire, de se déshabiller devant ses gens, ne tenant pas pour bien prouvé que des valets fussent des hommes.

Et qu'on ne croie point que ce fussent Louis XVI seul ou ses ministres qui tinssent le langage dangereux que je viens de reproduire ; ces privilégiés qui sont l'objet le plus prochain de la colère du peuple ne s'expriment pas devant lui d'une autre manière. On doit reconnaître qu'en France les classes supérieures de la société com-

mencèrent à se préoccuper du sort du pauvre avant que
celui-ci se fît craindre d'elles ; elles s'intéressèrent à lui
dans un temps où elles ne croyaient pas encore que de
ses maux pût sortir leur ruine. Cela devient surtout
visible pendant les dix années qui précèdent 89 : on
plaint souvent alors les paysans ; on parle d'eux sans
cesse ; on recherche par quels procédés on pourrait les
soulager ; on met en lumière les principaux abus dont
ils souffrent, et l'on censure les lois fiscales qui leur
nuisent particulièrement ; mais on est d'ordinaire aussi
imprévoyant dans l'expression de cette sympathie nouvelle qu'on l'avait été longtemps dans l'insensibilité.

Lisez les procès-verbaux des assemblées provinciales
qui furent réunies dans quelques parties de la France
en 1779, et, plus tard, dans tout le royaume ; étudiez
les autres documents publics qui nous restent d'elles,
vous serez touché des bons sentiments qu'on y rencontre, et surpris de la singulière imprudence du langage
qu'on y tient.

« On a vu trop souvent, dit l'assemblée provinciale
de basse Normandie en 1787, l'argent que le roi consacre aux routes ne servir qu'à l'aisance du riche sans
être utile au peuple. On l'a fréquemment employé à
rendre plus agréable l'accession d'un château, au lieu
de s'en servir pour faciliter l'entrée d'un bourg ou d'un
village. » Dans cette même assemblée, l'ordre de la
noblesse et celui du clergé, après avoir décrit les vices
de la corvée, offrent spontanément de consacrer seuls
50,000 livres à l'amélioration des chemins, afin, disent-

ils, que les routes de la province deviennent praticables
sans qu'il en coûte rien de plus au peuple. Il eût peut-
être été moins onéreux pour ces privilégiés de substituer
à la corvée une taxe générale et d'en payer leur part ;
mais, en cédant volontiers le bénéfice de l'inégalité
d'impôt, ils aimaient à en conserver l'apparence. Abandonnant la part utile de leur droit, ils en retenaient soigneusement la part odieuse.

D'autres assemblées, composées tout entières de propriétaires exempts de la taille, lesquels entendaient bien
continuer à l'être, n'en peignaient pas moins des cou-
leurs les plus noires les maux que cette taille infligeait
aux pauvres. Ils composaient de tous ses abus un tableau
effroyable, dont ils avaient soin de multiplier à l'infini
les copies. Et, ce qu'il y a de bien particulier, c'est qu'à
ces témoignages éclatants de l'intérêt que le peuple leur
inspirait, ils joignaient de temps en temps des expressions publiques de mépris. Il était déjà devenu l'objet
de leur sympathie sans cesser encore de l'être de leur
dédain.

L'assemblée provinciale de la haute Guyenne, parlant de ces paysans dont elle plaide chaudement la
cause, les nomme des *êtres ignorants et grossiers, des
êtres turbulents et des caractères rudes et indociles.* Turgot, qui a tant fait pour le peuple, ne parle guère autrement.

Ces dures expressions se rencontrent dans des actes
destinés à la plus grande publicité, et faits pour passer
sous les yeux des paysans eux-mêmes. Il semblait qu'on

vécût dans ces contrées de l'Europe, telles que la Galli-
cie, où les hautes classes parlant un autre langage que
les classes inférieures, ne peuvent en être entendues.
Les feudistes du dix-huitième siècle, qui montrent souvent, à l'égard des censitaires et autres débiteurs de
droits féodaux, un esprit de douceur, de modération et
de justice peu connu de leurs devanciers, parlent encore
en certains endroits des *vils paysans*. Il paraît que ces
injures étaient de style, comme disent les notaires.

A mesure qu'on approche de 1789, cette sympathie
pour les misères du peuple devient plus vive et plus im-
prudente. J'ai tenu dans mes mains des circulaires que
plusieurs assemblées provinciales adressaient, dans les
premiers jours de 1788, aux habitants des différentes
paroisses, afin d'apprendre d'eux-mêmes, dans le détail,
tous les griefs dont ils pouvaient avoir à se plaindre.

L'une de ces circulaires est signée par un abbé, un
grand seigneur, trois gentilshommes et un bourgeois,
tous membres de l'assemblée et agissant en son nom.
Cette commission ordonne au syndic de chaque paroisse
de rassembler tous les paysans et de leur demander ce
qu'ils ont à dire contre la manière dont sont assis et
perçus les différents impôts qu'ils payent. « Nous sa-
vons, dit-elle, d'une manière générale, que la plupart
des impôts, spécialement la gabelle et la taille, ont des
conséquences désastreuses pour le cultivateur ; mais nous
tenons, en outre, à connaître en particulier chaque
abus. » La curiosité de l'assemblée provinciale ne s'arrête pas là ; elle veut savoir le nombre de gens qui jouis-

sent de quelque privilége d'impôts dans la paroisse, nobles, ecclésiastiques ou roturiers, et quels sont précisément ces priviléges; quelle-est la valeur des propriétés de ces exempts; s'ils résident ou non sur leurs terres; s'il se trouve beaucoup de biens d'Église, ou, comme on disait alors, de fonds de main-morte, qui soient hors du commerce, et leur valeur. Tout cela ne suffit pas encore pour la satisfaire; il faut lui dire à quelle somme on peut évaluer la part d'impôts, taille, accessoires, capitation, corvée, que devraient supporter les privilégiés, si l'égalité d'impôts existait.

C'était enflammer chaque homme en particulier par le récit de ses misères, lui en désigner du doigt les auteurs, l'enhardir par la vue de leur petit nombre, et pénétrer jusqu'au fond de son cœur pour y allumer la cupidité, l'envie et la haine. Il semblait qu'on eût entièrement oublié la Jacquerie, les Maillotins et les Seize, et qu'on ignorât que les Français, qui sont le peuple le plus doux et même le plus bienveillant de la terre tant qu'il demeure tranquille dans son naturel, en devient le plus barbare dès que de violentes passions l'en font sortir.

Je n'ai pu, malheureusement, me procurer tous les Mémoires qui furent envoyés par les payants en réponse à ces questions meurtrières; mais j'en ai retrouvé quelques-uns, et cela suffit pour connaître l'esprit général qui les a dictés.

Dans ces factums, le nom de chaque privilégié, noble ou bourgeois, est soigneusement indiqué; sa manière

de vivre est parfois dépeinte et toujours critiquée. On y
recherche curieusement la valeur de son bien; on s'y
étend sur le nombre et la nature de ses priviléges, et
surtout sur le tort qu'ils font à tous les autres habitants
du village. On énumère les boisseaux de blé qu'il faut
lui donner en redevance; on suppute ses revenus avec
envie, revenus dont personne ne profite, dit-on. Le ca-
suel du curé, *son salaire*, comme on l'appelle déjà, est
excessif; on remarque avec amertume que tout se paye
à l'église, et que le pauvre ne saurait même se faire
enterrer gratis. Quant aux impôts, ils sont tous mal
assis et oppressifs; on n'en rencontre pas un seul qui
trouve grâce à leurs yeux, et ils parlent de tous dans
un langage emporté qui sent la fureur.

« Les impôts indirects sont odieux, disent-ils; il n'y
a point de ménage dans lequel le commis des fermes ne
vienne fouiller; rien n'est sacré pour ses yeux ni pour
ses mains. Les droits d'enregistrement sont écrasants.
Le receveur des tailles est un tyran dont la cupidité se
sert de tous les moyens pour vexer les pauvres gens. Les
huissiers ne valent pas mieux que lui; il n'y a pas d'honnête cultivateur qui soit à l'abri de leur férocité. Les
collecteurs sont obligés de ruiner leurs voisins pour ne
pas s'exposer eux-mêmes à la voracité de ces despotes. »

La Révolution n'annonce pas seulement son approche
dans cette enquête; elle y est présente, elle y parle déjà
sa langue et y montre en plein sa face.

Parmi toutes les différences qui se rencontrent entre
la révolution religieuse du seizième siècle et la révolu-

tion française, il y en a une qui frappe : au seizième siècle, la plupart des grands se jetèrent dans le changement de religion par calcul d'ambition ou par cupidité; le peuple l'embrassa, au contraire, par conviction et sans attendre aucun profit. Au dix-huitième siècle, il n'en est pas de même ; ce furent des croyances désintéressées et des sympathies généreuses qui émurent alors les classes éclairées et les mirent en révolution, tandis que le sentiment amer de ses griefs et l'ardeur de changer sa position agitaient le peuple. L'enthousiasme des premières acheva d'allumer et d'armer les colères et les convoitises du second.

CHAPITRE VI

Il y avait déjà longtemps que le gouvernement lui-même travaillait à faire entrer et à fixer dans l'esprit du peuple plusieurs des idées qu'on a nommées depuis révolutionnaires, idées hostiles à l'individu, contraires aux droits particuliers et amies de la violence.

Le roi fut le premier à montrer avec quel mépris on pouvait traiter les institutions les plus anciennes et en apparence les mieux établies. Louis XV a autant ébranlé la monarchie et hâté la Révolution par ses nouveautés que par ses vices, par son énergie que par sa mollesse. Lorsque le peuple vit tomber et disparaître ce Parlement presque contemporain de la royauté, et qui avait paru jusque-là aussi inébranlable qu'elle, il comprit vaguement qu'on approchait de ces temps de violence et de hasard où tout devient possible, où il n'y a guère de

choses si anciennes qui soient respectables, ni de si
nouvelles qu'elles ne se puissent essayer.

Louis XVI, pendant tout le cours de son règne, ne fit
que parler de réformes à faire. Il y a peu d'institutions
dont il n'ait fait prévoir la ruine prochaine, avant que
la Révolution vînt les ruiner toutes en effet. Après avoir
ôté de la législation plusieurs des plus mauvaises, il les
y replaça bientôt : on eût dit qu'il n'avait voulu que les
déraciner, laissant à d'autres le soin de les abattre.

Parmi les réformes qu'il avait faites lui-même, quelques-unes changèrent brusquement et sans préparations
suffisantes des habitudes anciennes et respectées, et vio-
lentèrent parfois des droits acquis. Elles préparèrent
ainsi la Révolution bien moins encore en abattant ce qui
lui faisait obstacle qu'en montrant au peuple comment
on pouvait s'y prendre pour la faire. Ce qui accrut le
mal fut précisément l'intention pure et désintéressée qui
faisait agir le roi et ses ministres; car il n'y a pas de plus
dangereux exemple que celui de la violence exercée pour
le bien et par les gens de bien.

Longtemps auparavant, Louis XIV avait enseigné publiquement dans ses édits cette théorie, que toutes les
terres du royaume avaient été originairement concé-
dées sous condition par l'État, qui devenait ainsi le seul
propriétaire véritable, tandis que tous les autres n'é-
taient que des possesseurs dont le titre restait contes-
table et le droit imparfait. Cette doctrine avait pris sa
source dans la législation féodale; mais elle ne fut
professée en France que dans le temps où la féodalité

mourait, et jamais les cours de justice ne l'admirent. C'est l'idée-mère du socialisme moderne. Il est curieux de lui voir prendre d'abord racine dans le despotisme royal.

Durant les règnes qui suivirent celui de ce prince, l'administration apprit chaque jour au peuple, d'une manière plus pratique et mieux à sa portée, le mépris qu'il convient d'avoir pour la propriété privée. Lorsque, dans la seconde moitié du dix-huitième siècle, le goût des travaux publics, et en particulier des routes, commença à se répandre, le gouvernement ne fit pas difficulté de s'emparer de toutes les terres dont il avait besoin pour ses entreprises et de renverser les maisons qui l'y gênaient. La direction des ponts et chaussées était dès lors aussi éprise des beautés géométriques de la ligne droite qu'on l'a vu depuis; elle évitait avec grand soin de suivre les chemins existants, pour peu qu'ils lui parussent un peu courbes, et, plutôt que de faire un léger détour, elle coupait à travers mille héritages. Les propriétés ainsi dévastées ou détruites étaient toujours arbitrairement et tardivement payées, et souvent ne l'étaient point du tout.

Lorsque l'assemblée provinciale de la basse Normandie prit l'administration des mains de l'intendant, elle constata que le prix de toutes les terres saisies d'autorité depuis vingt ans, en matière de chemins, était encore dû. La dette contractée ainsi, et non encore acquittée par l'État dans ce petit coin de la France, s'élevait à 250,000 livres. Le nombre des grands propriétaires

atteints de cette manière était restreint; mais le nombre des petits propriétaires lésés était grand, car déjà
la terre était très-divisée. Chacun de ceux-là avait appris par sa propre expérience le peu d'égards que mérite le droit de l'individu quand l'intérêt public demande qu'on le violente, doctrine qu'il n'eut garde
d'oublier quand il s'agit de l'appliquer à d'autres à son
profit.

Il avait existé autrefois, dans un très-grand nombre
de paroisses, des fondations charitables qui, dans l'intention de leurs auteurs, avaient eu pour objet de venir
au secours des habitants dans de certains cas et d'une
certaine manière que le testament indiquait. La plupart
de ces fondations furent détruites dans les derniers
temps de la monarchie ou détournées de leur objet primitif par de simples arrêts du conseil, c'est-à-dire par
le pur arbitraire du gouvernement. D'ordinaire, on en-
leva les fonds ainsi donnés aux villages pour en faire
profiter les hôpitaux voisins. A son tour, la propriété
de ces hôpitaux fut, vers la même époque, transformée
dans des vues que le fondateur n'avait pas eues et qu'il
n'eût point adoptées sans doute. Un édit de 1780 au-
torisa tous ces établissements à vendre les biens qu'on
leur avait laissés dans différents temps, à la condition
d'en jouir à perpétuité, et leur permit d'en remettre
le prix à l'État, qui devait en servir la rente. C'était,
disait-on, faire de la charité des aïeux un meilleur
usage qu'ils n'en avaient fait eux-mêmes. On oubliait
que le meilleur moyen d'apprendre aux hommes à violer

les droits individuels des vivants est de ne tenir aucun compte de la volonté des morts. Le mépris que témoignait l'administration de l'ancien régime à ceux-ci n'a été surpassé par aucun des pouvoirs qui lui ont succédé. Jamais surtout elle n'a rien fait voir de ce scrupule un peu méticuleux qui porte les Anglais à prêter à chaque citoyen toute la force du corps social pour l'aider à maintenir l'effet de ses dispositions dernières, et qui leur fait témoigner plus de respect encore à sa mémoire qu'à lui-même.

Les réquisitions, la vente obligatoire des denrées, le maximum, sont des mesures de gouvernement qui ont eu des précédents sous l'ancien régime. J'ai vu, dans des temps de disette, des administrateurs fixer d'avance le prix des denrées que les paysans apportaient au marché, et, comme ceux-ci, craignant d'être contraints, ne s'y présentaient pas, rendre des ordonnances pour les y obliger sous peine d'amende.

Mais rien ne fut d'un enseignement plus pernicieux que certaines formes que suivait la justice criminelle quand il s'agissait du peuple. Le pauvre était déjà beaucoup mieux garanti qu'on ne l'imagine contre les atteintes d'un citoyen plus riche ou plus puissant que lui; mais avait-il affaire à l'État, il ne trouvait plus, comme je l'ai indiqué ailleurs, que des tribunaux exceptionnels, des juges prévenus, une procédure rapide ou illusoire, un arrêt exécutoire par provision et sans appel. « Commet le prévôt de la maréchaussée et son lieutenant pour connoître des émotions et attroupements qui pourroient

survenir à l'occasion des grains; ordonne que par eux le
procès sera fait et parfait, jugé prévôtalement et en dernier ressort; interdit Sa Majesté à toutes cours de justice d'en prendre connoissance. » Cet arrêt du conseil
fait jurisprudence pendant tout le dix-huitième siècle.
On voit par les procès-verbaux de la maréchaussée que,
dans ces circonstances, on cernait de nuit les villages
suspects, on entrait avant le jour dans les maisons, et
on y arrêtait les paysans qui étaient désignés, sans qu'il
soit autrement question du mandat. L'homme ainsi arrêté restait souvent longtemps en prison avant de pouvoir
parler à son juge; les édits ordonnaient pourtant que
tout accusé fût interrogé dans les vingt-quatre heures.
Cette disposition n'était ni moins formelle, ni plus respectée que de nos jours.

C'est ainsi qu'un gouvernement doux et bien assis
enseignait chaque jour au peuple le code d'instruction
criminelle le mieux approprié aux temps de révolution
et le plus commode à la tyrannie. Il en tenait école toujours ouverte. L'ancien régime donna jusqu'au bout aux
basses classes cette éducation dangereuse. Il n'y a pas
jusqu'à Turgot qui, sur ce point, n'imitât fidèlement ses
prédécesseurs. Lorsque, en 1775, sa nouvelle législation sur les grains fit naître des résistances dans le Parlement et des émeutes dans les campagnes, il obtint du
roi une ordonnance qui, dessaisissant les tribunaux,
livrait les mutins à la juridiction prévôtale, « laquelle
est principalement destinée, est-il dit, à réprimer les
émotions populaires, quand il est utile que des exem-

ples soient donnés avec célérité. » Bien plus, tous les
paysans qui s'éloignaient de leur paroisse sans être mu-
nis d'une attestation signée par le curé et par le syndic,
devaient être poursuivis, arrêtés et jugés prévôtalement
comme vagabonds.

Il est vrai que, dans cette monarchie du dix-huitième
siècle, si les formes étaient effrayantes, la peine était
presque toujours tempérée. On aimait mieux faire peur
que faire mal ; ou plutôt on était arbitraire et violent
par habitude et par indifférence, et doux par tempérament. Mais le goût de cette justice sommaire ne s'en
prenait que mieux. Plus la peine était légère, plus on
oubliait aisément la façon dont elle était prononcée. La
douceur de l'arrêt cachait l'horreur de la procédure.

J'oserai dire, parce que je tiens les faits dans ma
main, qu'un grand nombre de procédés employés par
le gouvernement révolutionnaire ont eu des précédents
et des exemples dans les mesures prises à l'égard du
bas peuple pendant les deux derniers siècles de la monarchie. L'ancien régime a fourni à la Révolution plusieurs de ses formes ; celle-ci n'y a joint que l'atrocité
de son génie.

CHAPITRE VII

COMMENT UNE GRANDE RÉVOLUTION ADMINISTRATIVE
AVAIT PRÉCÉDÉ LA RÉVOLUTION POLITIQUE, ET DES CONSÉQUENCES
QUE CELA EUT.

Rien n'avait encore été changé à la forme du gouvernement, que déjà la plupart des lois secondaires qui règlent la condition des personnes et l'administration des affaires étaient abolies ou modifiées.

La destruction des jurandes et leur rétablissement partiel et incomplet avaient profondément altéré tous les anciens rapports de l'ouvrier et du maître. Ces rapports étaient devenus non-seulement différents, mais incertains et contraints. La police dominicale était ruinée ; la tutelle de l'État était encore mal assise, et l'artisan, placé dans une position gênée et indécise, entre le gouvernement et le patron, ne savait trop lequel des deux pouvait le protéger ou devait le contenir. Cet état de malaise et d'anarchie, dans lequel on avait mis d'un

seul coup toute la basse classe des villes, eut de grandes
conséquences, dès que le peuple commença à reparaître
sur la scène politique.

Un an avant la Révolution, un édit du roi avait bou-
leversé dans toutes ses parties l'ordre de la justice; plusieurs juridictions nouvelles avaient été créées, une multitude d'autres abolies, toutes les règles de la compétence
changées. Or, en France, ainsi que je l'ai déjà fait remarquer ailleurs, le nombre de ceux qui s'occupaient,
soit à juger, soit à exécuter les arrêts des juges, était
immense. A vrai dire, toute la bourgeoisie tenait de près
ou de loin aux tribunaux. L'effet de la loi fut donc de
troubler tout à coup des milliers de familles dans leur
état et dans leurs biens, et de leur donner une assiette
nouvelle et précaire. L'édit n'avait guère moins incom-
modé les plaideurs, qui, au milieu de cette révolution
judiciaire, avaient peine à retrouver la loi qui leur était
applicable et le tribunal qui devait les juger.

Mais ce fut surtout la réforme radicale que l'administration proprement dite eut à subir en 1787 qui, après
avoir porté le désordre dans les affaires publiques, vint
émouvoir chaque citoyen jusque dans sa vie privée.

J'ai dit que dans les pays d'élection, c'est-à-dire
dans près des trois quarts de la France, toute l'administration de la généralité était livrée à un seul homme,
l'intendant, lequel agissait non-seulement sans contrôle,
mais sans conseil.

En 1787, on plaça à côté de cet intendant une assemblée provinciale qui devint le véritable administrateur

du pays. Dans chaque village, un corps municipal élu prit également la place des anciennes assemblées de paroisse, et, dans la plupart des cas, du syndic.

Une législation si contraire à celle qui l'avait précédée, et qui changeait si complétement, non-seulement l'ordre des affaires, mais la position relative des hommes, dut être appliquée partout à la fois, et partout à peu près de la même manière, sans aucun égard aux usages antérieurs ni à la situation particulière des provinces; tant le génie unitaire de la Révolution possédait déjà ce vieux gouvernement que la Révolution allait abattre.

On vit bien alors la part que prend l'habitude dans le jeu des institutions politiques, et comment les hommes se tirent plus aisément d'affaire avec des lois obscures et compliquées, dont ils ont depuis longtemps la pratique, qu'avec une législation plus simple qui leur est nouvelle.

Il y avait en France, sous l'ancien régime, toutes sortes de pouvoirs qui variaient à l'infini, suivant les provinces, et dont aucun n'avait de limites fixes et bien connues, de telle sorte que le champ d'action de chacun d'eux était toujours commun à plusieurs autres. Cependant on avait fini par établir un ordre régulier et assez facile dans les affaires; tandis que les nouveaux pouvoirs, qui étaient en plus petit nombre, soigneusement limités et semblables entre eux, se rencontrèrent et s'enchevêtrèrent aussitôt les uns dans les autres au milieu de la plus grande confusion, et souvent se réduisirent mutuellement à l'impuissance.

La loi nouvelle renfermait, d'ailleurs, un grand vice, qui seul eût suffi, surtout au début, pour en rendre l'exécution difficile : tous les pouvoirs qu'elle créait étaient collectifs.

Sous l'ancienne monarchie, on n'avait jamais connu que deux façons d'administrer : dans les lieux où l'administration était confiée à un seul homme, celui-ci agissait sans le concours d'aucune assemblée; là où il existait des assemblées, comme dans les pays d'États ou dans les villes, la puissance exécutive n'était confiée à personne en particulier; l'assemblée non-seulement gouvernait et surveillait l'administration, mais administrait par elle-même ou par des commissions temporaires qu'elle nommait.

Comme on ne connaissait que ces deux manières d'agir, dès qu'on abandonna l'une, on adopta l'autre. Il est assez étrange que, dans le sein d'une société si éclairée, et où l'administration publique jouait déjà depuis longtemps un si grand rôle, on ne se fût jamais avisé de réunir les deux systèmes, et de distinguer, sans les disjoindre, le pouvoir qui doit exécuter de celui qui doit surveiller et prescrire. Cette idée, qui paraît si simple, ne vint point; elle n'a été trouvée que dans ce siècle. C'est, pour ainsi dire, la seule grande découverte en matière d'administration publique qui nous soit propre. Nous verrons la suite qu'eut la pratique contraire, quand, transportant dans la politique les habitudes administratives et obéissant à la tradition de l'ancien régime tout en détestant celui-ci, on appliqua dans la

Convention nationale le système que les États provinciaux et les petites municipalités des villes avaient suivi,
et comment, de ce qui n'avait été jusque-là qu'une
cause d'embarras dans les affaires, on fit sortir tout à
coup la Terreur.

Les assemblées provinciales de 1787 reçurent donc
le droit d'administrer elles-mêmes, dans la plupart des
circonstances où, jusque-là, l'intendant avait seul agi ;
elles furent chargées, sous l'autorité du gouvernement
central, d'asseoir la taille et d'en surveiller la perception, d'arrêter quels devaient être les travaux publics à
entreprendre et de les faire exécuter. Elles eurent sous
leurs ordres immédiats tous les agents des ponts-et-
chaussées, depuis l'inspecteur jusqu'au piqueur des travaux. Elles durent leur prescrire ce qu'elles jugeaient
convenable, rendre compte du service de ces agents au
ministre, et proposer à celui-ci les gratifications qu'ils
méritaient. La tutelle des communes fut presque entièrement remise à ces assemblées ; elles durent juger en
premier ressort la plus grande partie des affaires contentieuses, qui étaient portées jusque-là devant l'intendant, etc. : fonctions dont plusieurs convenaient mal à
un pouvoir collectif et irresponsable, et qui, d'ailleurs,
allaient être exercées par des gens qui administraient
pour la première fois.

Ce qui acheva de tout brouiller, fut qu'en réduisant
ainsi l'intendant à l'impuissance, on le laissa néanmoins
subsister. Après lui avoir ôté le droit absolu de tout
faire, on lui imposa le devoir d'aider et de surveiller

ce que l'assemblée ferait; comme si un fonctionnaire
déchu pouvait jamais entrer dans l'esprit de la législation qui le dépossède et en faciliter la pratique!

Ce qu'on avait fait pour l'intendant, on le fit pour son
subdélégué. A côté de lui, et à la place qu'il venait d'occuper, on plaça une assemblée d'arrondissement qui
dut agir sous la direction de l'assemblée provinciale et
d'après des principes analogues.

Tout ce qu'on connaît des actes des assemblées provinciales créées en 1787, et leurs procès-verbaux mêmes, apprennent qu'aussitôt après leur naissance elles
entrèrent en guerre sourde et souvent ouverte avec les
intendants, ceux-ci n'employant l'expérience supérieure
qu'ils avaient acquise qu'à gêner les mouvements de
leurs successeurs. Ici, c'est une assemblée qui se plaint
de ne pouvoir arracher qu'avec effort des mains de l'intendant les pièces qui lui sont le plus nécessaires. Ailleurs, c'est l'intendant qui accuse les membres de l'assemblée de vouloir usurper des attributions que les
édits, dit-il, lui ont laissées. Il en appelle au ministre,
qui souvent ne répond rien ou doute; car la matière
lui est aussi nouvelle et aussi obscure qu'à tous les autres. Parfois l'assemblée délibère que l'intendant n'a pas
bien administré, que les chemins qu'il a fait construire
sont mal tracés ou mal entretenus; il a laissé ruiner des
communautés dont il était le tuteur. Souvent ces assemblées hésitent au milieu des obscurités d'une législation
si peu connue; elles s'envoient au loin consulter les unes
les autres et se font parvenir sans cesse des avis. L'in-

tendant d'Auch prétend qu'il peut s'opposer à la volonté
de l'assemblée provinciale, qui avait autorisé une commune à s'imposer; l'assemblée affirme qu'en cette matière l'intendant n'a plus désormais que des avis, et
non des ordres à donner, et elle demande à l'assemblée
provinciale de l'Ile-de-France ce qu'elle en pense.

Au milieu de ces récriminations et de ces consulta-
tions, la marche de l'administration se ralentit souvent
et quelquefois s'arrête : la vie publique est alors comme
suspendue. « La stagnation des affaires est complète, dit
l'assemblée provinciale de Lorraine, qui n'est en cela
que l'écho de plusieurs autres; tous les bons citoyens
s'en affligent. »

D'autres fois, c'est par excès d'activité et de confiance
en elles-mêmes que pèchent ces nouvelles administrations; elles sont toutes remplies d'un zèle inquiet et
perturbateur qui les porte à vouloir changer tout à coup
les anciennes méthodes et corriger à la hâte les plus
vieux abus. Sous prétexte que désormais c'est à elles
à exercer la tutelle des villes, elles entreprennent de
gérer elles-mêmes les affaires communes; en un mot,
elles achèvent de tout confondre en voulant tout améliorer.

Si l'on veut bien considérer maintenant la place immense qu'occupait déjà depuis longtemps, en France,
l'administration publique, la multitude des intérêts auxquels elle touchait chaque jour, tout ce qui dépendait
d'elle ou avait besoin de son concours; si l'on songe que
c'était déjà sur elle plus que sur eux-mêmes que les par-

ticuliers comptaient pour faire réussir leurs propres affaires, favoriser leur industrie, assurer leurs subsistances, tracer et entretenir leurs chemins, préserver leur tranquillité et garantir leur bien-être, on aura une idée du nombre infini de gens qui durent se trouver personnellement atteints du mal dont elle souffrait.

Mais ce fut surtout dans les villages que les vices de la nouvelle organisation se firent sentir; là, elle ne troubla pas seulement l'ordre des pouvoirs, elle changea tout à coup la position relative des hommes et mit en présence et en conflit toutes les classes.

Lorsque Turgot, en 1775, proposa au roi de réformer l'administration des campagnes, le plus grand embarras qu'il rencontra, c'est lui-même qui nous l'apprend, vint de l'inégale répartition des impôts; car comment faire agir en commun et délibérer ensemble sur lès affaires de la paroisse, dont les principales sont l'assiette, la levée et l'emploi des taxes, des gens qui ne sont pas tous assujettis à les payer de la même manière, et dont quelques-uns sont entièrement soustraits à leurs charges? Chaque paroisse contenait des gentilshommes et des ecclésiastiques qui ne payaient point la taille, des paysans qui en étaient en partie ou en totalité exempts, et d'autres qui l'acquittaient tout entière. C'était comme trois paroisses distinctes, dont chacune eût demandé une administration à part. La difficulté était insoluble.

Nulle part, en effet, la distinction d'impôts n'était plus visible que dans les campagnes; nulle part la population n'y était mieux divisée en groupes différents

et souvent ennemis les uns des autres. Pour arriver à
donner aux villages une administration collective et un
petit gouvernement libre, il eût fallu d'abord y assujettir tout le monde aux mêmes impôts, et y diminuer la
distance qui séparait les classes.

Ce n'est point ainsi qu'on s'y prit lorsqu'on entreprit
enfin cette réforme en 1787. Dans l'intérieur de la paroisse, on maintint l'ancienne séparation des ordres et
l'inégalité en fait d'impôts, qui en était le principal signe, et néanmoins on y livra toute l'administration à
des corps électifs. Cela conduisit sur-le-champ aux conséquences les plus singulières.

S'agit-il de l'assemblée électorale qui devait choisir
les officiers municipaux : le curé et le seigneur ne purent y paraître ; ils appartenaient, disait-on, à l'ordre
de la noblesse et à celui du clergé : or, c'était ici principalement le tiers-état qui avait à élire ses représentants.

Le conseil municipal une fois élu, le curé et le seigneur en étaient, au contraire, membres de droit, car
il n'eût pas semblé séant de rendre entièrement étrangers au gouvernement de la paroisse deux habitants si
notables. Le seigneur présidait même ses conseillers
municipaux qu'il n'avait pas contribué à élire, mais il
ne fallait pas qu'il s'ingérât dans la plupart de leurs
actes. Quand on procédait à l'assiette et à la répartition
de la taille, par exemple, le curé et le seigneur ne pouvaient pas voter. N'étaient-ils pas tous deux exempts de
cet impôt ? De son côté, le conseil municipal n'avait rien

à voir à leur capitation; elle continuait à être réglée par l'intendant, d'après des formes particulières.

De peur que ce président, ainsi isolé du corps qu'il était censé diriger, n'y exerçât encore indirectement une influence contraire à l'intérêt de l'ordre dont il ne faisait pas partie, on demanda que les voix de ses fermiers n'y comptassent pas; et les assemblées provinciales, consultées sur ce point, trouvèrent cette réclamation fort juste et tout à fait conforme aux principes. Les autres gentilshommes qui habitaient la paroisse ne pouvaient entrer dans ce même corps municipal roturier, à moins qu'ils ne fussent élus par les paysans, et alors, comme le règlement a soin de le faire remarquer, ils n'avaient plus le droit d'y représenter que le tiers-état.

Le seigneur ne paraissait donc là que pour y être entièrement soumis à ses anciens sujets, devenus tout à coup ses maîtres; il y était leur prisonnier plutôt que leur chef. En rassemblant ces hommes de cette manière, il semblait qu'on eût eu pour but moins de les rapprocher que de leur faire voir plus distinctement en quoi ils différaient et combien leurs intérêts étaient contraires.

Le syndic était-il encore ce fonctionnaire discrédité dont on n'exerçait les fonctions que par contrainte, ou bien sa condition s'était-elle relevée avec la communauté dont il restait le principal agent? Nul ne le savait précisément. Je trouve, en 1788, la lettre d'un certain huissier de village qui s'indigne qu'on l'ait élu pour

remplir les fonctions de syndic. « Cela, dit-il, est contraire à tous les priviléges de sa charge. » Le contrôleur-
général répond qu'il faut rectifier les idées de ce particulier, « et lui faire comprendre qu'il devrait tenir à
honneur d'être choisi par ses concitoyens, et que, d'ailleurs, les nouveaux syndics ne ressembleront point aux
fonctionnaires qui portaient jusque-là le même nom, et
qu'ils doivent compter sur plus d'égards de la part du
gouvernement. »

D'autre part, on voit des habitants considérables de
la paroisse, et même des gentilshommes, qui se rapprochent tout à coup des paysans, quand ceux-ci deviennent une puissance. Le seigneur haut justicier d'un
village des environs de Paris, se plaint de ce que l'édit
l'empêche de prendre part, même *comme simple habitant*, aux opérations de l'assemblée paroissiale. D'autres
consentent, disent-ils, « par dévouement pour le bien
public, à remplir même les fonctions de syndic. »

C'était trop tard. A mesure que les hommes des
classes riches s'avancent ainsi vers le peuple des campagnes et s'efforcent de se mêler avec lui, celui-ci se
retire dans l'isolement qu'on lui avait fait et s'y défend.
On rencontre des assemblées municipales de paroisses
qui se refusent à recevoir dans leur sein le seigneur;
d'autres font toute sorte de chicanes avant d'admettre
les roturiers, même quand ils sont riches. « Nous
sommes instruits, dit l'assemblée provinciale de basse
Normandie, que plusieurs assemblées municipales ont
refusé d'admettre dans leur sein les propriétaires rotu

riers de la paroisse qui n'y sont pas domiciliés, bien
qu'il ne soit pas douteux que ceux-ci ont droit d'en faire
partie. D'autres assemblées ont même refusé d'admettre
les fermiers qui n'avaient pas de propriétés sur leur territoire. »

Ainsi donc, tout était déjà nouveauté, obscurité, conflit dans les lois secondaires, avant même qu'on eût encore touché aux lois principales qui réglaient le gouvernement de l'État. Ce qui en restait debout était ébranlé,
et il n'existait, pour ainsi dire, plus un seul règlement
dont le pouvoir central lui-même n'eût annoncé l'abolition ou la modification prochaine.

Cette rénovation soudaine et immense de toutes les
règles et de toutes les habitudes administratives qui
précéda chez nous la révolution politique, et dont on
parle aujourd'hui à peine, était déjà pourtant l'une des
plus grandes perturbations qui se fussent jamais ren-
contrées dans l'histoire d'un grand peuple. Cette première révolution exerça une influence prodigieuse sur
la seconde, et fit de celle-ci un événement différent de
tous ceux de la même espèce qui avaient eu lieu jusque-là dans le monde, ou de ceux qui y ont eu lieu depuis.

La première révolution d'Angleterre qui bouleversa
toute la constitution politique de ce pays et y abolit jusqu'à la royauté, ne toucha que fort superficiellement aux
lois secondaires et ne changea presque rien aux coutumes
et aux usages. La justice et l'administration gardèrent
leurs formes et suivirent les mêmes errements que par

le passé. Au plus fort de la guerre civile, les douze juges d'Angleterre continuèrent, dit-on, à faire deux fois l'an la tournée des assises. Tout ne fut donc pas agité à la fois. La révolution se trouva circonscrite dans ses effets, et la société anglaise quoique remuée à son sommet, resta ferme dans son assiette.

Nous avons vu nous-mêmes en France, depuis 89, plusieurs révolutions qui ont changé de fond en comble toute la structure du gouvernement. La plupart ont été très-soudaines et se sont accomplies par la force, en violation ouverte des lois existantes. Néanmoins, le désordre qu'elles ont fait naître n'a jamais été ni long ni général; à peine ont-elles été ressenties par la plus grande partie de la nation, quelquefois à peine aperçues.

C'est que, depuis 89, la constitution administrative est toujours restée debout au milieu des ruines des constitutions politiques. On changeait la personne du prince ou les formes du pouvoir central; mais le cours journalier des affaires n'était ni interrompu ni troublé; chacun continuait à rester soumis, dans les petites affaires qui l'intéressaient particulièrement, aux règles et aux usages qu'il connaissait; il dépendait des pouvoirs secondaires auxquels il avait toujours eu l'habitude de s'adresser, et, d'ordinaire, il avait affaire aux mêmes agents; car, si à chaque révolution l'administration était décapitée, son corps restait intact et vivant; les mêmes fonctions étaient exercées par les mêmes fonctionnaires; ceux-ci transportaient à travers la diversité des lois po-

litiques leur esprit et leur pratique. Ils jugeaient et ils
administraient au nom du roi, ensuite au nom de la
république, enfin au nom de l'empereur. Puis, la fortune faisant refaire à sa roue le même tour, ils recom-
mençaient à administrer et à juger pour le roi, pour la
république et pour l'empereur, toujours les mêmes et
de même; car que leur importait le nom du maître?
Leur affaire était moins d'être citoyens que bons administrateurs et bons juges. Dès que la première secousse
était passée, il semblait donc que rien n'eût bougé dans
le pays.

Au moment où la Révolution éclata, cette partie du
gouvernement qui, quoique subordonnée, se fait sentir
tous les jours à chaque citoyen et influe de la manière
la plus continue et la plus efficace sur son bien-être,
venait d'être entièrement bouleversée : l'administration
publique avait changé tout à coup tous ses agents et
renouvelé toutes ses maximes. L'État n'avait pas paru
d'abord recevoir de cette immense réforme un grand
choc; mais tous les Français en avaient ressenti une
petite commotion particulière. Chacun s'était trouvé
ébranlé dans sa condition, troublé dans ses habitudes
ou gêné dans son industrie. Un certain ordre régulier
continuait à régner dans les affaires les plus importantes
et les plus générales, que personne ne savait déjà plus
ni à qui obéir, ni à qui s'adresser, ni comment se conduire dans les moindres et les particulières qui forment
le train journalier de la vie sociale.

La nation n'étant plus d'aplomb dans aucune de

ses parties, un dernier coup put donc la mettre tout
entière en branle et produire le plus vaste boulever-
sement et la plus effroyable confusion qui furent jamais.

CHAPITRE VIII

COMMENT LA RÉVOLUTION EST SORTIE D'ELLE-MÊME DE CE QUI PRÉCÈDE.

Je veux, en finissant, rassembler quelques-uns des traits que j'ai déjà peints à part, et, de cet ancien régime dont je viens de faire le portrait, voir la Révolution sortir comme d'elle-même.

Si l'on considère que c'était parmi nous que le système féodal, sans changer ce qui, en lui, pouvait nuire ou irriter, avait le mieux perdu tout ce qui pouvait protéger ou servir, on sera moins surpris que la révolution qui devait abolir violemment cette vieille constitution de l'Europe ait éclaté en France plutôt qu'ailleurs.

Si l'on fait attention que la noblesse, après avoir perdu ses anciens droits politiques, et cessé, plus que cela ne s'était vu en aucun autre pays de l'Europe féodale, d'administrer et de conduire les habitants, avait

néanmoins, non-seulement conservé, mais beaucoup
accru ses immunités pécuniaires et les avantages dont
jouissaient individuellement ses membres ; qu'en devenant une classe subordonnée, elle était restée une classe
privilégiée et fermée : de moins en moins, comme je
l'ai dit ailleurs, une aristocratie, de plus en plus une
caste : on ne s'étonnera plus que ses priviléges aient paru
si inexplicables et si détestables aux Français, et qu'à
sa vue l'envie démocratique se soit enflammée dans leur
cœur à ce point qu'elle y brûle encore.

Si l'on songe enfin que cette noblesse, séparée des
classes moyennes, qu'elle avait repoussées de son sein,
et du peuple, dont elle avait laissé échapper le cœur,
était entièrement isolée au milieu de la nation, en apparence la tête d'une armée, en réalité un corps d'officiers
sans soldats, on comprendra comment, après avoir été
mille ans debout, elle ait pu être renversée dans l'espace
d'une nuit.

J'ai fait voir de quelle manière le gouvernement du
roi, ayant aboli les libertés provinciales et s'étant substitué, dans les trois quarts de la France, à tous les pouvoirs locaux, avait attiré à lui toutes les affaires, les
plus petites aussi bien que les plus grandes ; j'ai montré,
d'autre part, comment, par une conséquence nécessaire,
Paris s'était rendu le maître du pays dont il n'avait été
jusque-là que la capitale, ou plutôt était devenu alors
lui-même le pays tout entier. Ces deux faits, qui étaient
particuliers à la France, suffiraient seuls au besoin pour
expliquer pourquoi une émeute a pu détruire de fond

en comble une monarchie qui avait supporté pendant
tant de siècles de si violents chocs, et qui, la veille de
sa chute, paraissait encore inébranlable à ceux mêmes
qui allaient la renverser.

La France étant l'un des pays de l'Europe où toute
vie politique était depuis le plus longtemps et le plus
complétement éteinte, où les particuliers avaient le mieux
perdu l'usage des affaires, l'habitude de lire dans les
faits, l'expérience des mouvements populaires et presque
la notion du peuple, il est facile d'imaginer comment
tous les Français ont pu tomber à la fois dans une révolution terrible sans la voir, les plus menacés par elle
marchant les premiers et se chargeant d'ouvrir et
d'élargir le chemin qui y conduisait.

Comme il n'existait plus d'institutions libres, par conséquent plus de classes politiques, plus de corps politiques vivants, plus de partis organisés et conduits, et
qu'en l'absence de toutes ces forces régulières, la direction de l'opinion publique, quand l'opinion publique
vint à renaître, échut uniquement à des philosophes, on
dut s'attendre à voir la Révolution conduite moins en
vue de certains faits particuliers que d'après des principes abstraits et des théories très-générales; on put
augurer qu'au lieu d'attaquer séparément les mauvaises
lois, on s'en prendrait à toutes les lois, et qu'on voudrait
substituer à l'ancienne constitution de la France un
système de gouvernement tout nouveau, que ces écrivains avaient conçu.

L'Église se trouvant naturellement mêlée à toutes les

vieilles institutions qu'il s'agissait de détruire, on ne pouvait douter que cette révolution ne dût ébranler la religion en même temps qu'elle renverserait le pouvoir civil; dès lors il était impossible de dire à quelles témérités inouïes pouvait s'emporter l'esprit des novateurs, délivrés à la fois de toutes les gênes que la religion, les coutumes et les lois imposent à l'imagination des hommes.

Et celui qui eût bien étudié l'état du pays eût aisément prévu qu'il n'y avait pas de témérité si inouïe qui ne pût y être tentée, ni de violence qui ne dût y être soufferte.

« Eh quoi! s'écrie Burke dans un de ses éloquents pamphlets, on n'aperçoit pas un homme qui puisse répondre pour le plus petit district; bien plus, on n'en voit pas un qui puisse répondre d'un autre. Chacun est arrêté dans sa maison sans résistance, qu'il s'agisse de royalisme, de modérantisme ou de toute autre chose. » Burke savait mal dans quelles conditions cette monarchie qu'il regrettait nous avait laissés à nos nouveaux maîtres. L'administration de l'ancien régime avait d'avance ôté aux Français la possibilité et l'envie de s'entr'aider. Quand la Révolution survint, on aurait vainement cherché dans la plus grande partie de la France dix hommes qui eussent l'habitude d'agir en commun d'une manière régulière et de veiller eux-mêmes à leur propre défense; le pouvoir central seul devait s'en charger, de telle sorte que ce pouvoir central, étant tombé des mains de l'administration royale dans celles d'une

assemblée irresponsable et souveraine, et de débonnaire
devenue terrible, ne trouva rien devant lui qui pût l'arrêter, ni même le retarder un moment. La même cause
qui avait fait tomber si aisément la monarchie avait
rendu tout possible après sa chute.

Jamais la tolérance en fait de religion, la douceur
dans le commandement, l'humanité et même la bienveillance, n'avaient été plus prêchées et, il semblait,
mieux admises qu'au dix-huitième siècle; le droit de
guerre, qui est comme le dernier asile de la violence,
s'était lui-même resserré et adouci. Du sein de mœurs
si douces allait cependant sortir la révolution la plus
inhumaine! Et pourtant, tout cet adoucissement des
mœurs n'était pas un faux semblant; car, dès que la
fureur de la Révolution se fut amortie, on vit cette même
douceur se répandre aussitôt dans toutes les lois et pénétrer dans toutes les habitudes politiques.

Le contraste entre la bénignité des théories et la violence des actes, qui a été l'un des caractères les plus
étranges de la révolution française, ne surprendra personne si l'on fait attention que cette révolution a été préparée par les classes les plus civilisées de la nation, et
exécutée par les plus incultes et les plus rudes. Les
hommes des premières n'ayant aucun lien préexistant
entre eux, nul usage de s'entendre, aucune prise sur le
peuple, celui-ci devint presque aussitôt le pouvoir dirigeant dès que les anciens pouvoirs furent détruits. Là
où il ne gouverna pas par lui-même, il donna du moins
son esprit au gouvernement; et si, d'un autre côté, on

songe à la manière dont ce peuple avait vécu sous l'ancien régime, on n'aura pas de peine à imaginer ce qu'il
allait être.

Les particularités mêmes de sa condition lui avaient
donné plusieurs vertus rares. Affranchi de bonne heure
et depuis longtemps propriétaire d'une partie du sol,
isolé plutôt que dépendant, il se montrait tempérant et
fier : il était rompu à la peine, indifférent aux délica-
tesses de la vie, résigné dans les plus grands maux,
ferme au péril : race simple et virile qui va remplir
ces puissantes armées sous l'effort desquelles l'Europe
ploiera. Mais la même cause en faisait un dangereux
maître. Comme il avait porté presque seul depuis des
siècles tout le faix des abus, qu'il avait vécu à l'écart, se
nourrissant en silence de ses préjugés, de ses jalousies
et de ses haines, il s'était endurci par ces rigueurs de sa
destinée, et il était devenu capable à la fois de tout endurer et de tout faire souffrir.

C'est dans cet état que, mettant la main sur le gouvernement, il entreprit d'achever lui-même l'œuvre de la
Révolution. Les livres avaient fourni la théorie ; il se
chargea de la pratique, et il ajusta les idées des écrivains
à ses propres fureurs.

Ceux qui ont étudié attentivement, en lisant ce livre,
la France au dix-huitième siècle, ont pu voir naître et se
développer dans son sein deux passions principales, qui
n'ont point été contemporaines et n'ont pas toujours
tendu au même but.

L'une, plus profonde et venant de plus loin, est la

haine violente et inextinguible de l'inégalité. Celle-ci
était née et s'était nourrie de la vue de cette inégalité
même, et elle poussait depuis longtemps les Français,
avec une force continue et irrésistible, à vouloir détruire
jusque dans leurs fondements tout ce qui restait des
institutions du moyen-âge, et, le terrain vidé, à y bâtir
une société où les hommes fussent aussi semblables
et les conditions aussi égales que l'humanité le com-
porte.

L'autre, plus récente et moins enracinée, les portait
à vouloir vivre non-seulement égaux, mais libres.

Vers la fin de l'ancien régime, ces deux passions sont
aussi sincères et paraissent aussi vives l'une que l'autre.
A l'entrée de la Révolution, elles se rencontrent; elles
se mêlent alors et se confondent un moment, s'échauf-
fent l'une l'autre dans le contact, et enflamment enfin à
la fois tout le cœur de la France. C'est 89, temps d'inexpérience sans doute, mais de générosité, d'enthousiasme, de virilité et de grandeur : temps d'immortelle
mémoire, vers lequel se tourneront avec admiration et
avec respect les regards des hommes, quand ceux qui
l'ont vu et nous-mêmes auront disparu depuis longtemps. Alors les Français furent assez fiers de leur
cause et d'eux-mêmes pour croire qu'ils pouvaient être
égaux dans la liberté. Au milieu des institutions démocratiques, ils placèrent donc partout des institutions
libres. Non-seulement ils réduisirent en poussière cette
législation surannée qui divisait les hommes en castes,
en corporations, en classes, et rendaient leurs droits

plus inégaux encore que leurs conditions, mais ils brisè-
rent d'un seul coup ces autres lois, œuvres plus récentes
du pouvoir royal, qui avaient ôté à la nation la libre
jouissance d'elle-même, et avaient placé à côté de chaque
Français le gouvernement, pour être son précepteur, son
tuteur, et, au besoin, son oppresseur. Avec le gouvernement absolu, la centralisation tomba.

Mais, quand cette génération vigoureuse, qui avait
commencé la Révolution, eut été détruite ou énervée,
ainsi que cela arrive d'ordinaire à toute génération qui
entame de telles entreprises; lorsque, suivant le cours
naturel des événements de cette espèce, l'amour de la
liberté se fut découragé et alangui au milieu de l'anarchie et de la dictature populaire, et que la nation éperdue
commença à chercher comme à tâtons son maître, le
gouvernement absolu trouva pour renaître et se fonder
des facilités prodigieuses, que découvrit sans peine le
génie de celui qui allait être tout à la fois le continua-
teur de la Révolution et son destructeur.

L'ancien régime avait contenu, en effet, tout un ensemble d'institutions de date moderne, qui, n'étant
point hostiles à l'égalité, pouvaient facilement prendre
place dans la société nouvelle, et qui pourtant offraient
au despotisme des facilités singulières. On les rechercha
au milieu des débris de toutes les autres, et on les re-
trouva. Ces institutions avaient fait naître jadis des habitudes, des passions, des idées qui tendaient à tenir les
hommes divisés et obéissants; on raviva celles-ci et on
s'en aida. On ressaisit la centralisation dans ses ruines

et on la restaura; et comme, en même temps qu'elle se relevait, tout ce qui avait pu autrefois la limiter restait détruit, des entrailles mêmes d'une nation qui venait de renverser la royauté, on vit sortir tout à coup un pouvoir plus étendu, plus détaillé, plus absolu que celui qui avait été exercé par aucun de nos rois. L'entreprise parut d'une témérité extraordinaire et son succès inouï, parce qu'on ne pensait qu'à ce qu'on voyait et qu'on oubliait ce qu'on avait vu. Le dominateur tomba, mais ce qu'il y avait de plus substantiel dans son œuvre resta debout; son gouvernement mort, son administration continua de vivre, et, toutes les fois qu'on a voulu depuis abattre le pouvoir absolu, on s'est borné à placer la tête de la Liberté sur un corps servile.

A plusieurs reprises, depuis que la Révolution a commencé jusqu'à nos jours, on voit la passion de la liberté s'éteindre, puis renaître, puis s'éteindre encore, et puis encore renaître; ainsi fera-t-elle longtemps, toujours inexpérimentée et mal réglée, facile à décourager, à effrayer et à vaincre, superficielle et passagère. Pendant ce même temps, la passion pour l'égalité occupe toujours le fond des cœurs dont elle s'est emparée la première; elle s'y retient aux sentiments qui nous sont le plus chers; tandis que l'une change sans cesse d'aspect, diminue, grandit, se fortifie, se débilite suivant les événements, l'autre est toujours la même, toujours attachée au même but avec la même ardeur obstinée et souvent aveugle, prête à tout sacrifier à ceux qui lui permettent de se satisfaire, et à fournir au gouvernement qui veut la favoriser et la flatter les habitudes, les idées, les lois dont le despotisme a besoin pour régner.

La Révolution française ne sera que ténèbres pour ceux qui ne voudront regarder qu'elle; c'est dans les temps qui la précèdent qu'il faut chercher la seule lumière qui puisse l'éclairer. Sans une vue nette de l'ancienne société, de ses lois, de ses vices, de ses préjugés, de ses misères, de sa grandeur, on ne comprendra jamais ce qu'ont fait les Français pendant le cours des soixante années qui ont suivi sa chute; mais cette vue ne suffirait pas encore si l'on ne pénétrait jusqu'au naturel même de notre nation.

Quand je considère cette nation en elle-même, je la trouve plus extraordinaire qu'aucun des événements de son histoire. En a-t-il jamais paru sur la terre une seule qui fût si remplie de contrastes et si extrême dans chacun de ses actes, plus conduite par des sensations, moins par des principes; faisant ainsi toujours plus mal ou mieux qu'on ne s'y attendait, tantôt au-dessous du niveau commun de l'humanité, tantôt fort au-dessus; un peuple tellement inaltérable dans ses principaux instincts, qu'on le reconnaît encore dans des portraits qui ont été faits de lui il y a deux ou trois mille ans, et, en même temps, tellement mobile dans ses pensées journalières et dans ses goûts, qu'il finit par se devenir un spectacle inattendu à lui-même, et demeure souvent aussi surpris que les étrangers à la vue de ce qu'il vient de faire; le plus casanier et le plus routinier de tous quand on l'abandonne à lui-même, et, lorsqu'une fois on l'a arraché malgré lui à son logis et à ses habitudes, prêt à pousser jusqu'au bout du monde et à tout oser; indocile par tempérament, et s'accommodant mieux toutefois de l'empire arbitraire et même violent d'un prince que du gouvernement régulier et libre des principaux citoyens; aujourd'hui l'ennemi déclaré de toute obéissance, demain mettant à servir une sorte de passion que les nations les mieux douées pour la servitude ne peuvent atteindre; conduit par un fil tant que personne ne résiste, ingouvernable dès que l'exemple de la résistance est donné quelque part; trompant toujours ainsi ses maîtres, qui le craignent ou trop ou trop peu; jamais si libre qu'il faille désespérer de l'asservir, ni si asservi qu'il ne puisse encore briser le joug; apte à tout, mais n'excellant que dans la guerre; adorateur du hasard, de la force, du succès, de l'éclat et du bruit, plus que de la vraie gloire; plus capable d'héroïsme que de vertu, de génie que de bon sens, propre à concevoir d'immenses desseins plutôt qu'à parachever de grandes entreprises; la plus brillante et la plus dangereuse des nations de l'Europe, et la mieux faite pour y devenir tour à tour un objet d'admiration, de haine, de pitié, de terreur, mais jamais d'indifférence?

Elle seule pouvait donner naissance à une révolution si soudaine, si radicale, si impétueuse dans son cours, et pourtant si pleine de retours, de faits contradictoires et d'exemples contraires. Sans les raisons que j'ai dites, les Français ne l'eussent jamais faite; mais il faut reconnaître que toutes ces raisons ensemble n'auraient pas réussi pour expliquer une révolution pareille ailleurs qu'en France.

Me voici parvenu jusqu'au seuil de cette révolution mémorable; cette fois, je n'y entrerai point : bientôt peut-être pourrai-je le faire. Je ne la considérerai plus alors dans ses causes, je l'examinerai en elle-même, et j'oserai enfin juger la société qui en est sortie.

APPENDICE

Mon intention n'est point de rechercher ici avec détail comment les choses se passaient dans chacun des
pays d'États qui existaient encore à l'époque de la Révolution.

Je veux seulement en indiquer le nombre, faire
connaître ceux dans lesquels la vie locale était encore
active, montrer dans quels rapports ils vivaient avec
l'administration royale, de quel côté ils sortaient des
règles communes que j'ai précédemment exposées, par
où ils y rentraient, et enfin faire voir, par l'exemple
de l'un d'entre eux, ce qu'ils auraient pu aisément devenir tous.

Il avait existé des États dans la plupart des provinces
de France, c'est-à-dire que chacune d'elles avait été

administrée sous le gouvernement du roi par les *gens
des trois États*, comme on disait alors : ce qui doit s'entendre d'une assemblée composée de représentants du
clergé, de la noblesse et de la bourgeoisie. Cette constitution provinciale, comme les autres institutions politiques du moyen-âge, se retrouvait avec les mêmes
traits dans presque toutes les parties civilisées de l'Europe, dans toutes celles du moins où les mœurs et les
idées germaniques avaient pénétré. Il y a beaucoup de
provinces d'Allemagne où les États ont subsisté jusqu'à
la Révolution française ; là où ils étaient détruits, ils
n'avaient disparu que dans le cours des dix-septième et
dix-huitième siècles. Partout, depuis deux siècles, les
princes leur avaient fait une guerre tantôt sourde, tantôt ouverte, mais non interrompue. Nulle part ils n'a-
vaient cherché à améliorer l'institution suivant les progrès du temps, mais seulement à la détruire ou à la
déformer quand l'occasion s'en était offerte et qu'ils n'a-
vaient pu faire pis.

En France, en 1789, il ne se rencontrait plus d'États
que dans cinq provinces d'une certaine étendue et dans
quelques petits districts insignifiants. La liberté provinciale n'existait plus, à vrai dire, que dans deux, la
Bretagne et le Languedoc ; partout ailleurs, l'institution
avait entièrement perdu sa virilité et n'était qu'une vaine
apparence.

Je mettrai à part le Languedoc et j'en ferai ici l'objet
d'un examen particulier.

Le Languedoc était le plus vaste et le plus peuplé de

tous les pays d'États; il contenait plus de deux mille
communes, ou, comme on disait alors, de *communautés*,
et comptait près de deux millions d'habitants. Il était,
de plus, le mieux ordonné et le plus prospère de tous
ces pays, comme le plus grand. Le Languedoc est donc
bien choisi pour faire voir ce que pouvait être la liberté
provinciale sous l'ancien régime, et à quel point, dans
les contrées mêmes où elle paraissait la plus forte, on
l'avait subordonnée au pouvoir royal.

En Languedoc, les États ne pouvaient s'assembler que
sur un ordre exprès du roi et après une lettre de convocation adressée par lui individuellement chaque année
à tous les membres qui devaient les composer; ce qui
fit dire à un frondeur du temps : « Des trois corps qui
composent nos États, l'un, le clergé, est à la nomination
du roi, puisque celui-ci nomme aux évêchés et aux bénéfices, et les deux autres sont censés y être, puisqu'un
ordre de la cour peut empêcher tel membre qu'il lui
plaît d'y assister, sans que pour cela on ait besoin de
l'exiler ou de lui faire son procès. Il suffit de ne point le
convoquer. »

Les États devaient non-seulement se réunir, mais se
séparer à certains jours indiqués par le roi. La durée
ordinaire de leur session avait été fixée à quarante jours
par un arrêt du conseil. Le roi était représenté dans
l'assemblée par des commissaires qui y avaient toujours
entrée quand ils le demandaient, et qui étaient chargés
d'y exposer les volontés du gouvernement. Ils étaient,
de plus, étroitement tenus en tutelle. Ils ne pouvaient

prendre une résolution de quelque importance, arrêter
une mesure financière quelconque, sans que leur délibération fût approuvée par un arrêt du conseil; pour un
impôt, un emprunt, un procès, ils avaient besoin de la
permission expresse du roi. Tous leurs règlements généraux, jusqu'à celui qui concernait la tenue de leurs
séances, devaient être autorisés avant d'être mis en vigueur. L'ensemble de leurs recettes et de leurs dépenses,
leur budget, comme on l'appellerait aujourd'hui, était
soumis chaque année au même contrôle.

Le pouvoir central exerçait, d'ailleurs, dans le Languedoc, les mêmes droits politiques qui lui étaient re-
connus partout ailleurs; les lois qu'il lui convenait de
promulguer, les règlements généraux qu'il faisait sans
cesse, les mesures générales qu'il prenait, étaient applicables là comme dans les pays d'élection. Il y exerçait
de même toutes les fonctions naturelles du gouvernement; il y avait la même police et les mêmes agents; il
y créait de temps en temps, comme partout, une multitude de nouveaux fonctionnaires dont la province avait
été obligée de racheter chèrement les offices.

Le Languedoc était gouverné, comme les autres provinces, par un intendant. Cet intendant avait, dans
chaque district, des subdélégués qui correspondaient
avec les chefs des communautés et les dirigeaient. L'intendant y exerçait la tutelle administrative, absolument
comme dans les pays d'élection. Le moindre village
perdu dans les gorges des Cévennes ne pouvait faire la
plus petite dépense sans y avoir été autorisé de Paris

par un arrêt du conseil du roi. Cette partie de la justice qu'on nomme aujourd'hui le contentieux administratif, n'y était pas moins étendue que dans le reste de la France; elle l'y était même davantage. L'intendant décidait en premier ressort toutes les questions de voirie; il jugeait tous les procès en matière de chemins, et, en général, il prononçait sur toutes les affaires dans lesquelles le gouvernement était ou se croyait intéressé. Celui-ci n'y couvrait pas moins qu'ailleurs tous ses agents contre les poursuites indiscrètes des citoyens vexés par eux.

Qu'avait donc le Languedoc de particulier qui le distinguât des autres provinces et qui en fît pour celles-ci un sujet d'envie? Trois choses qui suffisaient pour le rendre entièrement différent du reste de la France :

1° Une assemblée composée d'hommes considérables, accréditée dans la population, respectée par le pouvoir royal, dont aucun fonctionnaire du gouvernement central, ou, suivant la langue d'alors, *aucun officier du roi* ne pouvait faire partie, et où l'on discutait chaque année librement et sérieusement les intérêts particuliers de la province. Il suffisait que l'administration royale se trouvât placée à côté de ce foyer de lumières pour qu'elle exerçât ses priviléges tout autrement, et que, avec les mêmes agents et les mêmes intérêts, elle ne ressemblât point à ce qu'elle était partout ailleurs.

2° Il y avait dans le Languedoc beaucoup de travaux publics qui étaient exécutés aux dépens du roi et par ses agents; il y en avait d'autres où le gouvernement

central fournissait une portion des fonds et dont il dirigeait en grande partie l'exécution; mais le plus grand
nombre étaient exécutés aux seuls frais de la province.
Une fois que le roi avait approuvé le dessein et autorisé
la dépense de ceux-là, ils étaient exécutés par des fonctionnaires que les États avaient choisis, et sous l'inspection de commissaires pris dans leur sein.

. 5° Enfin la province avait le droit de lever elle-même,
et suivant la méthode qu'elle préférait, une partie des
impôts royaux et tous ceux qu'on lui permettait d'établir pour subvenir à ses propres besoins.

Nous allons voir le parti que le Languedoc a su tirer
de ces priviléges. Cela mérite la peine d'être regardé de
près.

Ce qui frappe le plus dans les pays d'élection, c'est
l'absence presque absolue de charges locales; les impôts généraux sont souvent oppressifs, mais la province ne dépense presque rien pour elle-même. Dans
le Languedoc, au contraire, la somme que coûtent
annuellement à la province les travaux publics est
énorme : en 1780, elle dépassait 2 millions de livres
chaque année.

Le gouvernement central s'émeut parfois à la vue
d'une si grande dépense; il craint que la province,
épuisée par un tel effort, ne puisse acquitter la part
d'impôts qui lui revenait à lui-même; il reproche aux
États de ne point se modérer. J'ai lu un Mémoire dans
lequel l'assemblée répondait à ces critiques. Ce que je
vais en extraire textuellement peindra mieux que tout

ce que je pourrais dire l'esprit dont ce petit gouvernement était animé.

On reconnaît dans ce Mémoire qu'en effet la province
a entrepris et continue d'immenses travaux ; mais, loin
de s'en excuser, on annonce que, si le roi ne s'y oppose
pas, elle entrera de plus en plus dans cette voie. Elle a
déjà amélioré ou redressé le cours des principales rivières qui traversent son territoire, et s'occupe d'ajouter au canal de Languedoc, creusé sous Louis XIV et
qui est insuffisant, des prolongements qui, à travers le
bas Languedoc, doivent conduire, par Cette et Agde,
jusqu'au Rhône. Elle a rendu praticable au commerce
le port de Cette et l'entretient à grands frais. Toutes
ces dépenses, fait-on remarquer, ont un caractère plus
national que provincial ; néanmoins, la province, qui
en profite plus qu'aucune autre, s'en est chargée. Elle
est également en train de dessécher et de rendre à l'agriculture les marais d'Aigues-Mortes. Mais c'est surtout
des chemins qu'elle a voulu s'occuper : elle a ouvert
ou mis en bon état tous ceux qui la traversent pour conduire dans le reste du royaume; ceux mêmes qui ne
font communiquer entre elles que les villes et les bourgs
du Languedoc, ont été réparés. Tous ces différents chemins sont excellents, même en hiver, et font un parfait
contraste avec les chemins durs, raboteux et mal entretenus, qu'on trouve dans la plupart des provinces
voisines, le Dauphiné, le Quercy, la généralité de Bordeaux (pays d'élection, est-il remarqué). Elle s'en rapporte sur ce point à l'opinion du commerce et des

voyageurs; et elle n'a pas tort, car Arthur Young, parcourant le pays dix ans après, met sur ses notes : « Languedoc, pays d'États ; bonnes routes, faites sans corvées. »

Si le roi veut bien le permettre, continue le Mémoire, les États n'en resteront pas là ; ils entreprendront d'améliorer les chemins des communautés (chemins vicinaux), qui ne sont pas moins intéressants que les autres. « Car, si les denrées, remarque-t-on, ne peuvent sortir des greniers du propriétaire pour aller au marché, qu'importe qu'elles puissent être transportées au loin ? — « La doctrine des États en matière de travaux publics, a toujours été, ajoute-t-on encore, que ce n'est pas à la grandeur des travaux, mais à leur utilité, qu'on doit regarder. » Des rivières, des canaux, des chemins qui donnent à tous les produits du sol et de l'industrie de la valeur, en permettant de les transporter, en tout temps et à peu de frais, partout où il en est besoin, et au moyen desquels le commerce peut percer toutes les parties de la province, enrichissent le pays, quoi qu'ils lui coûtent. De plus, de pareils travaux entrepris à la fois avec mesure dans différentes parties du territoire, d'une façon à peu près égale, soutiennent partout le prix des salaires et viennent au secours des pauvres. « Le roi n'a pas besoin d'établir à ses frais dans le Languedoc des ateliers de charité, comme il l'a fait dans le reste de la France, dit en terminant la province avec quelque orgueil. Nous ne réclamons point cette faveur; les travaux d'utilité que nous entreprenons nous-mêmes chaque année en tiennent lieu, et donnent à tout le monde un travail productif. »

Plus j'étudie les règlements généraux établis avec la permission du roi, mais d'ordinaire sans son initiative, par les États du Languedoc, dans cette portion de l'administration publique qu'on leur laissait, plus j'admire la sagesse, l'équité et la douceur qui s'y montrent ; plus les procédés du gouvernement local me semblent supérieurs à tout ce que je viens de voir dans les pays que le roi administrait seul.

La province est divisée en *communautés* (villes ou villages), en districts administratifs qui se nomment *diocèses*, enfin, en trois grands départements qui s'appellent *sénéchaussées*. Chacune de ces parties a une représentation distincte et un petit gouvernement à part, qui se meut sous la direction, soit des États, soit du roi. S'agit-il de travaux publics qui aient pour objet l'intérêt d'un de ces petits corps politiques : ce n'est que sur la demande de celui-ci qu'ils sont entrepris. Si le travail d'une communauté peut avoir de l'utilité pour le diocèse, celui-ci doit concourir dans une certaine mesure à la dépense. Si la sénéchaussée est intéressée, elle doit à son tour fournir un secours. Le diocèse, la sénéchaussée, la province, doivent enfin venir en aide à la communauté, quand même il ne s'agit que de l'intérêt particulier de celle-ci, pourvu que le travail lui soit nécessaire et excède ses forces ; car, disent sans cesse les États, « le principe fondamental de notre constitution, c'est que toutes les parties du Languedoc sont entièrement

solidaires les unes des autres et doivent toutes successivement s'entr'aider. »

Les travaux qu'exécute la province doivent être préparés de longue main et soumis d'abord à l'examen de
tous les corps secondaires qui doivent y concourir; ils
ne peuvent être exécutés qu'à prix d'argent : la corvée
est inconnue. J'ai dit que, dans les pays d'élection, les
terrains pris aux propriétaires pour services publics
étaient toujours mal ou tardivement payés, et que souvent ils ne l'étaient point. C'est une des grandes plaintes
qu'élevèrent les assemblées provinciales lorsqu'on les
réunit en 1787. J'en ai vu qui faisaient remarquer qu'on
leur avait même ôté la faculté d'acquitter les dettes con-
tractées de cette manière, parce qu'on avait détruit ou
dénaturé l'objet à acquérir avant qu'on l'estimât. En
Languedoc, chaque parcelle de terrain prise au propriétaire doit être soigneusement évaluée avant le commencement des travaux *et payée dans la première année de
l'exécution.*

Le règlement des États relatif aux différents travaux
publics, dont j'extrais ces détails, parut si bien fait au
gouvernement central, que, sans l'imiter, il l'admira.
Le conseil du roi, après avoir autorisé sa mise en vigueur, le fit reproduire à l'imprimerie royale, et or-
donna qu'on le transmît comme pièce à consulter à tous
les intendants.

Ce que j'ai dit des travaux publics est à plus forte raison applicable à cette autre portion, non moins importante, de l'administration provinciale qui se rapportait à

la levée des taxes. C'est là surtout qu'après avoir passé
du royaume à la province, on a peine à croire qu'on soit
encore dans le même empire.

J'ai eu occasion de dire ailleurs comment les procédés
qu'on suivait en Languedoc, pour asseoir et percevoir les
tailles, étaient en partie ceux que nous suivons nous-mêmes aujourd'hui pour la levée des impôts. Je n'y reviendrai pas ici ; j'ajouterai seulement que la province goûtait
si bien en cette matière la supériorité de ses méthodes,
que, toutes les fois que le roi créa de nouvelles taxes,
les États n'hésitèrent jamais à acheter très-cher le droit
de les lever à leur manière et par leurs seuls agents.

Malgré toutes les dépenses que j'ai successivement
énumérées, les affaires du Languedoc étaient néanmoins
en si bon ordre, et son crédit si bien établi, que le gouvernement central y avait souvent recours et empruntait,
au nom de la province, un argent qu'on ne lui aurait
pas prêté à de si bonnes conditions à lui-même. Je
trouve que le Languedoc a emprunté, sous sa propre
garantie, mais pour le compte du roi, dans les derniers
temps, 73 millions 200,000 livres.

Le gouvernement et ses ministres voyaient cependant
d'un fort mauvais œil ces libertés particulières. Richelieu les mutila d'abord, puis les abolit. Le mou et fai-
néant Louis XIII, qui n'aimait rien, les détestait ; il avait
dans une telle horreur tous les priviléges de provinces,
dit Boulainvilliers, que sa colère s'allumait rien que d'en
entendre prononcer le nom. On ne sait jamais toute
l'énergie qu'ont les âmes faibles pour haïr ce qui les

oblige à faire un effort. Tout ce qui leur reste de virilité est employé là, et elles se montrent presque toujours fortes en cet endroit, fussent-elles débiles dans tous les autres. Le bonheur voulut que l'ancienne constitution du Languedoc fût rétablie durant l'enfance de Louis XIV. Celui-ci, la regardant comme son ouvrage, la respecta. Louis XV en suspendit l'application pendant deux ans, mais ensuite il la laissa renaître.

La création des offices municipaux lui fit courir des périls moins directs, mais non moins grands; cette détestable institution n'avait pas seulement pour effet de détruire la constitution des villes, elle tendait encore à dénaturer celle des provinces. Je ne sais si les députés du tiers-état dans les assemblées provinciales avaient jamais été élus pour l'occasion, mais depuis longtemps ils ne l'étaient plus; les officiers municipaux des villes y étaient de droit les seuls représentants de la bourgeoisie et du peuple.

Cette absence d'un mandat spécial et donné en vue des intérêts du moment se fit peu remarquer tant que les villes élurent elles-mêmes librement, par vote universel et le plus souvent pour un temps très-court, leurs magistrats. Le maire, le consul ou le syndic représentait aussi fidèlement alors dans le sein des États les volontés de la population au nom de laquelle il parlait que s'il avait été choisi tout exprès par elle. On comprend qu'il n'en était pas de même de celui qui avait acquis par son argent le droit d'administrer ses concitoyens. Celui-ci ne représentait rien que lui-même, ou tout au plus les petits intérêts ou les petites passions de sa coterie. Cependant on maintint à ce magistrat adjudicataire de ses pouvoirs le profit qu'avaient possédé les magistrats élus. Cela changea sur-le-champ tout le caractère de l'institution. La noblesse et le clergé, au lieu d'avoir à côté d'eux et en face d'eux dans l'assemblée provinciale les représentants du peuple, n'y trouvèrent que quelques bourgeois isolés, timides et impuissants, et le tiers-état devint de plus en plus subordonné dans le gouvernement au moment même où il devenait chaque jour plus riche et plus fort dans la société. Il n'en fut pas ainsi pour le Languedoc, la province ayant toujours pris soin de racheter au roi les offices à mesure que celui-ci les établissait. L'emprunt contracté par elle pour cet objet dans la seule année de 1773 s'éleva à plus de 4 millions de livres.

D'autres causes plus puissantes avaient contribué à faire pénétrer l'esprit nouveau dans ces vieilles institutions et donnaient aux États du Languedoc une supériorité incontestée sur tous les autres.

Dans cette province, comme dans une grande partie du Midi, la taille était réelle et non personnelle, c'est-à-dire qu'elle se réglait sur la valeur de la propriété et non sur la condition du propriétaire. Il y avait, il est vrai, certaines terres qui jouissaient du privilége de ne point la payer. Ces terres avaient été autrefois celles de la noblesse; mais, par le progrès du temps et de l'industrie, il était arrivé qu'une partie de ces biens était tombée dans les mains des roturiers; d'une autre part, les nobles étaient devenus propriétaires de beaucoup de biens sujets à la taille. Le privilége, transporté ainsi des

personnes aux choses était plus absurde sans doute, mais
il était bien moins senti, parce que, gênant encore, il
n'humiliait plus. N'étant plus lié d'une manière indisso-
luble à l'idée de classes, ne créant pour aucune d'elles
d'intérêts absolument étrangers ou contraires à ceux des
autres, il ne s'opposait plus à ce que toutes s'occupassent
ensemble du gouvernement. Plus que partout ailleurs,
en Languedoc, elles s'y mêlaient en effet et s'y trouvaient sur le pied de la plus parfaite égalité.

En Bretagne, les gentilshommes avaient le droit de
paraître tous individuellement aux États, ce qui souvent
fit de ces derniers des espèces de diètes polonaises. En
Languedoc, les nobles ne figuraient aux États que par
représentants; vingt-trois d'entre eux y tenaient la place
de tous les autres. Le clergé y paraissait dans la personne
des vingt-trois évêques de la province, et, ce qu'on doit
surtout remarquer, les villes y avaient autant de voix
que les deux premiers ordres.

Comme l'assemblée était unique et qu'on n'y délibé-
rait pas par ordre, mais par tête, le tiers-état y acquit
naturellement une grande importance; peu à peu il fit
pénétrer son esprit particulier dans tout le corps. Bien
plus, les trois magistrats qui, sous le nom de syndics
généraux, étaient chargés, au nom des États, de la conduite ordinaire des affaires, étaient toujours des hommes de loi, c'est-à-dire des roturiers. La noblesse, assez
forte pour maintenir son rang, ne l'était plus assez pour
régner seule. De son côté, le clergé, quoique composé
en grande partie de gentilshommes, y vécut en parfaite

intelligence avec le tiers; il s'associa avec ardeur à la plupart de ses projets, travailla de concert avec lui à accroître la prospérité matérielle de tous les citoyens et à favoriser leur commerce et leur industrie, mettant ainsi souvent à son service sa grande connaissance des hommes et sa rare dextérité dans le maniement des affaires. C'était presque toujours un ecclésiastique qu'on choisissait pour aller débattre à Versailles, avec les ministres, les questions litigieuses qui mettaient en conflit l'autorité royale et les États. On peut dire que, pendant tout le dernier siècle, le Languedoc a été administré par des bourgeois, que contrôlaient des nobles et qu'aidaient des évêques.

Grâce à cette constitution particulière du Languedoc, l'esprit des temps nouveaux put pénétrer paisiblement dans cette vieille institution et y tout modifier sans y rien détruire.

Il eût pu en être ainsi partout ailleurs. Une partie de la persévérance et de l'effort que les princes ont mis à abolir 'ou à déformer les États provinciaux aurait suffi pour les perfectionner de cette façon et pour les adapter tous aux nécessités de la civilisation moderne, si ces princes avaient jamais voulu autre chose que devenir et rester les maîtres.

NOTES

Page 22, *ligne* 1.

Puissance du droit romain en Allemagne. — Manière dont il avait remplacé le droit germanique.

A la fin du moyen-âge, le droit romain devint la principale et presque la seule étude des légistes allemands ; la plupart d'entre eux, à cette époque, faisaient même leur éducation hors d'Allemagne, dans les universités d'Italie. Ces légistes, qui n'étaient pas les maîtres de la société politique, mais qui étaient chargés d'expliquer et d'appliquer ses lois, s'ils ne purent abolir le droit germanique, le déformèrent du moins de manière à le faire entrer de force dans le cadre du droit romain. Ils appliquèrent les lois romaines à tout ce qui semblait, dans les institutions germaniques, avoir quelque analogie éloignée avec la législation de Justinien ; ils introduisirent ainsi un nouvel esprit, de nouveaux usages dans la législation nationale ; elle fut peu à

peu transformée de telle façon qu'elle devint méconnais-
sable, et qu'au dix-septième siècle, par exemple, on ne la
connaissait pour ainsi dire plus. Elle était remplacée par
un je ne sais quoi qui était encore germanique par le nom
et romain par le fait.

J'ai lieu de croire que, dans ce travail des légistes, beaucoup des conditions de l'ancienne société germanique s'em-
pirèrent, notamment celle des paysans; plusieurs de ceux
qui étaient parvenus à garder jusque-là tout ou partie de
leurs libertés ou de leurs possessions les perdirent alors par
des assimilations savantes à la condition des esclaves ou des
emphytéotes romains.

Cette transformation graduelle du droit national, et les
efforts inutiles qui furent faits pour s'y opposer, se voient
bien dans l'histoire du Wurtemberg.

Depuis la naissance du comté de ce nom, en 1250, jusqu'à la création du duché, en 1495, la législation est entièrement indigène; elle se compose de coutumes, de lois
locales faites par les villes ou par les cours des seigneurs,
de statuts promulgués par les États; les choses ecclésiastiques seules sont réglées par un droit étranger, le droit
canonique.

A partir de 1495, le caractère de la législation change :
le droit romain commence à pénétrer; les *docteurs*, comme
on les appelait, ceux qui avaient étudié le droit dans les
écoles étrangères, entrent dans le gouvernement et s'em-
parent de la direction des hautes cours. Pendant tout le
commencement du quinzième siècle et jusqu'au milieu, on
voit la société politique soutenir contre eux la même lutte
qui avait lieu à cette même époque en Angleterre, mais
avec un tout autre succès. Dans la diète de Tubingue, en
1514, et dans celles qui lui succèdent, les représentants
de la féodalité et les députés de villes font toutes sortes de
représentations contre ce qui se passe ; ils attaquent les

légistes, qui font irruption dans toutes les cours et changent l'esprit ou la lettre de toutes les coutumes et de toutes les lois. L'avantage paraît d'abord être de leur côté ; ils obtiennent du gouvernement la promesse qu'on placera désormais dans les hautes cours des personnes honorables et éclairées, prises dans la noblesse et dans les États du duché, et pas de docteurs, et qu'une commission, composée d'agents du gouvernement et de représentants des États, dressera le projet d'un code qui puisse servir de règle dans tout le pays. Efforts inutiles ! Le droit romain finit bientôt par chasser entièrement le droit national d'une grande partie de la législation, et par planter ses racines jusque sur le terrain même où il laisse cette législation subsister.

Ce triomphe du droit étranger sur le droit indigène est attribué par plusieurs historiens allemands à deux causes : 1° au mouvement qui entraînait alors tous les esprits vers les langues et les littératures de l'antiquité, ainsi qu'au mépris que cela faisait concevoir pour les produits intellectuels du génie national ; 2° à l'idée, qui avait toujours préoccupé tout le moyen-âge allemand et qui se fait jour même dans la législation de ce temps, que le saint-empire est la continuation de l'empire romain, et que la législation de celui-ci est un héritage de celui-là.

Mais ces causes ne suffisent pas pour faire comprendre que ce même droit se soit, à la même époque, introduit sur tout le continent de l'Europe à la fois. Je crois que cela vint de ce que, dans le même temps, le pouvoir absolu des princes s'établissait solidement partout sur les ruines des vieilles libertés de l'Europe, et de ce que le droit romain, droit de servitude, entrait merveilleusement dans leurs vues.

Le droit romain, qui a perfectionné partout la société civile, partout a tendu à dégrader la société politique, parce

qu'il a été principalement l'œuvre d'un peuple très-civilisé
et très-asservi. Les rois l'adoptèrent donc avec ardeur, et
l'établirent partout où ils furent les maîtres. Les interprètes
de ce droit devinrent dans toute l'Europe leurs ministres
ou leurs principaux agents. Les légistes leur fournirent au
besoin l'appui du droit contre le droit même. Ainsi ont-ils
souvent fait depuis. A côté d'un prince qui violait les lois,
il est très-rare qu'il n'ait pas paru un légiste qui venait
assurer que rien n'était plus légitime, et qui prouvait
savamment que la violence était juste et que l'opprimé
avait tort.

Page 24, ligne 4.

Passage de la monarchie féodale à la monarchie démocratique.

Toutes les monarchies étant devenues absolues vers la
même époque, il n'y a guère d'apparence que ce changement de constitution tînt à quelque circonstance particulière qui se rencontra par hasard au même moment dans
chaque État, et l'on doit croire que tous ces événements
semblables et contemporains ont dû être produits par une
cause générale qui s'est trouvée agir également partout à
la fois.

Cette cause générale était le passage d'un état social à
un autre, de l'inégalité féodale à l'égalité démocratique.
Les nobles étaient déjà abattus et le peuple ne s'était pas
encore élevé, les uns trop bas et l'autre pas assez haut
pour gêner les mouvements du pouvoir. Il y a eu là
cent cinquante ans, qui ont été comme l'âge d'or des
princes, pendant lesquels ils eurent en même temps la
stabilité et la toute-puissance, choses qui d'ordinaire s'ex-

cluent : aussi sacrés que les chefs héréditaires d'une monarchie féodale, et aussi absolus que le maître d'une société
démocratique.

Page 24, ligne 28.

Décadence des villes libres en Allemagne. — Villes impériales.

(Reichsstœdten.)

D'après les historiens allemands, le plus grand éclat de
ces villes fut aux quatorzième et quinzième siècles. Elles
étaient alors l'asile de la richesse, des arts, des connais-
sances, les maîtres du commerce de l'Europe, les plus
puissants centres de la civilisation. Elles finirent, surtout
dans le nord et le sud de l'Allemagne, par former avec
les nobles qui les environnaient des confédérations indépendantes, comme en Suisse les villes avaient fait avec les
paysans.

Au seizième siècle, elles conservaient encore leur prospérité; mais l'époque de la décadence était venue. La guerre
de Trente Ans acheva de précipiter leur ruine ; il n'y en a
presque pas une qui n'ait été détruite ou ruinée dans cette
période.

Cependant le traité de Westphalie les nomme positivement et leur maintient la qualité d'États immédiats, c'est-
à-dire qui ne dépendent que de l'Empereur; mais les souverains qui les avoisinent d'une part, de l'autre l'empereur
lui-même, dont le pouvoir, depuis la guerre de Trente Ans,
ne pouvait guère s'exercer que sur ces petits vassaux de
l'empire, renferment chaque jour leur souveraineté dans
des limites très-étroites. Au dix-huitième siècle, on les voit
encore au nombre de cinquante et une ; elles occupent deux
bancs dans la diète et y possèdent une voix distincte ; mais,

en fait, elles ne peuvent plus rien sur la direction des affaires générales.

Au dedans, elles sont toutes surchargées de dettes ; celles-ci viennent en partie de ce qu'on continue à les taxer pour les impôts de l'empire suivant leur ancienne splendeur, en partie de ce qu'elles sont très-mal administrées. Et ce qui est bien remarquable, c'est que cette mauvaise administration semble dépendre d'une maladie secrète qui est commune à toutes, quelle que soit la forme de leur constitution ; que celle-ci soit aristocratique ou démocratique, elle donne lieu à des plaintes, sinon semblables, au moins aussi vives : aristocratique, le gouvernement est, dit-on, devenu la coterie d'un petit nombre de familles : la faveur, les intérêts particuliers font tout ; démocratique, la brigue, la vénalité y apparaissent de toutes parts. Dans les deux cas, on se plaint du défaut d'honnêteté et de désintéressement de la part des gouvernements. Sans cesse l'empereur est obligé d'intervenir dans leurs affaires pour tâcher d'y rétablir l'ordre. Elles se dépeuplent, elles tombent dans la misère. Elles ne sont plus les foyers de la civilisation germanique ; les arts les quittent pour aller briller dans les villes nouvelles, créations des souverains, et qui représentent le monde nouveau. Le commerce s'écarte d'elles ; leur ancienne énergie, leur vigueur patriotique disparaissent ; Hambourg, à peu près seul, reste un grand centre de richesses et de lumières, mais par suite de causes qui lui sont particulières.

Page 53, ligne 9.

Date de l'abolition du servage en Allemagne.

On verra, par le tableau qui suit, que l'abolition du servage dans la plupart des contrées de l'Allemagne est très-
récente. Le servage n'a été aboli :

1° Dans le pays de Bade, qu'en 1785 ;

2° Dans Hohenzollern, en 1789 ;

3° Schleswig et Holstein, en 1804 ;

4° Nassau, en 1808 ;

5° Prusse. Frédéric-Guillaume Ier avait détruit, dès 1717,
le servage dans ses domaines. Le code particulier du grand
Frédéric, comme nous l'avons vu, prétendit l'abolir dans
tout le royaume ; mais, en réalité, il ne fit disparaître que
sa forme la plus dure, *leibeigenschaft* ; il le conserva sous sa
forme adoucie, *erbunterthænigkeit*. Ce ne fut qu'en 1809
qu'il cessa entièrement ;

6° En Bavière, le servage disparut en 1808 ; ·

7° Un décret de Napoléon, daté de Madrid, en 1808,
l'abolit dans le grand-duché de Berg et dans divers autres
petits territoires, tels qu'Erfurth, Baireuth, etc. ;

8° Dans le royaume de Westphalie, sa destruction date
de 1808 et 1809 ;

9° Dans la principauté de Lippe-Detmold, de 1809 ;

10° Dans Schauenburg-Lippe, de 1810 ;

11° Dans la Poméranie suédoise, de 1810 également ;

12° Dans la Hesse-Darmstadt, de 1809 et de 1811 ;

13° Dans le Wurtemberg, de 1817 ;

14° Dans le Mecklembourg, de 1820 ;

15° Dans l'Oldenbourg, de 1814 ;

16° En Saxe, pour la Lusace, de 1832 ;

17° Dans Hohenzollern-Sigmaringen, de 1833 seulement;

18° En Autriche, de 1811. Dès 1782, Joseph II avait détruit le *leibeigenschaft;* mais le servage sous sa forme adoucie, *erbunterthænigkeit*, a duré jusqu'en 1811.

Page 33, ligne 9.

Il y a une portion des pays aujourd'hui allemands, telle que le Brandebourg, la vieille Prusse, la Silésie, qui était originairement peuplée de Slaves, et qui a été conquise et en partie occupée par des Allemands. Dans ces pays-là, l'aspect du servage a toujours été beaucoup plus rude encore qu'en Allemagne, et il y laissait des traces encore plus marquées à la fin du dix-huitième siècle.

Page 35, ligne 1.

Code du grand Frédéric.

Parmi les œuvres du grand Frédéric, la moins connue, même dans son pays, et la moins éclatante, est le code rédigé par ses ordres et promulgué par son successeur. Je ne sais néanmoins s'il en est aucune qui jette plus de lumières sur l'homme lui-même et sur le temps, et montre mieux l'influence réciproque de l'un sur l'autre.

Ce code est une véritable constitution, dans le sens qu'on attribue à ce mot ; il n'a pas seulement pour but de régler les rapports des citoyens entre eux, mais encore les rapports des citoyens et de l'État : c'est tout à la fois un code civil, un code criminel et une charte.

Il repose ou plutôt paraît reposer sur un certain nombre de principes généraux exprimés dans une forme très-philosophique et très-abstraite, et qui ressemblent sous beaucoup de rapports à ceux qui remplissent la Déclaration des droits de l'homme dans la constitution de 1791.

On y proclame que le bien de l'État et de ses habitants y est le but de la société et la limite de la loi ; que les lois ne peuvent borner la liberté et les droits des citoyens que dans le but de l'utilité commune ; que chaque membre de l'État doit travailler au bien général dans le rapport de sa position et de sa fortune; que les droits des individus doivent céder devant le bien général.

Nulle part il n'est question du droit héréditaire du prince, de sa famille, ni même d'un droit particulier, qui serait distinct du droit de l'État. Le nom de l'État est déjà le seul dont on se serve pour désigner le pouvoir royal.

Par contre, on y parle du droit général des hommes : les droits généraux des hommes se fondent sur la liberté naturelle de faire son propre bien sans nuire au droit d'autrui. Toutes les actions qui ne sont pas défendues par la loi naturelle ou par une loi positive de l'État sont permises. Chaque habitant de l'État peut exiger de celui-ci la défense de sa personne et de sa propriété, et a le droit de se défendre lui-même par la force, si l'État ne vient à son aide.

Après avoir exposé ces grands principes, le législateur, au lieu d'en tirer, comme dans la constitution de 1791, le dogme de la souveraineté du peuple et l'organisation d'un gouvernement populaire dans une société libre, tourne court et va à une autre conséquence également démocratique, mais non libérale; il considère le prince comme le seul représentant de l'État, et lui donne tous les droits qu'on vient de reconnaître à la société. Le souverain n'est plus dans ce code le représentant de Dieu, il n'est que le représentant de la société, son agent, son serviteur, comme l'a imprimé en toutes lettres Frédéric dans ses œuvres; mais il la représente seul, il en exerce seul tous les pou-

voirs. Le chef de l'État, est-il dit dans l'introduction, à qui
appartient le devoir de produire le bien général, seul but
de la société, est autorisé à diriger et à régler tous les
actes des individus vers ce but.

Parmi les principaux devoirs de cet agent tout-puissant
de la société, je trouve ceux-ci : maintenir la paix et la sécurité publiques au dedans, et y garantir chacun contre la
violence. Au dehors, il lui appartient de faire la paix et la
guerre ; lui seul doit donner des lois et faire des règlements
généraux de police ; il possède seul le droit de faire grâce
et d'annuler les poursuites criminelles.

Toutes les associations qui existent dans l'État, tous les
établissements publics sont sous son inspection et sa direction, dans l'intérêt de la paix et de la sécurité générales.
Pour que le chef de l'État puisse remplir ces obligations, il
faut qu'il ait de certains revenus et des droits utiles ; il a
donc le pouvoir d'établir des impôts sur les fortunes privées, sur les personnes, leur profession, leur commerce,
leur produit ou leur consommation. Les ordres des fonctionnaires publics qui agissent en son nom doivent être
suivis comme les siens mêmes pour tout ce qui est placé
dans les limites de leurs fonctions.

Sous cette tête, toute moderne, nous allons maintenant
voir apparaître un corps tout gothique ; Frédéric n'a fait
que lui ôter ce qui pouvait gêner l'action de son propre
pouvoir, et le tout va former un être monstrueux qui semble une transition d'une création à une autre. Dans cette
production étrange, Frédéric montre autant de mépris
pour la logique que de soin de sa puissance et d'envie de
ne pas se créer des difficultés inutiles en attaquant ce qui
était encore de force à se défendre.

Les habitants des campagnes, à l'exception de quelques
districts et de quelques localités, sont placés dans une servitude héréditaire qui ne se borne pas seulement aux corvées

et services qui sont inhérents à la possession de certaines
terres, mais s'étendent, ainsi que nous l'avons vu, jusqu'à
la personne du possesseur.

La plupart des priviléges des propriétaires de sol sont
de nouveau consacrés par le code ; on peut même dire
qu'ils le sont contre le code ; puisqu'il est dit que, dans
les cas où la coutume locale et la nouvelle législation dif-
féreraient, la première doit être suivie. On déclare formellement que l'État ne peut détruire aucun de ces priviléges qu'en les rachetant et en suivant les formes de la
justice.

Le code assure, il est vrai, que le servage proprement
dit (*leibeigenschaft*), en tant qu'il établit la servitude personnelle, est aboli ; mais la subjection héréditaire qui le
remplace (*erbunterthænigkeit*) est encore une sorte de servitude, comme on a pu le juger en lisant le texte.

Dans ce même code, le bourgeois reste soigneusement
séparé du paysan ; entre la bourgeoisie et la noblesse, on
y reconnaît une sorte de classe intermédiaire : elle se compose de hauts fonctionnaires qui ne sont pas nobles, des
ecclésiastiques, des professeurs des écoles savantes, gym-
nases et universités.

Pour être à part du reste de la bourgeoisie, ces bourgeois n'étaient pas, du reste, confondus avec les nobles ; ils
restaient, au contraire, dans un état d'infériorité vis-à-vis
de ceux-ci. Ils ne pouvaient pas, en général, acheter des
biens équestres, ni obtenir les places les plus élevées dans
le service civil. Ils n'étaient pas non plus *hoffahig*, c'est-
à-dire qu'ils ne pouvaient se présenter à la cour, sinon
dans des cas rares, et jamais avec leur famille. Comme
en France, cette infériorité blessait d'autant plus que
chaque jour cette classe devenait plus éclairée et plus in-
fluente, et que les fonctionnaires bourgeois de l'État, s'ils
n'occupaient pas les postes les plus brillants, remplissaient

déjà ceux où il y avait le plus de choses et les choses les
plus utiles à faire. L'irritation contre les priviléges de la
noblesse, qui, chez nous, allait tant contribuer à la Révolution, préparait en Allemagne l'approbation avec laquelle
celle-ci fut d'abord reçue. Le principal rédacteur du code
était pourtant un bourgeois ; mais il suivait sans doute les
ordres de son maître.

La vieille constitution de l'Europe n'est pas assez ruinée
dans cette partie de l'Allemagne pour que Frédéric croie,
malgré le mépris qu'elle lui inspire, qu'il soit encore temps
d'en faire disparaître les débris. En général, il se borne à
enlever aux nobles le droit de s'assembler et d'administrer
en corps, et laisse à chacun d'eux individuellement ses
priviléges ; il ne fait qu'en limiter et en régler l'usage. Il
arrive ainsi que ce code, rédigé par les ordres d'un élève
de nos philosophes, et appliqué après que la révolution
française a éclaté, est le document législatif le plus authentique et le plus récent qui donne un fondement légal à ces
mêmes inégalités féodales que la Révolution allait abolir
dans toute l'Europe.

Là noblesse y est déclarée le principal corps de l'État ;
les gentilshommes doivent être nommés de préférence, y
est-il dit, à tous les postes d'honneur, quand ils sont capables de les remplir. Eux seuls peuvent posséder des biens
nobles, créer des substitutions, jouir des droits de chasse et
de justice inhérents aux biens nobles, ainsi que des droits
de patronage sur les églises ; seuls ils peuvent prendre le
nom de la terre qu'ils possèdent. Les bourgeois, autorisés
par exception expresse à posséder des biens nobles, ne peuvent jouir que dans les limites exactes de cette permission
des droits et honneurs attachés à la possession de pareils
biens. Le bourgeois, fût-il possesseur d'un bien noble, ne
peut laisser celui-ci à un héritier bourgeois que si cet héritier est du premier degré. Dans le cas où il n'y aurait pas

de tels héritiers ou d'autres héritiers nobles, le bien devait être licité.

Une des portions les plus caractéristiques du code de Frédéric est le droit pénal en matière politique qui y est joint.

Le successeur du grand Frédéric, Frédéric-Guillaume II, qui, malgré la partie féodale et absolutiste de la législation dont je viens de donner un aperçu, croyait apercevoir dans cette œuvre de son oncle des tendances révolutionnaires, et qui en fit suspendre la publication jusqu'en 1794, ne se rassurait, dit-on, qu'en pensant aux excellentes dispositions pénales à l'aide desquelles ce code corrigeait les mauvais principes qu'il contenait. Jamais, en effet, on ne vit, même depuis, en ce genre, rien de plus complet ; non-seulement les révoltes et les conspirations sont punies avec la plus grande sévérité ; mais les critiques irrespectueuses des actes du gouvernement sont également réprimées très-sévèrement. On défend avec soin l'achat et la distribution d'écrits dangereux : l'imprimeur, l'éditeur et le distributeur sont responsables, du fait de l'auteur. Les redoutes, les mascarades et autres amusements sont déclarés réunions publiques ; elles doivent être autorisées par la police. Il en doit être ainsi même des repas dans les lieux publics. La liberté de la presse et de la parole sont étroitement soumises à une surveillance arbitraire. Le port des armes à feu est défendu.

Tout au travers de cette œuvre à moitié empruntée au moyen-âge apparaissent enfin des dispositions dont l'extrême esprit centralisateur avoisine le socialisme. Ainsi il est déclaré que c'est à l'État qu'il incombe de veiller à la nourriture, à l'emploi et au salaire de tous ceux qui ne peuvent s'entretenir eux-mêmes et qui n'ont droit ni aux secours du seigneur ni aux secours de la commune : on doit assurer à ceux-là du travail conformément à leurs forces et à leur capacité. L'État doit former des établissements par lesquels la pauvreté des citoyens soit secourue. L'État est autorisé, de plus, à détruire les fondations qui tendent à encourager la paresse, et distribuer lui-même aux pauvres l'argent dont ces établissements disposaient.

Les hardiesses et les nouveautés dans la théorie, la timidité dans la pratique, qui font le caractère de cette œuvre du grand Frédéric, s'y retrouvent partout. D'une part, on proclame le grand principe de la société moderne, que tout le monde doit être également sujet à l'impôt ; de l'autre, on laisse subsister les lois provinciales qui contiennent des exemptions à cette règle. On affirme que tout procès entre un sujet et le souverain sera jugé dans les formes et suivant les prescriptions indiquées pour tous les autres litiges ; en fait, cette règle ne fut jamais suivie quand les intérêts ou les passions du roi s'y opposèrent. On montra avec ostentation le moulin de Sans-Souci, et l'on fit plier sans éclat la justice dans plusieurs autres circonstances.

Ce qui prouve combien ce code, qui innovait tant en apparence, innova peu en réalité, et ce qui le rend, par conséquent, si curieux à étudier pour bien connaître l'état vrai de la société dans cette partie de l'Allemagne à la fin du dix-huitième siècle, c'est que la nation prussienne parut à peine s'apercevoir de sa publication. Les légistes seuls l'étudièrent, et de nos jours il y a un grand nombre de gens éclairés qui ne l'ont jamais lu.

Page 57, ligne 17.

Bien des paysans en Allemagne.

On rencontrait fréquemment parmi les paysans des familles qui non-seulement étaient libres et propriétaires, mais dont les biens formaient une espèce de majorat perpétuel. La terre possédée par ceux-là était indivisible : un fils en héritait seul : c'était d'ordinaire le fils le plus jeune, comme dans certaines coutumes d'Angleterre. Celui-là devait seulement payer une dot à ses frères et sœurs.

Les *erbgüter* des paysans étaient plus ou moins répandus dans toute l'Allemagne ; car nulle part on n'y voyait toute la terre englobée dans le système féodal. En Silésie, où la noblesse a conservé jusqu'à nos jours des domaines immenses dont la plupart des villages faisaient partie, il se rencontrait cependant des villages qui étaient possédés entièrement par les habitants et entièrement libres. Dans certaines parties de l'Allemagne, comme dans le Tyrol et dans la Frise, le fait dominant était que les paysans possédaient la terre par *erbgüter*.

Mais, dans la grande majorité des contrées de l'Allemagne, ce genre de propriété n'était qu'une exception plus ou moins fréquente. Dans les villages où elle se rencontrait, les petits propriétaires de cette espèce formaient une sorte d'aristocratie parmi les paysans.

Page 57, ligne 29.

Position de la noblesse et division de la terre le long du Rhin.

De renseignements pris sur les lieux et auprès de personnes qui ont vécu sous l'ancien régime, il résulte que, dans l'électorat de Cologne, par exemple, il y avait un grand nombre de villages sans seigneurs et administrés par les agents du prince ; que, dans les lieux où la noblesse existait, ses pouvoirs administratifs étaient très-bornés ; que sa position était plutôt brillante que puissante (au moins individuellement) ; qu'elle avait beaucoup d'honneurs, entrait dans les charges du prince, mais n'exerçait pas de pouvoir réel et direct sur le peuple. Je me suis assuré d'autre part que, dans ce même électorat, la propriété était très-divisée, et qu'un très-grand nombre de paysans étaient propriétaires, ce qui est attribué particulièrement à l'état de gêne et de demi-misère dans lequel vivaient depuis longtemps déjà une grande partie des familles nobles, gêne qui leur faisait aliéner sans cesse quelques petites parties de leurs terres que les paysans acquéraient, soit moyennant rente, soit pour argent comptant. J'ai eu dans les mains un relevé de la population de l'évêché de Cologne, au commencement du dix-huitième siècle, où se trouve l'état des terres à cette époque ; j'y ai vu que dès ce temps le tiers du sol appartenait aux paysans. De ce fait naissait un ensemble de sentiments et d'idées qui mettaient ces populations-là bien plus près des révolutions que celles qui habitaient d'autres parties de l'Allemagne où ces particularités ne se voyaient pas encore.

Page 38, ligne 16.

Comment la loi sur le prêt à intérêt avait hâté la division du sol.

La loi qui défendait le prêt à intérêt, quel que fût l'intérêt, était encore en vigueur à la fin du dix-huitième siècle. Turgot nous apprend même qu'en 1769 elle était observée en beaucoup d'endroits. Ces lois subsistent, dit-il,

quoique souvent violées. Les juges consulaires admettent
les intérêts stipulés sans aliénation du capital, tandis que
les tribunaux ordinaires les réprouvent. On voit encore
des débiteurs de mauvaise foi actionner au criminel leurs
créanciers pour leur avoir prêté de l'argent sans aliénation
du capital.

Indépendamment des effets que cette législation ne pouvait manquer d'avoir sur le commerce et en général sur les
mœurs industrielles de la nation, elle en avait une grande
sur la division des terres et sur leur tenure. Elle avait multiplié à l'infini les rentes perpétuelles, tant foncières que
non foncières. Elle avait porté les anciens propriétaires du
sol, au lieu d'emprunter dans leurs besoins, à vendre de
petites portions de leurs domaines moyennant un prix,
partie en capital, partie en rente perpétuelle: ce qui avait
fort contribué, d'une part, à diviser le sol, de l'autre, à
surcharger la petite propriété d'une multitude de servitudes
perpétuelles.

Page 45, ligne 12.

**Exemple des passions qui naissaient déjà de la dîme, dix ans avant
la Révolution.**

En 1779, un petit avocat de Lucé se plaint dans un style
très-amer, et qui déjà sent la Révolution, que les curés et autres gros décimateurs vendent aux cultivateurs,
à un prix exorbitant, la paille que leur a procurée la
dîme et dont ceux-ci ont un absolu besoin pour faire de
l'engrais.

Page 43, ligne 12.

**Exemple de la manière dont le clergé éloignait de lui le peuple
par l'exercice de ses priviléges.**

En 1780, le prieur et les chanoines du prieuré de La-
val se plaignent de ce qu'on veut les assujettir au payement des droits de tarif pour les objets de consommation et pour les matériaux nécessaires à la réparation
de leurs bâtiments. Ils prétendent que, les droits du tarif
étant représentatifs de la taille, et étant eux-mêmes
exempts de la taille, ils ne doivent rien. Le ministre les
renvoie à se pourvoir à l'élection, avec recours à la cour
des aides.

Page 43, ligne 15.

Droits féodaux possédés par des prêtres. Un exemple entre mille.

Abbaye de Cherbourg (1753).

Cette abbaye possédait alors des rentes seigneuriales,
payables en argent ou en denrées, dans presque toutes les
paroisses des environs de Cherbourg ; une seule lui devait
trois cent six boisseaux de froment. Elle avait la baronnie de
Sainte-Geneviève, la baronnie et le moulin seigneurial du
Bas-du-Roule, la baronnie de Neuville-au-Plein, située à dix
lieues au moins. Elle percevait, en outre, les dîmes de
douze paroisses de la presqu'île, dont plusieurs étaient situées
très-loin d'elle.

Page 48, *ligne* 27.

**Irritation causée par les droits féodaux aux paysans, et en parti-
culier par les droits féodaux des prêtres.**

Lettre écrite peu avant la Révolution par un cultivateur
à l'intendant lui-même. Elle ne fait point autorité pour
prouver l'exactitude des faits qu'elle contient ; mais elle
indique parfaitement l'état des esprits dans la classe à laquelle appartient celui qui l'avait écrite.

« Quoique nous ayons peu de noblesse dans ce pays,
dit-il, il ne faut pas croire que les biens-fonds soient
moins chargés de rentes ; au contraire, presque tous les
fiefs appartiennent à la cathédrale, à l'archevêché, à la col-
légiale de Saint-Martin, aux Bénédictins de Noirmoutiers,
de Saint-Julien, et autres ecclésiastiques, chez qui les rentes
ne se prescrivent jamais, et où l'on en voit éclore sans cesse
de vieux parchemins moisis, dont Dieu seul connaît la
fabrique !

» Tout ce pays est infesté de rentes. La majeure partie des terres doit, par an, un septième de blé froment
par arpent, d'autres du vin ; celui-ci doit un quart des
fruits rendus à la seigneurie, celui-là le cinquième, etc.,
toujours dîme prélevée ; celui-ci le douzième, celui-là le
treizième. Tous ces droits sont si singuliers, que j'en connais depuis la quatrième partie des fruits jusqu'à la quaran-
tième.

» Que penser de toutes ces rentes en toutes espèces de
grains, légumes, argent, volailles, corvée, bois, fruits,
chandelle ? Je connais de ces singulières redevances en
pain, en cire, en œufs, en porc sans tête, chaperon de rose,

bouquets de violette, éperons dorés, etc. Il y a encore une
foule innombrable d'autres droits seigneuriaux. Pourquoi
n'a-t-on pas affranchi la France de toutes ces extrava-
gantes redevances? Enfin, on commence à ouvrir les
yeux, et il y a tout à espérer de la sagesse du gouvernement actuel; il tendra une main secourable à ces pauvres victimes des exactions de l'ancien régime fiscal, appelés droits seigneuriaux, qu'on ne devait jamais aliéner ni
vendre.

» Que penser encore de cette tyrannie des lods et ventes?
Un acquéreur s'épuise pour faire une acquisition et est
obligé de payer de gros frais d'adjudication et de contrats,
prise de possession, procès-verbaux, contrôle et insinuation, centième denier, huit sous par livre, etc.; et, par-
dessus tout cela, il faut qu'il exhibe son contrat à son seigneur, qui lui fera payer les lods et ventes du principal de
son acquisition : les uns, le douzième; d'autres, le dixième.
Ceux-ci prétendent avoir le quint; d'autres, le quint et
requint. Enfin, il y en a à tous prix, et même j'en connais
qui font payer le tiers de la somme principale. Non, les
nations les plus féroces et les plus barbares de l'univers
connu n'ont jamais inventé d'exaction semblable et en aussi
grand nombre que nos tyrans n'en ont accumulé sur la tête
de nos pères. (Cette tirade philosophique et littéraire manque absolument d'orthographe.)

» Quoi! le feu roi aurait permis le remboursement des
rentes foncières assignées sur les héritages situés dans des
villes, et il n'y aurait pas compris ceux situés dans les campagnes? C'était par ces derniers qu'il fallait commencer.
Pourquoi ne pas permettre aux pauvres cultivateurs de
briser leurs chaînes, de rembourser, et de se libérer des
multitudes de rentes seigneuriales et foncières qui causent
tant de tort aux vassaux et si peu de profit aux seigneurs?
On ne devait pas distinguer pour les remboursements

entre les villes et les campagnes, les seigneurs et les particuliers.

» Les intendants des titulaires des biens ecclésiastiques,
à chaque mutation, pillent et mettent à contribution tous
les fermiers. Nous en avons un exemple tout récent. L'intendant de notre nouvel archevêque a fait, en arrivant,
signifier le délogement à tous les fermiers de M. de Fleury,
son prédécesseur, déclarant nuls tous les baux qu'ils avaient
contractés avec lui et jetant à la porte tous ceux qui n'ont
pas voulu doubler leurs baux et donner de gros pots-de-
vin, qu'ils avaient déjà donnés à l'intendant de M. de
Fleury. On les a ainsi privés de sept ou huit années qu'i
leur restait à jouir de leurs baux passés avec toute no-
toriété, les obligeant de sortir sur-le-champ, la veille de
Noël, temps le plus critique de l'année à cause de la
difficulté qu'on trouve alors à nourrir les bestiaux, sans
savoir où aller demeurer. Le roi de Prusse n'aurait pas fait
pis. »

Il paraît bien, en effet, que, pour les biens du clergé,
les baux du titulaire précédent ne créaient pas une obligation légale pour le successeur. L'auteur de la lettre,
en remarquant ci-dessus que les rentes féodales étaient
rachetables dans les villes, bien qu'elles ne le fussent ·
pas dans les campagnes, annonce un fait très-vrai. Nouvelle preuve de cet abandon où vivait le paysan, et de
la manière dont tous ceux qui étaient placés au-dessus
de lui trouvaient, au contraire, le moyen de se tirer d'affaires.

Page 48, ligne 27.

Toute institution qui a été longtemps dominante, après
s'être établie dans sa sphère naturelle, pénètre au delà et

finit par exercer une grande influence sur la partie même
de la législation où elle ne règne pas ; la féodalité, quoiqu'elle appartînt avant tout au droit politique, avait trans-
formé tout le droit civil et profondément modifié la condition des biens et celle des hommes dans tout ce qui se
rapporte à la vie privée. Elle avait agi sur les successions
par l'inégalité des partages, dont le principe était descendu,
dans certaines provinces, jusqu'à la classe moyenne (témoin la Normandie). Elle avait enveloppé, pour ainsi dire,
toute la propriété foncière, car il n'y avait guère de terres
qui fussent placées complétement en dehors d'elle ou dont
les possesseurs ne reçussent un contre-coup de ses lois.
Elle n'affectait pas seulement la propriété des individus,
mais celle des communes. Elle réagissait sur l'industrie
par les rétributions qu'elle levait sur celle-ci. Elle réagissait sur les revenus par l'inégalité des charges, et en général sur l'intérêt pécuniaire des hommes dans presque toutes
leurs affaires : sur les propriétaires, par les redevances, les
rentes, la corvée ; sur le cultivateur, de mille manières,
mais, entre autres, par les banalités, les rentes foncières,
les lods et ventes, etc. ; sur les marchands, par les droits de
marché ; sur les commerçants, par les droits de péage, etc.
En achevant de l'abattre, la Révolution s'est fait apercevoir :
et toucher à la fois, pour ainsi dire, à tous les points sen-
sibles de l'intérêt particulier.

Page 60, ligne 27.

Charité publique faite par l'État. — Favoritisme.

En 1748, le roi accorde 20,000 livres de riz (c'était une
année de grande misère et de disette, comme il y en eut
tant dans le dix-huitième siècle). L'archevêque de Tours

prétend que c'est lui qui a obtenu le secours, et que ce secours ne doit être distribué que par lui et dans son diocèse. L'intendant affirme que le secours est accordé à toute la généralité et doit être distribué par lui à toutes les paroisses. Après une lutte qui se prolonge longtemps, le roi, pour tout concilier, double la quantité de riz qu'il destinait à la généralité, afin que l'archevêque et l'intendant puissent en distribuer chacun la moitié. Tous deux sont, du reste, d'accord que les distributions seront faites par les curés. Il n'est question ni des seigneurs ni des syndics. On voit, par la correspondance de l'intendant avec le contrôleur-général, que, suivant le premier, l'archevêque ne voulait donner le riz qu'à ses protégés, et notamment en faire distribuer la plus grande partie dans les paroisses appartenant à madame la duchesse de Rochechouart. D'un autre côté, on trouve dans cette liasse des lettres de grands seigneurs qui demandent particulièrement pour leurs paroisses, et des lettres du contrôleur-général qui signalent les paroisses de certaines personnes.

La charité légale donne lieu à des abus, quel que soit le système ; mais elle est impraticable, exercée ainsi de loin, et sans publicité, par le gouvernement central.

Page 60, ligne 29.

Exemple de la manière dont cette charité légale était faite.

On trouve, dans un rapport fait à l'assemblée provinciale de la Haute-Guyenne, en 1780 : « Sur la somme de 585,000 livres à laquelle se portent les fonds accordés par Sa Majesté à cette généralité depuis 1775, époque de l'établissement des travaux de charité, jusqu'en 1779 inclusi-

vement, l'élection de Montauban, chef-lieu et séjour de
M. l'intendant, a eu à elle seule plus de 240,000 livres,
somme dont la plus grande partie a été versée dans la communauté même de Montauban. »

Page 61, ligne 14.

Pouvoirs de l'intendant pour réglementer l'industrie.

Les archives dés intendances sont pleines de dossiers qui
se rapportent à cette réglementation de l'industrie.

Non-seulement l'industrie était soumise alors aux gênes
que lui imposaient les corps d'état, maîtrises, etc., mais
elle était, de plus, livrée à tous les caprices du gouvernement, représenté le plus souvent dans les règlements généraux par le conseil du roi, et dans les applications particulières par les intendants. On voit que ceux-ci s'occupent
sans cesse de la longueur à donner aux étoffes, des tissus à
choisir, des méthodes à suivre, des erreurs à éviter dans
la fabrication. Ils avaient sous leurs ordres, indépendamment des subdélégués, des inspecteurs locaux d'industrie.
De ce côté, la centralisation s'étendait plus loin encore que
de nos jours ; elle y était plus capricieuse, plus arbitraire ;
elle faisait fourmiller les fonctionnaires publics, et donnait
naissance à toute sorte d'habitudes de soumission et de dépendance.

Remarquez que ces habitudes étaient surtout données
aux classes bourgeoises, marchandes, commerçantes, qui
allaient triompher, plus encore qu'à celles qui allaient être
vaincues. La Révolution devait donc, au lieu de les détruire, les faire prédominer et les répandre.

Toutes les remarques qui précèdent sont suggérées par

la lecture de nombreuses correspondances et pièces inti-
tulées : *Manufactures et fabriques, draperie, droguerie ;* elles
se rencontrent dans les papiers qui restent des archives de
l'intendance de l'Ile-de-France. On trouve dans le même
endroit les rapports fréquents et détaillés qu'adressent les
inspecteurs à l'intendant sur des visites faites chez eux par
des fabricants, pour s'assurer que les règles indiquées
pour la fabrication sont suivies ; plus, différents arrêts du
conseil, rendus sur l'avis de l'intendant, pour empêcher ou
permettre la fabrication, soit dans certains endroits, soit
de certaines étoffes, soit enfin d'après certains procédés.

Ce qui domine dans les observations de ces inspecteurs,
qui traitent de très-haut le fabricant, c'est l'idée que le
devoir et le droit de l'État sont de forcer celui-ci à faire le
mieux possible, non-seulement dans l'intérêt du public,
mais dans le sien propre. En conséquence, ils se croient
tenus à lui faire suivre la meilleure méthode et à entrer
avec lui dans les moindres détails de son art, le tout accompagné d'un grand luxe de contraventions et d'énormes
amendes.

Page 64, ligne 16.

Esprit du gouvernement de Louis XI.

Il n'y a pas de document dans lequel on puisse mieux
apprécier l'esprit vrai du gouvernement de Louis XI que
dans les nombreuses constitutions qui ont été données par
lui aux villes. J'ai eu occasion d'étudier très-particulière-
ment celles que lui doivent la plupart des villes de l'Anjou,
du Maine et de la Touraine.

Toutes ces constitutions sont faites sur le même modèle

à peu près, et les mêmes desseins s'y révèlent avec une parfaite évidence. On y voit apparaître une figure de Louis XI un peu différente de celle qu'on connaît. On considère communément ce prince comme l'ennemi de la noblesse, mais, en même temps, comme l'ami sincère, bien qu'un peu brutal, du peuple. Là, il fait voir une même haine et pour les droits politiques du peuple et pour ceux de la noblesse. Il se sert également de la bourgeoisie pour diminuer ce qui est au-dessus d'elle et pour comprimer ce qui est au-dessous ; il est tout à la fois anti-aristocratique et anti-démocratique : c'est le roi bourgeois par excellence. Il comble les notables des villes de priviléges, voulant ainsi augmenter leur importance ; il leur accorde à profusion la noblesse, dont il rabaisse ainsi la valeur, et en même temps il détruit tout le caractère populaire et démocratique de l'administration des villes, et y resserre le gouvernement dans un petit nombre de familles attachées à sa réforme et liées à son pouvoir par d'immenses bienfaits.

Page 65, ligne 13.

Une administration de ville au dix-huitième siècle.

J'extrais de l'enquête qui a été faite en 1764 sur l'administration des villes, le dossier relatif à Angers : on y trouvera la constitution de cette ville analysée, attaquée et défendue tour à tour par le présidial, le corps de la ville, le subdélégué et l'intendant. Comme les mêmes faits se reproduisent dans un grand nombre d'autres lieux, il faut voir dans ce tableau tout autre chose qu'une image individuelle.

Mémoire du présidial sur l'état existant de la constitution municipale d'Angers et sur les réformes à y faire.
« Le corps de ville d'Angers, dit le présidial, ne consultant presque jamais le *général* des habitants, même pour les entreprises les plus importantes, si ce n'est dans le cas où il s'y trouve obligé par des ordres particuliers, cette administration est inconnue de tous ceux qui ne sont pas du corps de ville, même des échevins amovibles, qui n'en ont qu'une notion très-superficielle.

(La tendance de toutes ces petites oligarchies bourgeoises était, en effet, de consulter le moins possible ce qu'on appelle ici le général des habitants.)

» Le corps de ville est composé, d'après un arrêt de règlement du 29 mars 1681, de vingt et un officiers :

» Un maire qui acquiert la noblesse, et dont les fonctions durent quatre ans ;

» Quatre échevins amovibles, qui restent deux ans ;

» Douze conseillers échevins, qui, une fois élus, sont perpétuels ;

» Deux procureurs de ville ;

» Un procureur en survivance ;

» Un greffier.

» Ils ont différents priviléges, entre autres ceux-ci : leur capitation est fixe et modique ; ils jouissent de l'exemption du logement des gens de guerre, ustensiles, fournitures et contributions ; de la franchise des droits, de cloison double et triple, d'ancien et nouvel octroi, et accessoire sur les denrées de consommation, même du don gratuit, dont ils ont cru de leur autorité privée pouvoir s'affranchir, dit le présidial ; ils ont, en outre, des rétributions de bougies, et quelques-uns des gages et des logements. »

On voit par ce détail qu'il faisait bon être échevin perpétuel d'Angers dans ce temps-là. Remarquez toujours et partout ce système qui fait tomber l'exemption d'impôts

sur les plus riches. Aussi trouve-t-on plus loin, dans ce
même Mémoire : « Ces places sont briguées par les plus
riches habitants, qui y aspirent pour obtenir une réduction
de capitation considérable, dont la surcharge retombe sur
les autres. Il y a actuellement plusieurs officiers municipaux, dont la capitation fixe est de 30 livres, qui devraient
être imposés à 250 ou 300 livres; il en est un, entre autres, qui, eu égard à sa fortune, pourrait payer 1,000 livres de capitation au moins. » On trouve dans un autre
endroit du même Mémoire « qu'au nombre des plus riches
habitants se rencontrent plus de quarante officiers ou veu-
ves d'officiers (possesseurs d'office), dont les charges donnent le privilége de ne point contribuer à la capitation
considérable dont la ville est chargée; le poids de cette
capitation retombe sur un nombre infini de pauvres artisans, lesquels, se croyant surchargés, réclament con-
tinuellement contre l'excès de leurs contributions, et
presque toujours sans fondement, parce qu'il n'y a pas
d'inégalités dans la division de ce qui reste à la charge de
la ville. »

L'assemblée générale se compose de soixante-seize personnes :

Le maire,
Deux députés du chapitre,
Un syndic des clercs,
Deux députés du présidial,
Un député de l'université,
Un lieutenant-général de police,
Quatre échevins,
Douze conseillers échevins,
Un procureur du roi au présidial,
Un procureur de ville,
Deux députés des eaux et forêts,
Deux de l'élection,

Deux du grenier à sel,

Deux des traites,

Deux de la monnaie,

Deux du corps des avocats et procureurs,

Deux des juges consuls,

Deux des notaires,

Deux du corps des marchands;

Enfin, deux députés envoyés par chacune des seize paroisses.

Ce sont ces derniers qui sont censés représenter le peuple proprement dit, et en particulier les corporations industrielles. On voit qu'on s'est arrangé pour les tenir constamment en minorité.

Quand les places deviennent vacantes dans le corps de ville, c'est l'assemblée générale qui fait choix de trois sujets pour chaque vacance.

La plupart des places de l'hôtel de ville ne sont pas affectées à certains corps, comme je l'ai vu dans plusieurs autres constitutions municipales, c'est-à-dire que les électeurs ne sont pas obligés de choisir soit un magistrat, soit un avocat, etc. : ce que les membres du présidial trouvent très-mauvais.

Suivant ce même présidial, qui paraît animé des plus violentes jalousies contre le corps de ville, et que je soupçonne fort de ne trouver mauvais dans la constitution municipale que de n'y pas avoir assez de priviléges, « l'assemblée générale, trop nombreuse et composée en partie de personnes peu intelligentes, ne devrait être consultée que dans le cas d'aliénation du domaine communal, emprunt, établissement d'octrois et élection des officiers municipaux. Toutes les autres affaires pourraient être délibérées dans une plus petite assemblée, composée seulement de notables. Ne pourraient être membres de cette assemblée que le lieutenant-général de la sénéchaussée, le procureur du roi, et douze autres notables pris dans les six corps, du clergé, de la magistrature, de la noblesse, de l'université, du commerce, des bourgeois, et autres qui ne sont pas des- dits corps. Le choix des notables, pour la première fois, serait déféré à l'assemblée générale, et, dans la suite, à l'as- semblée des notables, ou au corps dont chaque notable doit être tiré. »

Tous ces fonctionnaires de l'État, qui entrent ainsi comme possesseurs d'office ou comme notables dans les corps municipaux de l'ancien régime, ressemblent souvent à ceux d'aujourd'hui par le titre de la fonction qu'ils exer- cent, et quelquefois même par la nature de cette fonction ; mais ils en diffèrent profondément par la position, ce à quoi il faut toujours faire bien attention, si l'on ne veut arriver à des conséquences fort erronées. Presque tous ces fonctionnaires étaient, en effet, des notables de la cité avant d'être revêtus de fonctions publiques, ou avaient ambitionné les fonctions publiques pour devenir des nota- bles; ils n'avaient aucune idée de la quitter ni aucun espoir de monter plus haut: ce qui suffisait pour en faire tout autre chose que ce que nous connaissons au- jourd'hui.

Mémoire des officiers municipaux. On y voit que le corps de ville a été créé en 1474, par Louis XI, sur les ruines de l'ancienne constitution démocratique de la ville, et toujours d'après le système indiqué plus haut, c'est-à-dire resserre- ment de la plupart des droits politiques dans la seule classe moyenne, éloignement ou affaiblissement du populaire, grand nombre d'officiers municipaux afin d'intéresser plus de monde à la réforme, la noblesse héréditaire prodiguée et des priviléges de toutes sortes accordés à la partie de la bourgeoisie qui administre.

On trouve dans ce même Mémoire des lettres-patentes des successeurs de Louis XI, qui reconnaissaient, en y res-

treignant encore le pouvoir du peuple, cette nouvelle constitution. On y apprend qu'en 1485 les lettres-patentes données à cet effet par Charles VIII ont été attaquées devant
le Parlement par les habitants d'Angers, absolument comme
en Angleterre on eût porté devant une cour de justice les
procès qui se seraient élevés à propos de la charte d'une
ville. En 1601, c'est encore un arrêt du Parlement qui
fixe les droits politiques naissant de la charte royale.
A partir de là, on ne voit plus paraître que le conseil
du roi.

Il résulte du même Mémoire que non-seulement pour
les places de maire, mais pour toutes les autres places du
corps de ville, l'assemblée générale présente trois candidats
entre lesquels le roi choisit, en vertu d'un arrêt du conseil
du 22 juin 1708. Il en résulte encore qu'en vertu d'arrêts
du conseil de 1733 et 1741, les marchands avaient le droit
de réclamer une place d'échevin ou de conseiller (ce sont
les échevins perpétuels). Enfin, on y découvre que, dans ces
temps-là, le corps de ville était chargé de la répartition
des sommes levées pour la capitation, l'ustensile, le caser-
nement, l'entretien des pauvres, des militaires, gardes-côtes
et enfants-trouvés.

Suit l'énumération très-longue des peines que les officiers
municipaux doivent se donner, et qui justifient pleinement,
suivant eux, les priviléges et la perpétuité qu'on voit qu'ils
ont grand'peur de perdre. Plusieurs raisons qu'ils donnent
de leurs travaux sont curieuses, entre autres celles-ci :
« Leurs occupations les plus essentielles, disent-ils, consistent dans l'examen des matières de finances, continuelle-
ment accrues par l'extension qu'on donne sans cesse aux
droits d'aides, de gabelle, de contrôle, insinuation des actes, perception illicite des droits d'enregistrement et de
francs-fiefs. Les contestations que les compagnies financières suscitent sans cesse à propos de ces différentes taxes

les ont forcés à soutenir, au nom de la ville, des procès devant les différentes juridictions, Parlement ou conseil du
roi, afin de résister à l'oppression sous laquelle on les fait
gémir. L'expérience et l'exercice de trente ans leur apprennent que la vie de l'homme est à peine suffisante pour se
parer des embûches et des piéges que les commis de toutes
les parties des fermes tendent sans cesse au citoyen pour
conserver leurs commissions. »

Ce qui est curieux, c'est que toutes ces choses sont écrites au contrôleur-général lui-même, et pour le rendre favorable au maintien des priviléges de ceux qui les lui disent, tant l'habitude était bien prise de regarder les compagnies chargées de lever l'impôt comme un adversaire sur
lequel on pouvait tomber de tous côtés sans que personne le
trouvât mauvais. C'est cette habitude qui, s'étendant et se
fortifiant de plus en plus, finit par faire considérer le fisc
comme un tyran odieux et de mauvaise foi, non l'agent de
tous, mais l'ennemi commun.

« La réunion de tous les offices, ajoute le même Mémoire,
a été faite une première fois au corps de ville par un arrêt
du conseil du 4 septembre 1694, moyennant une somme
de 22,000 livres, » c'est-à-dire que les offices ont été ra-
chetés cette année-là pour cette somme. Par arrêt du
26 avril 1723, on a encore réuni au corps de ville les offices
municipaux créés par l'édit du 24 mai 1722 ; en d'autres
termes, on a admis la ville à les racheter. Par un autre arrêt du 24 mai 1723, on a permis à la ville d'emprunter
120,000 livres pour l'acquisition desdits offices. Un autre
arrêt du 26 juillet 1728 a permis d'emprunter 50,000 livres
pour le rachat des offices de greffier secrétaire de l'hôtel de
ville. « La ville, est-il dit dans le Mémoire, a payé ces
finances pour conserver la liberté de ses élections et faire
jouir ses officiers élus, les uns pour deux ans, les autres à
vie, des différentes prérogatives attachées à leur charge. »

Une partie des offices municipaux ayant été rétablie par l'édit de novembre 1733, il est intervenu un arrêt du conseil du 11 janvier 1751, sur la requête des maire et échevins, par lequel le prix de rachat a été fixé à la somme de 170,000 livres, pour le payement de laquelle la prorogation des octrois a été accordée pendant quinze ans. »

Ceci est un bon échantillon de l'administration de l'ancien régime relativement aux villes. On leur fait contracter des dettes, et puis on les autorise à établir des impôts extraordinaires et temporaires pour se libérer. A quoi il faut ajouter que, plus tard, on rend perpétuels ces impôts temporaires, comme je l'ai vu souvent, et alors le gouvernement en prend sa part.

Le Mémoire continue : « Les officiers municipaux n'ont été privés des grands pouvoirs judiciaires que leur avait concédés Louis XI, que par l'établissement de juridictions royales. Jusqu'en 1669, ils ont eu connaissance des contestations entre maîtres et ouvriers. Le compte des octrois est rendu devant l'intendant, au désir de tous les arrêts de création ou de prorogation desdits octrois. »

On voit également dans ce Mémoire, que les députés des seize paroisses dont il a été question plus haut, et qui paraissent à l'assemblée générale, sont choisis par les compagnies, corps ou communautés, et qu'ils sont strictement des mandataires du petit corps qui les députe. Ils ont sur chaque affaire des instructions qui les lient.

Enfin, tout ce Mémoire démontre qu'à Angers, comme partout ailleurs, les dépenses, de quelque nature qu'elles fussent, devaient être autorisées par l'intendant et le conseil ; et il faut reconnaître que, quand on donne l'administration d'une ville en toute propriété à certains hommes, et qu'on accorde à ces hommes, au lieu de traitements fixes, des priviléges qui les mettent personnellement hors d'atteinte des suites que leur administration peut avoir sur la fortune pri-

vée de leurs concitoyens, la tutelle administrative peut
paraître une nécessité.

Tout ce Mémoire, du reste assez mal fait, décèle une
crainte extraordinaire de la part des officiers de voir changer
l'état de choses existant. Toutes sortes de raisons, bonnes
ou mauvaises, sont accumulées par eux dans l'intérêt du
maintien du *statu quo*.

Mémoire du subdélégué. L'intendant, ayant reçu ces deux
Mémoires en sens contraire, veut avoir l'avis de son subdélégué. Celui-ci le donne à son tour.

« Le Mémoire des conseillers municipaux, dit-il, ne mérite
pas qu'on s'y arrête; il ne tend qu'à faire valoir les priviléges de ses officiers. Celui du présidial peut être utilement
consulté; mais il n'y a pas lieu d'accorder toutes les prérogatives que ces magistrats réclament. »

Il y a longtemps, suivant ce subdélégué, que la constitution de l'hôtel de ville avait besoin d'être améliorée. Outre
les immunités qui nous sont déjà connues et que possédaient les officiers municipaux d'Angers, il nous apprend
que le maire, pendant son exercice, avait un logement qui
représentait 600 francs de loyer au moins; plus, 50 francs
de gages et 100 francs de frais de poste; plus les jetons. Le
procureur-syndic était aussi logé; le greffier de même.
Pour arriver à s'exempter des droits d'aides et d'octroi, les
officiers municipaux avaient établi pour chacun d'eux une
consommation présumée. Chacun pouvait faire entrer dans
la ville, sans payer de droits, tant de barriques de vin par
an, et ainsi de suite pour toutes les denrées.

Le subdélégué ne propose pas d'enlever aux conseillers
municipaux leurs immunités d'impôt; mais il voudrait que
leur capitation, au lieu d'être fixe et très-insuffisante, fût
taxée par l'intendant chaque année. Il désire que ces mêmes
officiers soient assujettis, comme les autres, au don gratuit,
dont ils se sont dispensés on ne sait sur quel précédent.

Les officiers municipaux, dit encore le Mémoire, sont chargés de la confection des rôles de capitation pour les habitants ; ils s'en acquittent légèrement et arbitrairement ; aussi y a-t-il annuellement une multitude de réclamations et de requêtes adressées à l'intendant. Il serait à désirer que désormais cette répartition fût faite, dans l'intérêt de chaque compagnie ou communauté, par ses membres, d'une manière générale et fixe ; les officiers municipaux resteraient chargés seulement du rôle de capitation des bourgeois et autres qui ne sont d'aucun corps, comme quelques artisans et les domestiques de tous les privilégiés.

Le Mémoire du subdélégué confirme ce qu'ont déjà dit les officiers municipaux : que les charges municipales ont été rachetées par la ville, en 1755, pour la somme de 170,000 livres.

Lettre de l'intendant au contrôleur-général. Muni de tous ces documents, l'intendant écrit au ministre : « Il importe, dit-il, aux habitants et au bien de la chose publique, de réduire le corps de ville, dont le trop grand nombre de membres est infiniment à charge au public, à cause des priviléges dont ils jouissent.

« Je suis, ajoute l'intendant, frappé de l'énormité des finances qui ont été payées, dans tous les temps, pour racheter à Angers les offices municipaux. Le montant de cette finance, employé à des usages utiles, aurait tourné au profit de la ville, qui, au contraire, n'a ressenti que le poids de l'autorité et des priviléges de ses officiers.

» Les abus intérieurs de cette administration méritent toute l'attention du conseil, dit encore l'intendant. Indépendamment des jetons et de la bougie, qui consomment le fonds annuel de 2,127 livres (c'était la somme indiquée pour ces sortes de dépenses par le budget normal, qui de temps à autre était imposé aux villes par le roi), les deniers publics se dissipent et s'emploient, au gré de ces officiers,

pour des usages clandestins, et le procureur du roi, en possession de sa place depuis trente ou quarante ans, s'est tellement rendu maître de l'administration, dont lui seul connaît
les ressorts, qu'il a été impossible aux habitants dans aucun
temps d'obtenir la moindre communication de l'emploi des
revenus communaux. » En conséquence, l'intendant demande
au ministre de réduire le corps de ville à un maire nommé
pour quatre ans, à six échevins nommés pour six ans, à un
procureur du roi nommé pour huit ans, à un greffier et à
un receveur perpétuels.

Du reste, la constitution proposée par lui pour ce corps de
ville est expressément celle que propose ailleurs le même
intendant pour Tours. D'après lui, il faut :

1° Conserver l'assemblée générale, mais seulement comme
corps électoral destiné à élire les officiers municipaux;

2° Créer un conseil extraordinaire de notables, qui aura
à remplir toutes les fonctions que l'édit de 1764 semblait
donner à l'assemblée générale, conseil composé de douze
membres, dont le mandat sera de six ans, et qui seront élus,
non par l'assemblée générale, mais par les douze corps répu-
tés notables (chaque corps élit le sien). Il désigne comme
corps notables :

Le présidial,
L'université,
L'élection,
Les officiers des eaux et forêts,
Du grenier à sel,
Des traites,
Des monnaies,
Les avocats et procureurs,
Les juges-consuls,
Les notaires,
Les marchands,
Les bourgeois.

Comme on le remarque, presque tous ces notables étaient
des fonctionnaires publics, et tous les fonctionnaires publics
étaient des notables; d'où on peut conclure, comme dans
mille autres endroits de ces dossiers, que la classe moyenne
était aussi avide de places alors et cherchait aussi peu que
de nos jours le champ de son activité hors des fonctions
publiques. La seule différence était, comme je l'ai dit dans
le texte, qu'alors on achetait la petite importance que donnent les places, et qu'aujourd'hui les solliciteurs demandent
qu'on leur fasse la charité de la leur procurer gratis.

On voit dans ce projet que toute la réalité du pouvoir
municipal est dans le conseil extraordinaire, ce qui achève
de resserrer l'administration dans une très-petite coterie
bourgeoise, la seule assemblée où le peuple continuât à paraître un peu, n'étant plus chargée que d'élire les officiers
municipaux et n'ayant plus d'avis à leur donner. Il faut remarquer encore que l'intendant est plus restrictif et antipo-
populaire que le roi, qui semblait dans son édit donner les
principales fonctions à l'assemblée générale, et qu'à son tour
l'intendant est beaucoup plus libéral et démocratique que
la bourgeoisie, à en juger du moins par le Mémoire que
j'ai cité dans le texte, Mémoire dans lequel les notables
d'une autre ville sont d'avis d'exclure le peuple même de
l'élection des officiers municipaux, que le roi et l'intendant
laissent à celui-ci.

On a pu remarquer que l'intendant se sert des noms de
bourgeois et de *marchands* pour désigner deux catégories
distinctes de notables; il n'est pas inutile de donner la défi-
nition exacte de ces mots pour montrer en combien de petits
fragments cette bourgeoisie était coupée et de combien de
petites vanités elle était travaillée.

Ce mot de bourgeois avait un sens général et un sens restreint : il indiquait les membres de la classe moyenne, et, en
outre, il désignait dans le sein de cette classe un certain

nombre d'hommes. « Les bourgeois sont ceux que leur naissance et leur fortune mettent en état de vivre avec bien-
séance sans s'adonner à aucun travail lucratif, » dit l'un des
Mémoires produits à l'enquête de 1764. On voit par le reste
du Mémoire que le mot de bourgeois ne doit pas s'appliquer à ceux qui font partie, soit des compagnies, soit des
corporations industrielles ; mais dire précisément à qui il
s'applique est chose plus difficile. « Car, remarque encore
le même Mémoire, parmi ceux qui s'arrogent le titre de
bourgeois, on rencontre souvent des personnes à qui il ne
peut convenir que par leur seule oisiveté ; du reste, dépour-
vues de fortune et menant une vie inculte et obscure. Les
bourgeois doivent, au contraire, être toujours distingués
par leur fortune, leur naissance, talents, mœurs et manière
de vivre. Les artisans composant les communautés n'ont
jamais été appelés au rang de notables. »

Les marchands étaient, avec les bourgeois, la seconde
espèce d'hommes qui n'appartenaient ni à une compagnie
ni à une corporation ; mais quelles étaient les limites de
cette petite classe ? « Faut-il, dit le Mémoire, confondre les
marchands de basse naissance et de petit commerce avec les
marchands en gros ? » Pour résoudre ces difficultés, le Mémoire propose de faire faire tous les ans par les échevins un
tableau des marchands notables, tableau qu'on remettra à
leur chef ou syndic, pour qu'il ne convoque aux délibérations
de l'hôtel de ville que ceux qui s'y trouveraient inscrits. On
aura soin de n'indiquer sur ce tableau aucun de ceux qui auraient été domestiques, colporteurs, voituriers, ou dans
d'autres basses fonctions.

Page 68, *ligne* 29.

Un des caractères les plus saillants du dix-huitième siècle,
en matière d'administration des villes, est moins encore
l'abolition de toute représentation et de toute intervention
du public dans les affaires, que l'extrême mobilité des règles
auxquelles cette administration est soumise, les droits étant
donnés, repris, rendus, accrus, diminués, modifiés de mille
manières, et sans cesse. Rien ne montre mieux dans quel
avilissement ces libertés locales étaient tombées que ce remuement éternel de leurs lois, auxquelles personne ne semble faire attention. Cette mobilité seule aurait suffi pour
détruire d'avance toute idée particulière, tout goût des souvenirs, tout patriotisme local, dans l'institution qui cependant y prête le plus. On préparait ainsi la grande destruction
du passé que la Révolution allait faire.

Page 71, *ligne* 4.

**Une administration de village au dix-huitième siècle. — Tirée des
papiers de l'intendance de l'Ile-de-France.**

L'affaire dont je vais parler est prise parmi bien d'autres
pour faire connaître par un exemple quelques-unes des formes suivies par l'administration paroissiale, faire comprendre
la lenteur qui les caractérisait souvent, et enfin montrer ce
qu'était, au dix-huitième siècle, l'assemblée générale d'une
paroisse.

Il s'agit de réparer le presbytère et le clocher d'une paroisse rurale, celle d'Ivry, Ile-de-France. A qui s'adresser

pour obtenir que ces réparations soient faites? comment déterminer sur qui la dépense doit porter? comment se procurer la somme nécessaire ?

1° Requête du curé à l'intendant, qui expose que le clocher et le presbytère ont besoin de réparations urgentes ; que son prédécesseur, ayant fait construire audit presbytère des bâtiments inutiles, a complétement changé et dénaturé l'état des lieux, et que les habitants l'ayant souffert, c'est à eux à supporter la dépense à faire pour remettre les choses en état, sauf à répéter la somme sur les héritiers du curé précédent.

2° Ordonnance de monseigneur l'intendant (29 août 1747) qui ordonne qu'à la diligence du syndic, il sera convoqué une assemblée pour délibérer sur la nécessité des réparations réclamées.

3° Délibération des habitants, par laquelle ils déclarent ne pas s'opposer aux réparations du presbytère, mais à celles du clocher, attendu que ce clocher est bâti sur le chœur, et que le curé, étant gros décimateur, est chargé de réparer le chœur. « Un arrêt du conseil, de la fin du siècle précédent (avril 1695), attribuait, en effet, la réparation du chœur à celui qui était en possession de percevoir les dîmes de la paroisse, les paroissiens n'étant tenus qu'à entretenir la nef.)

4° Nouvelle ordonnance de l'intendant, qui, attendu la contradiction des faits, envoie un architecte, le sieur Cordier, pour procéder à la visite et description du presbytère et du clocher, dresser devis des travaux et faire enquête.

5° Procès-verbal de toutes ces opérations, qui constate notamment qu'à l'enquête un certain nombre de propriétaires d'Ivry se sont présentés devant l'envoyé de l'intendant, lesquelles personnes paraissent être des gentilshommes, bourgeois et paysans du lieu, et ont fait inscrire leur dire pour ou contre les prétentions du curé.

6° Nouvelle ordonnance de l'intendant, portant que les devis que l'architecte envoyé par lui a dressés, seront communiqués, dans une nouvelle assemblée générale convoquée à la diligence du syndic, aux propriétaires et habitants.

7° Nouvelle assemblée paroissiale en conséquence de cette ordonnance, assemblée dans laquelle les habitants déclarent persister en leurs dires.

8° Ordonnance de monseigneur l'intendant, qui prescrit : 1° Qu'il sera procédé devant son subdélégué à Corbeil, en l'hôtel de celui-ci, à l'adjudication des travaux portés au devis, adjudication qui sera faite en présence des curé, syndic et principaux habitants de la paroisse ; 2° Que, attendu qu'il y a péril en la demeure, une imposition de toute la somme sera levée sur les habitants, sauf à ceux qui persistent à croire que le clocher fait partie du chœur et doit être réparé par le gros décimateur, à se pourvoir devant la justice ordinaire.

9° Sommation faite à toutes les parties de se trouver à l'hôtel du subdélégué, à Corbeil, où se feront les criées et l'adjudication.

10° Requête du curé et de plusieurs habitants pour demander que les frais de la procédure administrative ne soient pas mis, comme d'ordinaire, à la charge de l'adjudicataire, ces frais s'élevant très-haut et devant empêcher de trouver un adjudicataire.

11° Ordonnance de l'intendant qui porte que les frais faits pour parvenir à l'adjudication seront arrêtés par le subdélégué, pour le montant d'iceux faire partie de ladite adjudication et imposition.

12° Pouvoirs donnés par quelques notables habitants au

sieur X. pour assister à ladite adjudication et la consentir au désir des devis de l'architecte.

13° Certificat du syndic, portant que les affiches et publications accoutumées ont été faites.

14° Procès-verbal d'adjudication.

Montant des réparations à faire. . .   487 l.

Frais faits pour parvenir à l'adjudication. . . . .   237 l. 18 s. 6 d.

724 l. 18 s. 6 d.

15° Enfin, arrêt du conseil (23 juillet 1748) pour autoriser l'imposition destinée à couvrir cette somme.

On a pu remarquer qu'il était plusieurs fois question dans cette procédure de la convocation de l'assemblée paroissiale. Voici le procès-verbal de la tenue de l'une de ces assemblées ; il fera voir au lecteur comment les choses se passaient en général dans ces occasions-là.

Acte notarié : « Aujourd'hui, à l'issue de la messe paroissiale, au lieu ordinaire et accoutumé, après la cloche sonnée, ont comparu en l'assemblée tenue par les habitants de ladite paroisse, par-devant X..., notaire, à Corbeil, soussigné, et les témoins ci-après nommés, le sieur Michaud, vigneron, syndic de ladite paroisse, lequel a présenté l'ordonnance de l'intendant qui permet l'assemblée, en a fait faire lecture et a requis acte de ses diligences.

« Et à l'instant est comparu un habitant de ladite paroisse, lequel a dit que le clocher était sur le chœur, et, par conséquent, à la charge du curé ; sont aussi comparus (suivent les noms de quelques autres, qui, au contraire, consentaient à admettre la requête du curé)... Ensuite se présentent quinze paysans, manouvriers, maçons, vignerons, qui déclarent adhérer à ce qu'ont dit les précédents. Est aussi comparu le sieur Raimbaud, vigneron, lequel dit qu'il s'en rapporte entièrement à ce qui sera décidé par monseigneur l'intendant. Est aussi comparu le sieur X., docteur en Sorbonne, curé, qui persiste dans les dires et fins de la requête. Dont, et de tout ci-dessus les comparants ont requis acte. Fait et passé audit lieu d'Ivry, au devant du cimetière de ladite paroisse, par-devant le soussigné ; et a été vaqué à la rédaction du présent depuis onze heures du matin jusqu'à deux heures. »

On voit que cette assemblée de paroisse n'est qu'une enquête administrative, avec les formes et le coût des enquêtes judiciaires ; qu'elle n'aboutit jamais à un vote, par conséquent à la manifestation de la volonté de la paroisse ; qu'elle ne contient que des opinions individuelles, et n'enchaîne nullement la volonté du gouvernement. Beaucoup d'autres pièces nous apprennent en effet que l'assemblée de paroisse était faite pour éclairer la décision de l'intendant, non pour y faire obstacle, lors même qu'il ne s'agissait que de l'intérêt de la paroisse.

On remarque également, dans les mêmes pièces, que cette affaire donne lieu à trois enquêtes : une devant le notaire, une seconde devant l'architecte, et une troisième enfin devant deux notaires, pour savoir si les habitants persistent dans leurs précédents dires.

L'impôt de 524 livr. 10 s., ordonné par l'arrêt du 23 juillet 1748, porte sur tous les propriétaires privilégiés ou non privilégiés, ainsi que cela avait presque toujours lieu pour ces sortes de dépenses ; mais la base dont on se sert pour fixer la part des uns et des autres est différente. Les taillables sont taxés en proportion de leur taille, et les privilégiés en raison de leur fortune présumée, ce qui laisse un grand avantage aux seconds sur les premiers.

On voit enfin, dans cette même affaire, que la répartition de la somme de 524 livr. 10 s. est faite par deux collecteurs, habitants du village, non élus, ni arrivant à leur t'our comme cela se voit le plus souvent, mais choisis et nommés d'office par le subdélégué et l'intendant.

Page 70, ligne 27.

Le prétexte qu'avait pris Louis XIV pour détruire la liberté municipale des villes avait été la mauvaise gestion de leurs finances. Cependant le même fait, dit Turgot avec grande raison, persista et s'aggrava depuis la réforme que fit ce prince. « La plupart des villes sont considérablement endettées aujourd'hui, ajoute-t-il, partie pour des fonds qu'elles ont prêtés au gouvernement, et partie pour des dépenses ou décorations que les officiers municipaux, qui disposent de l'argent d'autrui, et n'ont pas de comptes à rendre aux habitants, ni d'instructions à en recevoir, multiplient dans la vue de s'illustrer, et quelquefois de s'enrichir. »

Page 76, ligne 19.

L'État était tuteur des couvents aussi bien que des communes; exemple de cette tutelle.

Le contrôleur-général, en autorisant l'intendant à verser 15,000 livres au couvent des Carmélites, auquel on devait des indemnités, recommande à l'intendant de s'assurer que cet argent, qui représente un capital, sera replacé utilement. Des faits analogues arrivent à chaque instant.

Page 86, ligne 18.

**Comment c'est au Canada qu'on pourrait le mieux juger la centra-
lisation administrative de l'ancien régime.**

C'est dans les colonies qu'on peut le mieux juger la physionomie du gouvernement de la métropole, parce que c'est
là que d'ordinaire tous les traits qui le caractérisent gros-
sissent et deviennent plus visibles. Quand je veux juger
l'esprit de l'administration de Louis XIV et ses vices, c'est
au Canada que je dois aller. On aperçoit alors la difformité
de l'objet comme dans un microscope.

Au Canada, une foule d'obstacles que les faits antérieurs
ou l'ancien état social opposaient, soit ouvertement, soit
secrètement, au libre développement de l'esprit du gouvernement, n'existaient pas. La noblesse ne s'y voyait presque
point, ou du moins elle y avait perdu presque toutes ses
racines ; l'Église n'y avait plus sa position dominante ; les
traditions féodales y étaient perdues ou obscurcies ; le pouvoir judiciaire n'y était plus enraciné dans de vieilles institutions et de vieilles mœurs. Rien n'y empêchait le pouvoir central de s'abandonner à tous ses penchants naturels
et de façonner toutes les lois suivant l'esprit qui l'animait
lui-même. Au Canada, donc, pas l'ombre d'institutions municipales ou provinciales, aucune force collective autorisée,
aucune initiative individuelle permise. Un intendant ayant
une position bien autrement prépondérante que celle qu'a-
vaient ses pareils en France ; une administration se mêlant
encore de bien plus de choses que dans la métropole, et
voulant de même faire de tout Paris, malgré les dix-huit
cents lieues qui l'en séparent ; n'adoptant jamais les grands

principes qui peuvent rendre une colonie peuplée et prospère, mais, en revanche, employant toutes sortes de petits
procédés artificiels et de petites tyrannies réglementaires
pour accroître et répandre la population : culture obligatoire, tous les procès naissant de la concession des terres
retirés aux tribunaux et remis au jugement de l'administration seule, nécessité de cultiver d'une certaine manière,
obligation de se fixer dans certains lieux plutôt que dans
d'autres, etc., cela se passe sous Louis XIV ; ces édits sont
contre-signés Colbert. On se croirait déjà en pleine centralisation moderne, et en Algérie. Le Canada est en effet
l'image fidèle de ce qu'on a toujours vu là. Des deux côtés
on se trouve en présence de cette administration presque
aussi nombreuse que la population, prépondérante, agis-
sante, réglementante, contraignante, voulant prévoir tout,
se chargeant de tout, toujours plus au courant des intérêts de l'administré qu'il ne l'est lui-même, sans cesse active
et stérile.

Aux États-Unis, le système de décentralisation des Anglais s'outre, au contraire : les communes deviennent des
municipalités presque indépendantes, des espèces de républiques démocratiques. L'élément républicain, qui forme
comme le fond de la constitution et des mœurs anglaises, se
montre sans obstacle et se développe. L'administration proprement dite fait peu de chose en Angleterre, et les particuliers font beaucoup ; en Amérique, l'administration ne
se mêle plus de rien, pour ainsi dire, et les individus en
s'unissant font tout. L'absence des classes supérieures, qui
rend l'habitant du Canada encore plus soumis au gouvernement que ne l'était, à la même époque, celui de France,
rend celui des provinces anglaises de plus en plus indépendantes du pouvoir.

Dans les deux colonies, on aboutit à l'établissement d'une
société entièrement démocratique ; mais ici, aussi long-

temps, du moins, que le Canada reste à la France, l'é-
galité se mêle au gouvernement absolu ; là, elle se com-
bine avec la liberté. Et, quant aux conséquences matérielles des deux méthodes coloniales, on sait qu'en 1763,
époque de la conquête, la population du Canada était de
60,000 âmes, et la population des provinces anglaises de
3,000,000.

Page 87, ligne **8.**

**Exemple, entre bien d'autres, des règlements généraux que le con-
seil d'État fait sans cesse, lesquels ont force de loi dans toute la
France et créent des délits spéciaux dont les tribunaux administratifs sont les seuls juges.**

Je prends les premiers que je trouve sous ma main. Arrêt du conseil, du 29 avril 1779, qui établit qu'à l'avenir,
dans tout le royaume, les laboureurs et marchands de moutons auront à marquer leurs moutons d'une certaine manière, sous peine de 500 livres d'amende ; enjoint Sa Majesté
aux intendants de tenir la main à l'exécution du présent
arrêt, est-il dit ; d'où résulte que c'est à l'intendant à prononcer la peine de la contravention. Autre exemple : arrêt
du conseil, 21 décembre 1778, qui défend aux rouliers et
voituriers d'entreposer les marchandises dont ils sont chargés, à peine de 500 livres d'amende ; enjoint Sa Majesté au
lieutenant-général de police et aux intendants d'y tenir la
main.

Page 102, *ligne* 10.

L'assemblée provinciale de la haute Guyenne demande à
grands cris l'établissement de nouvelles brigades de maréchaussée, absolument comme, de nos jours, le conseil-gé-
néral de l'Aveyron ou du Lot réclame sans doute l'établissement de nouvelles brigades de gendarmerie. Toujours la
même idée : la gendarmerie, c'est l'ordre, et l'ordre ne peut
venir avec le gendarme que du gouvernement. Le rapport
ajoute : « On se plaint tous les jours qu'il n'y a aucune police dans les campagnes (comment y en aurait-il ? le noble
ne se mêle de rien, le bourgeois est en ville, et la communauté, représentée par un paysan grossier, n'a, d'ailleurs,
aucun pouvoir), et il faut convenir que, si on en excepte
quelques cantons dans lesquels des seigneurs justes et bien-
faisants se servent de l'ascendant que leur situation leur
donne sur leurs vassaux pour prévenir ces voies de fait auxquelles les habitants des campagnes sont naturellement portés par la grossièreté de leurs mœurs et la dureté de leur
caractère, il n'existe partout ailleurs presque aucun moyen
de contenir ces hommes ignorants, grossiers et emportés. »
Voilà la manière dont les nobles de l'assemblée provinciale souffraient qu'on parlât d'eux-mêmes, et dont les
membres du tiers-état, qui formaient à eux seuls la moitié
de l'assemblée, parlaient du peuple dans des documents
publics !

Page 103, *ligne* 16.

Les bureaux de tabac étaient aussi recherchés sous l'ancien régime qu'à présent. Les gens les plus notables les sol-

licitaient pour leurs créatures. J'en trouve qui sont donnés
à la recommandation de grandes dames ; il y en a qu'on
donne à la sollicitation d'archevêques.

Page 104, ligne 21.

Cette extinction de toute vie publique locale avait alors
dépassé tout ce qu'on peut croire. Un des chemins qui conduisaient du Maine en Normandie était impraticable. Qui
demande qu'on le répare? La généralité de Touraine, qu'il
traverse? la province de Normandie ou celle du Maine, si
intéressées au commerce des bestiaux, qui suit cette voie?
quelque canton enfin particulièrement lésé par le mauvais
état de cette route? La généralité, la province, les cantons
sont sans voix. Il faut que les marchands qui suivent ce chemin et qui s'y embourbent se chargent eux-mêmes d'attirer
de ce côté les regards du gouvernement central. Ils écrivent
à Paris au contrôleur-général, et le prient de leur venir en
aide.

Page 118, ligne 26.

**Importance plus ou moins grande des rentes ou redevances seigneu-
riales, suivant les provinces.**

Turgot dit dans ses Œuvres : « Je dois faire observer que
ces sortes de redevances sont d'une tout autre importance
dans la plupart des provinces riches, telles que la Normandie, la Picardie et les environs de Paris. Dans ces dernières,
la principale richesse consiste dans le produit même des
terres qui sont réunies en grands corps de fermes, et dont
les propriétaires retirent de gros loyers. Les rentes seigneu-

riales des plus grandes terres n'y forment qu'une très-mo-
dique portion du revenu, et cet article est presque regardé
comme honorifique. Dans les provinces les moins riches et
cultivées d'après des principes différents, les seigneurs et
gentilshommes ne possèdent presque point de terres à eux;
les héritages, qui sont extrêmement divisés, sont chargés de
très-grosses rentes en grains, dont tous les co-tenanciers sont
tenus solidairement. Ces rentes absorbent souvent le plus
clair du produit des terres, et le revenu des seigneurs en est
presque entièrement composé.

Page 128, ligne 24.

Influence anticaste de la discussion commune des affaires.

On voit par les travaux peu importants des sociétés
d'agriculture du dix-huitième siècle l'influence anticaste
qu'avait la discussion commune sur des intérêts communs.
Quoique ces réunions aient lieu trente ans avant la Révolution, en plein ancien régime, et qu'il ne s'agisse que de
théories, par cela seulement qu'on y débat des questions
dans lesquelles les différentes classes se sentent intéressées
et qu'elles discutent ensemble, on y sent aussitôt le rappro-
chement et le mélange des hommes, on voit les idées de
réformes raisonnables s'emparer des privilégiés comme des
autres, et cependant il ne s'agit que de conservation et d'a-
griculture.

Je suis convaincu qu'il n'y avait qu'un gouvernement ne
cherchant jamais sa force qu'en lui-même, et prenant toujours les hommes à part, comme celui de l'ancien régime,
qui eût pu maintenir l'inégalité ridicule et insensée qui existait en France au moment de la Révolution; le plus léger

contact du *self-government* l'aurait profondément modifiée
et rapidement transformée ou détruite.

Page 129, ligne 19.

Les libertés provinciales peuvent subsister quelque temps
sans que la liberté nationale existe, quand ces libertés sont
anciennes, mêlées aux habitudes, aux mœurs et aux souvenirs, et que le despotisme, au contraire, est nouveau ; mais il
est déraisonnable de croire qu'on puisse, à volonté, créer
des libertés locales, ou même les maintenir longtemps,
quand on supprime la liberté générale.

Page 131, ligne 8.

Turgot, dans un Mémoire au roi, résume de cette façon,
qui me paraît très-exacte, quelle était l'étendue vraie des
priviléges des nobles en matière d'impôt :

« 1° Les privilégiés peuvent faire valoir en exemption de
toute imposition taillable une ferme de quatre charrues, qui
porte ordinairement, dans les environs de Paris, 2,000 francs
d'imposition.

» 2° Les mêmes privilégiés ne payent absolument rien
pour les bois, prairies, vignes, étangs, ainsi que pour les
terres encloses qui tiennent à leurs châteaux, de quelque
étendue qu'elles soient. Il y a des cantons dont la principale production est en prairies ou en vignes; alors le noble
qui fait régir ses terres s'exempte de toute imposition, qui
retombe à la charge du taillable; second avantage qui est
immense. » ·

Page 131, ligne 21.

Privilége indirect en fait d'impôts. — Différence dans la perception, lors même que la taxe est commune.

Turgot fait également de ceci une peinture que j'ai lieu de croire exacte, d'après les pièces :

« Les avantages indirects des privilégiés en matière de capitation sont très-grands. La capitation est une imposition arbitraire de sa nature ; il est impossible de la répartir sur la totalité des citoyens autrement qu'à l'aveugle. On a jugé plus commode de prendre pour base les rôles de la taille, qu'on a trouvés tout faits. On a fait un rôle particulier pour les privilégiés ; mais, comme ceux-ci se défendent et que les taillables n'ont personne qui parle pour eux, il est arrivé que la capitation des premiers s'est réduite peu à peu, dans les provinces, à un objet excessivement modique, tandis que la capitation des seconds est presque égale au principal de la taille. »

Page 131, ligne 21.

Autre exemple de l'inégalité de perception dans une taxe commune.

On sait que dans les impôts locaux la taxe était levée sur tout le monde ; « lesquelles sommes, disent les arrêts du conseil qui autorisent ces sortes de dépenses, seront levées sur tous les justiciables, exempts ou non exempts, privilégiés ou non privilégiés, sans aucune exception, conjointement avec la capitation, ou au marc le franc d'icelle. »

Remarquez que, comme la capitation du taillable, assimilée à la taille, s'élevait comparativement toujours plus haut que la capitation du privilégié, l'inégalité se retrouvait sous la forme même qui semblait le plus l'exclure.

Page 131, *ligne* 21.

Même sujet.

Je trouve dans un projet d'édit de 1764, qui tend à créer l'égalité de l'impôt, toutes sortes de dispositions qui ont pour but de conserver une position à part aux privilégiés dans la perception ; j'y remarque, entre autres, que toutes les mesures dont l'objet est de déterminer, en ce qui les concerne, la valeur de la matière imposable, ne peuvent être prises qu'en leur présence ou en celle de leurs fondés de pouvoirs.

Page 131, *ligne* 21.

Comment le gouvernement reconnaissait lui-même que les privilégiés étaient favorisés dans la perception, lors même que la taxe était commune.

« Je vois, écrit le ministre de 1766, que la partie des impositions dont la perception est toujours la plus difficile, consiste dans ce qui est dû par les nobles et privilégiés, à cause des ménagements que les percepteurs des tailles se croient obligés d'observer à leur égard, au moyen de quoi il subsiste sur leur capitation et leurs vingtièmes (les impôts qui leur étaient communs avec le peuple) des restes très-anciens et beaucoup trop considérables. »

Page 146, ligne 26.

On trouve, dans le *Voyage d'Arthur Young* en 89, un petit tableau où cet état des deux sociétés est si agréablement peint et si bien encadré, que je ne puis résister au désir de le placer ici.

Young, traversant la France au milieu de la première émotion que causait la prise de la Bastille, est arrêté dans un certain village par une troupe de peuple qui, ne lui voyant pas de cocarde, veut le conduire en prison. Pour se tirer d'affaire, il imagine de leur faire ce petit discours :

« Messieurs, dit-il, on vient de dire que les impôts doivent être payés comme auparavant. Les impôts doivent être payés, assurément, mais non pas comme auparavant. Il faut les payer comme en Angleterre. Nous avons beaucoup de taxes que vous n'avez point ; mais le tiers-état, le peuple, ne les paye pas ; elles ne portent que sur le riche. Chez nous, chaque fenêtre paye ; mais celui qui n'a que six fenêtres à sa maison ne paye rien. Un seigneur paye les vingtièmes et les tailles ; mais le petit propriétaire d'un jardin ne paye rien. Le riche paye pour ses chevaux, ses voitures, ses valets ; il paye même pour avoir la liberté de tirer ses propres perdrix ; le petit propriétaire reste étranger à toutes ces taxes. Bien plus ! nous avons en Angleterre une taxe que paye le riche pour venir au secours du pauvre. Donc, s'il faut continuer à payer des taxes, il faut les payer autrement. La méthode anglaise vaut bien mieux.

» Comme mon mauvais français, ajoute Young, allait assez de pair avec leur patois, ils m'entendirent très-bien ; il n'y eut pas un mot de ce discours auquel ils ne donnassent leur approbation, et ils pensèrent que je pouvais bien être brave homme, ce que je confirmai en criant : *Vive le tiers !* Ils me laissèrent alors passer avec un hourra. »

Page 149, *ligne* 21.

L'église de X., élection de Chollet, tombait en ruines ; il s'agissait de la réparer suivant le mode indiqué par l'arrêt de 1684 (16 déc.), c'est-à-dire à l'aide d'un impôt levé sur tous les habitants. Lorsque des collecteurs veulent lever cet impôt, le marquis de X., seigneur de la paroisse, déclare que, comme il se charge à lui seul de réparer le chœur, il ne veut pas participer à l'impôt ; les autres habitants répliquent, avec beaucoup de raison, que, comme seigneur et comme gros décimateur (il possédait sans doute les dîmes inféodées), il est obligé à réparer seul le chœur ; que, par conséquent, cette réparation ne peut le soustraire à la charge commune. Sur quoi intervient une ordonnance de l'intendant qui déclare le marquis mal fondé et autorise la poursuite des collecteurs. Il y a au dossier plus de dix lettres de ce marquis, toutes plus pressantes les unes que les autres, demandant à grands cris que le reste de la paroisse paye à sa place, et daignant, pour l'obtenir, traiter l'intendant de *monseigneur* et même le *supplier*.

Page 151, *ligne* 10.

Exemple de la manière dont le gouvernement de l'ancien régime respectait les droits acquis, les contrats formels et les libertés des villes ou des associations.

Déclaration du roi qui « suspend en temps de guerre le remboursement de tous les emprunts faits par les villes, bourgs, colléges, communautés, administrations des hôpitaux, maisons de charité, communautés d'arts et métiers et autres, qui s'acquittent et se remboursent par le produit des octrois ou droits par nous concédés, est-il dit dans la déclaration, à l'effet desdits emprunts, les intérêts continuant à courir. »

C'est non-seulement la suspension du remboursement à l'époque indiquée dans le contrat fait avec les créanciers, mais encore une atteinte portée au gage donné pour répondre de la créance. Jamais de pareilles mesures, qui fourmillent dans l'ancien régime, n'auraient été praticables sous un gouvernement surveillé par la publicité ou par des assemblées. Qu'on compare cela avec ce qui s'est toujours passé pour ces sortes de choses en Angleterre et même en Amérique. Le mépris du droit est aussi flagrant ici que le mépris pour les libertés locales.

Page 153, ligne 16.

Le cas cité ici dans le texte est loin d'être le seul où les privilégiés aperçussent que le droit féodal qui pesait sur le paysan les atteignait eux-mêmes. Voici ce que disait, trente ans avant la Révolution, une société d'agriculture composée tout entière de privilégiés :

« Les rentes inamortissables, soit foncières, soit féodales, affectées sur les fonds de terre, quand elles sont un peu considérables, deviennent si onéreuses au débiteur, qu'elles causent sa ruine et successivement celle du fonds même. Il est forcé de le négliger, ne pouvant trouver la ressource de faire des emprunts sur un fonds trop chargé, ni d'acquéreurs, s'il veut vendre. Si ces rentes étaient amortissables, ce rentier ruiné ne manquerait pas d'occasions d'emprunter pour amortir, ni d'acquéreurs en état de rembourser le fonds et la rente. On est toujours aise d'entretenir et d'améliorer un bien libre dont on se croit paisible possesseur. Ce serait procurer un grand encouragement à l'agriculture que

de trouver des moyens praticables pour rendre amortissables ces sortes de rentes. Beaucoup de seigneurs de fiefs,
persuadés de cette vérité, ne se feraient pas prier pour se
prêter à ces sortes d'arrangements. Il serait donc bien inté-
ressant de trouver et d'indiquer des moyens praticables
pour parvenir à faire cet affranchissement des rentes foncières. »

Page 155, *ligne* 19.

Toutes les fonctions publiques, même celles d'agent des
fermes, étaient rétribuées par des immunités d'impôts, priviléges qui leur avaient été accordés par l'ordonnance de
1681. Dans une lettre adressée au ministre de 1782 par un
intendant, il est dit : « Parmi les privilégiés, il n'y a pas de
classe aussi nombreuse que celle des employés des gabelles,
des traites, des domaines, des postes, des aides, et autres
régies de toute espèce. Il est peu de paroisses où il n'en
existe, et l'on en voit dans plusieurs jusqu'à deux ou trois. »
Il s'agissait de détourner le ministre de proposer au conseil un arrêt pour étendre l'immunité d'impôt aux employés
et domestiques de ces agents privilégiés, immunités dont les
fermiers-généraux, dit l'intendant, ne cessent de demander
l'extension, afin de se dispenser de payer ceux auxquels on
les accorde.

Page 155, *ligne* 26.

Les offices n'étaient pas absolument inconnus ailleurs. En
Allemagne, quelques petits princes en avaient introduit plusieurs, mais en petit nombre et dans des parties peu importantes de l'administration publique. Le système n'était suivi
en grand qu'en France.

Page 162, *ligne* 20.

Il ne faut pas s'étonner, quoique cela paraisse fort étrange et le soit en effet, de voir dans l'ancien régime des fonctionnaires publics, dont plusieurs appartiennent à l'administration proprement dite, plaider en Parlement pour savoir quelle est la limite de leurs différents pouvoirs. Cela s'explique lorsque l'on pense que toutes ces questions, en même temps qu'elles étaient des questions d'administration publique, étaient aussi des questions de propriété privée. Ce qu'on prend ici pour un empiétement du pouvoir judiciaire n'était qu'une conséquence de la faute que le gouvernement avait commise en mettant les fonctions publiques en office. Les places étant tenues en office et chaque fonctionnaire étant rétribué en raison des actes qu'il faisait, on ne pouvait changer la nature de la fonction sans léser un droit qui avait été acheté du prédécesseur. Exemple entre mille : le lieutenant-général de police du Mans soutient un long procès contre le bureau de finances de cette ville, pour prouver que, ayant la police des rues, il doit être chargé de faire tous les actes relatifs à leur pavage et toucher le prix de ces actes. A quoi le bureau repart que le pavage des rues lui est attribué par le titre même de sa commission. Ce n'est pas, cette fois, le conseil du roi qui décide; comme il s'agit principalement de l'intérêt du capital engagé dans l'acquisition de l'office, c'est le Parlement qui prononce. L'affaire administrative s'est transformée en procès civil.

Page 164, *ligne* 12.

Analyse des cahiers de la noblesse en 1789.

La révolution française est, je crois, la seule au commencement de laquelle les différentes classes aient pu donner séparément un témoignage authentique des idées qu'elles avaient conçues et faire connaître les sentiments qui les animaient avant que cette révolution même eût dénaturé ou modifié ces sentiments et ces idées. Ce témoignage authentique fut consigné, comme chacun sait, dans les cahiers que les trois ordres dressèrent en 1789. Ces cahiers ou mémoires furent rédigés en pleine liberté, au milieu de la publicité la plus grande, par chacun des ordres qu'ils concernaient; ils furent longuement discutés entre les intéressés et mûrement réfléchis par leurs rédacteurs ; car le gouvernement de ce temps-là, quand il s'adressait à la nation, ne se chargeait pas de faire tout à la fois la demande et la réponse. A l'époque où les cahiers furent dressés, on en réunit les parties principales en trois volumes imprimés qu'on voit dans toutes les bibliothèques. Les originaux sont déposés aux Archives nationales, et avec eux se trouvent les procès-verbaux des assemblées qui les rédigèrent, et, en partie, la correspondance qui eut lieu, à la même époque, entre M. Necker et ses agents, à propos de ces assemblées. Cette collection forme une longue série de tomes in-folio. C'est le document le plus précieux qui nous reste de l'ancienne France, et celui que doivent sans cesse consulter ceux qui veulent savoir quel était l'état d'esprit de nos pères au moment où la Révolution éclata.

Je pensais que peut-être l'extrait imprimé en trois volumes, dont il est question plus haut, avait été l'œuvre d'un parti et ne reproduisait pas exactement le caractère de cette immense enquête; mais, en comparant l'un à l'autre, j'ai trouvé la plus grande ressemblance entre le grand tableau et la copie réduite.

L'extrait des cahiers de la noblesse que je donne ici fait connaître au vrai le sentiment de la grande majorité de cet ordre. On y voit clairement ce que celle-ci voulait obstinément retenir des anciens priviléges, ce qu'elle était peu éloignée d'en céder, ce qu'elle offrait elle-même d'en sacrifier. On y découvre surtout en plein l'esprit qui l'animait tout entière alors à l'égard de la liberté politique. Curieux et triste tableau !

Droits individuels. Les nobles demandent, avant tout, qu'il soit fait une déclaration explicite des droits qui appartiennent à tous les hommes, et que cette déclaration constate leur liberté et assure leur sûreté.

Liberté de la personne. Ils désirent qu'on abolisse la servitude de la glèbe là où elle existe encore, et qu'on cherche les moyens de détruire la traite et l'esclavage des nègres ; que chacun soit libre de voyager ou de fixer sa demeure où il le veut, soit au dedans, soit au dehors du royaume, sans qu'il puisse être arrêté arbitrairement ; qu'on réforme l'abus des règlements de police, et que la police soit dorénavant entre les mains des juges, même en cas d'émeute ; que personne ne puisse être arrêté et jugé que par ses juges naturels ; qu'en conséquence, les prisons d'État et autres lieux de détention illégaux soient supprimés. Quelques-uns demandent la démolition de la Bastille. La noblesse de Paris insiste notamment sur ce point.

Toutes lettres closes ou de cachet doivent être prohibées. — Si le danger de l'État rend nécessaire l'arrestation d'un citoyen sans qu'il soit livré immédiatement aux cours ordinaires de justice, il faut prendre des mesures pour empêcher les abus, soit en donnant communication de la détention au conseil d'État, ou de toute autre manière.

La noblesse veut que toutes les commissions particulières, tous les tribunaux d'attribution ou d'exception, tous les privilèges de *committimus*, arrêts de surséance, etc., soient abolis, et que les peines les plus sévères soient portées contre ceux qui ordonneraient ou mettraient à exécution un ordre arbitraire; que, dans la juridiction ordinaire, la seule qui doive être conservée, on prenne les mesures nécessaires pour assurer la liberté individuelle, surtout en ce qui concerne le criminel; que la justice soit rendue gratuitement et les juridictions inutiles supprimées. « Les magistrats sont établis pour le peuple, et non les peuples pour les magistrats, » dit-on dans un cahier. On demande même qu'il soit établi dans chaque bailliage un conseil et des défenseurs gratuits pour les pauvres, que l'instruction soit publique, et que la liberté soit donnée aux plaideurs de se défendre eux-mêmes; que, dans les matières criminelles, l'accusé soit pourvu d'un conseil, et que, dans tous les actes de la procédure, le juge soit assisté d'un certain nombre de citoyens de l'ordre de celui qui est accusé, lesquels seront chargés de prononcer sur le fait du crime ou délit du prévenu : on renvoie à cet égard à la constitution d'Angleterre; que les peines soient proportionnées aux délits, et qu'elles soient égales pour tous; que la peine de mort soit rendue plus rare, et tous les supplices corporels, questions, etc., supprimés; qu'enfin le sort des prisonniers soit amélioré, et surtout celui des prévenus.

Suivant les cahiers, on doit chercher les moyens de faire respecter la liberté individuelle dans l'enrôlement des troupes de terre et de mer. Il faut permettre de convertir l'obligation du service militaire en prestations pécuniaires, ne procéder au tirage qu'en présence d'une députation des trois ordres réunis, enfin combiner les devoirs de la disci-

pline et de la subordination militaire avec les droits du citoyen et de l'homme libre. Les coups de plat de sabre seront
supprimés.

Liberté et inviolabilité de la propriété. On demande que
la propriété soit inviolable et qu'il ne puisse y être porté
atteinte que pour cause d'utilité publique indispensable.
Dans ce cas, le gouvernement devra donner une indemnité
d'un prix élevé et sans délai. La confiscation doit être abolie.

Liberté du commerce, du travail et de l'industrie. La liberté de l'industrie et du commerce doit être assurée. En
conséquence, on supprimera les maîtrises et autres priviléges accordés à certaines compagnies; on reportera les
lignes de douanes aux frontières.

Liberté de religion. La religion catholique sera la seule
dominante en France; mais il sera laissé à chacun la liberté
de conscience, et on réintégrera les non-catholiques dans
leur état civil et dans leurs propriétés.

Liberté de la presse, inviolabilité des secrets de la poste.
La liberté de la presse sera assurée, et une loi fixera d'a-
vance les restrictions qui peuvent y être apportées dans
l'intérêt général. On ne doit être assujetti aux censures
ecclésiastiques que pour les livres traitant du dogme; pour
le reste, il suffit de prendre les précautions nécessaires afin
de connaître les auteurs et imprimeurs. Plusieurs demandent que les délits de la presse ne puissent être soumis
qu'au jugement des jurés.

Les cahiers insistent surtout, et unanimement, pour que
l'on respecte inviolablement les secrets confiés à la poste, de
manière, dit-on, que les lettres ne puissent devenir un titre
ou un moyen d'accusation. L'ouverture des lettres, disent-
ils crûment, est le plus odieux espionnage, puisqu'il consiste dans la violation de la foi publique.

Enseignement, éducation. Les cahiers de la noblesse se
bornent à demander qu'on s'occupe activement de favoriser

l'éducation, qu'on l'étende aux villes et aux campagnes, et qu'on la dirige d'après des principes conformes à la destination présumée des enfants ; que surtout on donne à ceux-ci une éducation nationale en leur apprenant leurs devoirs et leurs droits de citoyen. Ils veulent même qu'on rédige pour eux un catéchisme où seraient mis à leur portée les points principaux de la constitution. Du reste, ils n'indiquent pas les moyens à employer pour faciliter et pour répandre l'instruction ; ils se bornent à réclamer des établissements d'éducation pour les enfants de la noblesse indigente.

Soins qu'il faut prendre du peuple. Un grand nombre de cahiers insistent pour que plus d'égards soient montrés au peuple. Plusieurs réclament contre l'abus des règlements de police, qui, disent-ils, traînent habituellement, arbitrairement et sans jugement régulier, dans les prisons, maisons de force, etc., une foule d'artisans et de citoyens utiles, souvent pour des fautes ou même de simples soupçons, ce qui est une atteinte à la liberté naturelle. Tous les cahiers demandent que la corvée soit définitivement abolie. La majorité des bailliages désire qu'on permette le rachat des droits de banalité et de péage. Un grand nombre demande qu'on rende moins pesante la perception de plusieurs droits féodaux et l'abolition du droit de franc-fief. Le gouvernement est intéressé, dit un cahier, à faciliter l'achat et la vente des terres. Cette raison est précisément celle qu'on va donner pour abolir d'un seul coup tous les droits seigneuriaux et mettre en vente les biens de mainmorte. Beaucoup de cahiers veulent qu'on rende le droit de colombier moins préjudiciable à l'agriculture. Quant aux établissements destinés à conserver le gibier du roi, connus sous le nom de capitaineries, ils en demandent l'abolition immédiate, comme attentatoires au droit de propriété. Ils veulent qu'on substitue aux impôts actuels des taxes d'une perception moins onéreuse au peuple.

La noblesse demande qu'on cherche à répandre l'aisance et le bien-être dans les campagnes; qu'on établisse des filatures et tissages d'étoffes grossières dans les villages pour occuper les gens de la campagne pendant la saison morte; qu'on crée dans chaque bailliage des greniers publics sous l'inspection des administrations provinciales, pour prévenir les disettes et maintenir le prix des denrées à un certain taux; qu'on cherche à perfectionner l'agriculture et à améliorer le sort des campagnes; qu'on augmente les travaux publics, et particulièrement qu'on s'occupe de dessécher les marais et de prévenir les inondations, etc.; qu'enfin on distribue dans toutes les provinces des encouragements au commerce et à l'agriculture.

Les cahiers voudraient qu'on répartît les hôpitaux en petits établissements créés dans chaque district, que l'on supprimât les dépôts de mendicité et qu'on les remplaçât par des ateliers de charité; qu'on établît des caisses de secours sous la direction des états provinciaux, et que des chirurgiens, médecins et sages-femmes fussent distribués dans les arrondissements, aux frais des provinces, pour soigner gratuitement les pauvres; que, pour le peuple, la justice fût toujours gratuite; qu'enfin on songeât à créer des établissements pour les aveugles, sourds et muets, enfants trouvés, etc.

Du reste, en toutes ces matières, l'ordre de la noblesse se borne, en général, à exprimer ses désirs de réformes sans entrer dans de grands détails d'exécution. On voit qu'il a moins vécu que le bas clergé au milieu des classes inférieures, et que, moins en contact avec leur misère, il a moins réfléchi aux moyens d'y remédier.

De l'admissibilité aux fonctions publiques, de la hiérarchie des rangs, et des priviléges honorifiques de la noblesse. C'est surtout, ou plutôt c'est seulement en ce qui concerne la hiérarchie des rangs et la différence des conditions que la noblesse s'écarte de l'esprit général des réformes demandées, et que, tout en faisant quelques concessions importantes, elle se rattache aux principes de l'ancien régime. Elle sent qu'elle combat ici pour son existence même. Ses cahiers demandent donc avec instance le maintien du clergé et de la noblesse comme ordres distinctifs. Ils désirent même qu'on cherche les moyens de conserver dans toute sa pureté l'ordre de la noblesse; qu'ainsi il soit défendu d'acquérir le titre de gentilhomme à prix d'argent, que ce titre ne soit plus attribué à certaines places, qu'on ne l'obtienne qu'en le méritant par de longs et utiles services rendus à l'État. Ils souhaitent que l'on recherche et qu'on poursuive les faux nobles. Tous les cahiers enfin insistent pour que la noblesse soit maintenue dans tous ses honneurs. Quelques-uns veulent qu'on donne aux gentilshommes une marque distinctive qui les fasse extérieurement reconnaître.

On ne saurait rien imaginer de plus caractéristique qu'une pareille demande et de plus propre à montrer la parfaite similitude qui existait déjà entre le noble et le roturier, en dépit de la différence des conditions. En général, dans ses cahiers, la noblesse, qui se montre assez coulante sur plusieurs de ses droits utiles, s'attache avec une ardeur inquiète à ses priviléges honorifiques. Elle veut conserver tous ceux qu'elle possède, et voudrait pouvoir en inventer qu'elle n'a jamais eus, tant elle se sent déjà entraînée dans les flots de la démocratie et redoute de s'y dissoudre. Chose singulière! elle a l'instinct de ce péril, et elle n'en a pas la perception.

Quant à la distribution des charges, les nobles demandent que la vénalité des offices soit supprimée pour les places de magistrature; que, quand il s'agit de ces sortes de places, tous les citoyens puissent être présentés par la nation au roi, et nommés par lui indistinctement, sauf les conditions d'âge et de capacité. Pour les grades militaires, la majorité pense que le tiers état ne doit pas en être exclu, et que tout militaire qui aura bien mérité de la patrie est en

droit d'arriver jusqu'aux places les plus éminentes. « L'ordre
de la noblesse n'approuve aucune des lois qui ferment l'entrée des emplois militaires à l'ordre du tiers état, » disent
quelques cahiers; seulement, les nobles veulent que le droit
d'entrer comme officier dans un régiment sans avoir d'a-
bord passé par les grades inférieurs soit réservé à eux seuls.
Presque tous les cahiers demandent, du reste, que l'on
établisse des règles fixes, et applicables à tout le monde,
pour la distribution des grades de l'armée; que ceux-ci ne
soient pas entièrement laissés à la faveur, et que l'on arrive
aux grades autres que ceux d'officier supérieur par droit
d'ancienneté.

Quant aux fonctions cléricales, ils demandent qu'on rétablisse l'élection dans la distribution des bénéfices, ou qu'au
moins le roi crée un comité qui puisse l'éclairer dans la
répartition de ces bénéfices.

Ils disent enfin que désormais les pensions doivent être
distribuées avec plus de discernement, qu'il convient qu'elles
ne soient plus concentrées dans certaines familles, et que
nul citoyen ne puisse avoir plus d'une pension, ni toucher
les émoluments de plus d'une place à la fois; que les sur-
vivances soient abolies.

Église et clergé. Quand il ne s'agit plus de ses droits et
de sa constitution particulière, mais des priviléges et de
l'organisation de l'Église, la noblesse n'y regarde plus de si
près; là, elle a les yeux fort ouverts sur les abus.

Elle demande que le clergé n'ait point de priviléges d'impôt et qu'il paye ses dettes sans les faire supporter à la nation; que les ordres monastiques soient profondément réfor-
més. La majorité des cahiers déclare que ces établissements
s'écartent de l'esprit de leur institution.

La majorité des bailliages veut que les dîmes soient rendues moins dommageables à l'agriculture; il y en a même
un grand nombre qui réclament leur abolition. « La plus

forte partie des dîmes, dit un cahier, est perçue par ceux des curés qui s'emploient le moins à procurer au peuple des secours spirituels. On voit que le second ordre ménageait peu le premier dans ses remarques. Ils n'en agissent guère plus respectueusement à l'égard de l'Église elle-même. Plusieurs bailliages reconnaissent formellement aux États généraux le droit de supprimer certains ordres religieux et d'appliquer leurs biens à un autre usage. Dix-sept bailliages déclarent que les États généraux sont compétents pour régler la discipline. Plusieurs disent que les jours de fête sont trop multipliés, nuisent à l'agriculture et favorisent l'ivrognerie; qu'en conséquence, il faut en supprimer un grand nombre, qu'on renverra au dimanche.

Droits politiques. Quant aux droits politiques, les cahiers reconnaissent à tous les Français le droit de concourir au gouvernement, soit directement, soit indirectement, c'est-à-dire le droit d'élire et d'être élu, mais en conservant la hiérarchie des rangs; qu'ainsi personne ne puisse nommer et être nommé que dans son ordre. Ce principe posé, le système de représentation doit être établi de manière à garantir à tous les ordres de la nation le moyen de prendre une part sérieuse à la direction des affaires.

Quant à la manière de voter dans l'assemblée des États généraux, les avis se partagent : la plupart veulent un vote séparé pour chaque ordre; les uns pensent qu'il doit être fait exception à cette règle pour le vote de l'impôt; d'autres, enfin, demandent que cela ait toujours lieu ainsi. « Les voix seront comptées par tête, et non par ordre, disent ceux-là, cette forme étant la seule raisonnable, et la seule qui puisse écarter et anéantir l'égoïsme de corps, source unique de tous nos maux; rapprocher les hommes et les conduire au résultat que la nation a droit d'espérer d'une assemblée où le patriotisme et les grandes vertus seront fortifiés par les lumières. » Toutefois, comme cette innovation, faite trop brusquement, pourrait être dangereuse dans l'état actuel des esprits, plusieurs pensent qu'on ne doit l'adopter qu'avec précaution, et qu'il faut que l'assemblée juge s'il ne serait pas plus sage de remettre le vote par tête aux États généraux suivants. Dans tous les cas, la noblesse demande que chaque ordre puisse conserver la dignité qui est due à tout Français ; qu'en conséquence, on abolisse les formes humiliantes auxquelles le tiers état était assujetti dans l'ancien régime, par exemple, de se mettre à genoux, « le spectacle d'un homme à genoux devant un autre blessant la dignité humaine, et annonçant, entre des êtres égaux par la nature, une infériorité incompatible avec leurs droits essentiels, » dit un cahier.

Du système à établir dans la forme du gouvernement, et des principes de la constitution. Quant à la forme du gouvernement, la noblesse demande le maintien de la constitution monarchique, la conservation dans la personne du roi des pouvoirs législatif, judiciaire et exécutif, mais, en même temps, l'établissement des lois fondamentales destinées à garantir les droits de la nation dans l'exercice de ses pouvoirs.

En conséquence, les cahiers proclament tous que la nation a le droit de s'assembler en États généraux, composés d'un nombre de membres assez grand pour assurer l'indépendance de l'assemblée. Ils désirent que ces États se réunissent désormais à des époques périodiques fixes, ainsi qu'à chaque nouvelle succession au trône, sans qu'il y ait jamais besoin de lettres de convocation. Beaucoup de bailliages déclarent même qu'il serait à souhaiter que cette assemblée fût permanente. Si la convocation des États généraux n'avait pas lieu dans le délai indiqué par la loi, on aurait le droit de refuser l'impôt. Un petit nombre veut que, pendant l'intervalle qui sépare une tenue d'États de l'autre, il soit établi une commission intermédiaire chargée de surveiller l'administration du royaume ; mais la généralité des cahiers s'oppose formellement à l'établissement de cette commission, en déclarant qu'une telle commission serait tout à fait contraire à la constitution. La raison qu'ils en donnent est curieuse : ils craignent qu'une si petite assemblée restée en présence du gouvernement ne se laisse séduire par les instigations de celui-ci.

La noblesse veut que les ministres n'aient pas le droit de dissoudre l'assemblée, et qu'ils soient punis juridiquement lorsqu'ils en troublent l'ordre par leurs cabales ; qu'aucun fonctionnaire, aucune personne dépendante en quelque chose que ce soit du gouvernement ne puisse être député ; que la personne des députés soit inviolable, et qu'ils ne puissent, disent les cahiers, être poursuivis pour les opinions qu'ils auraient émises ; qu'enfin les séances de l'assemblée soient publiques, et que, pour convier davantage la nation à ses délibérations, elles soient répandues par la voie de l'imprimerie.

La noblesse demande unanimement que les principes qui doivent régler le gouvernement de l'État soient appliqués à l'administration des diverses parties du territoire ; qu'en conséquence, dans chaque province, dans chaque district, dans chaque paroisse, il soit formé des assemblées composées de membres librement élus et pour un temps limité.

Plusieurs cahiers pensent que les fonctions d'intendants et de receveurs généraux doivent être supprimées ; tous estiment que désormais les assemblées provinciales doivent seules être chargées de répartir l'impôt et de surveiller les intérêts particuliers de la province. Ils entendent qu'il en soit de même des assemblées d'arrondissement et de celles des paroisses, lesquelles ne dépendront plus désormais que des états provinciaux.

Distinction des pouvoirs. Pouvoir législatif. Quant à la distinction des pouvoirs entre la nation assemblée et le roi, la noblesse demande qu'aucune loi ne puisse avoir d'effet qu'autant qu'elle aura été consentie par les États généraux et le roi, et transcrite sur le registre des cours chargées d'en maintenir l'exécution; qu'aux États généraux appartienne exclusivement d'établir et de fixer la quotité de l'impôt; que les subsides qui seront consentis ne puissent l'être que pour le temps qui s'écoulera d'une tenue d'états à l'autre; que tous ceux qui auraient été perçus ou constitués sans le consentement des États soient déclarés illégaux, et que les ministres et percepteurs qui auraient ordonné et perçu de pareils impôts soient poursuivis comme concussionnaires;

Qu'il ne puisse de même être consenti aucun emprunt sans le consentement des États généraux; qu'il soit seulement ouvert un crédit fixé par les États, et dont le gouvernement pourra user en cas de guerre ou de grandes calamités, sauf à provoquer une convocation d'États généraux dans le plus bref délai;

Que toutes les caisses nationales soient mises sous la surveillance des États; que les dépenses de chaque département soient fixées par eux, et qu'il soit pris les mesures les plus sûres pour que les ressources votées ne puissent être excédées.

La plupart des cahiers désirent qu'on sollicite la suppression des impôts vexatoires, connus sous le nom de droits d'insinuation, centième denier, entérinements, réunis sous la dénomination de régie des domaines du roi. « La dénomination de régie suffirait seule pour blesser la nation, puisqu'elle annonce comme appartenant au roi des objets qui sont une partie réelle de la propriété des citoyens, » dit un cahier; que tous les domaines qui ne seront pas aliénés soient mis sous l'administration des états provinciaux, et qu'aucune ordonnance, aucun édit bursal ne puisse être rendu que du consentement des trois ordres de la nation.

La pensée évidente de la noblesse est de conférer à la nation toute l'administration financière, soit dans le règlement des emprunts et impôts, soit dans la perception de ces impôts, par l'intermédiaire des assemblées générales et provinciales.

Pouvoir judiciaire. De même, dans l'organisation judiciaire, elle tend à faire dépendre, au moins en grande partie, la puissance des juges, de la nation assemblée. C'est ainsi que plusieurs cahiers déclarent :

« Que les magistrats seront responsables du fait de leurs charges à la nation assemblée ; » qu'ils ne pourront être destitués qu'avec le consentement des États généraux ; qu'aucun tribunal ne pourra, sous quelque prétexte que ce soit, être troublé dans l'exercice de ses fonctions sans le consentement de ces états ; que les prévarications du tribunal de cassation, ainsi que celles des parlements, seront jugées par les États généraux. D'après la majorité des cahiers, les juges ne doivent être nommés par le roi que sur une présentation faite par le peuple.

Pouvoir exécutif. Quant au pouvoir exécutif, il est exclusivement réservé au roi ; mais on y met les limites nécessaires pour prévenir les abus.

Ainsi, quant à l'administration, les cahiers demandent que l'état des comptes des différents départements soit rendu public par la voie de l'imprimerie, et que les ministres soient responsables à la nation assemblée ; de même, que, avant d'employer les troupes à la défense extérieure, le roi fasse connaître ses intentions d'une manière précise aux États généraux. A l'intérieur, ces mêmes troupes ne pourront être employées contre les citoyens que sur la réquisition des États généraux. Le contingent des troupes devra être limité, et les deux tiers seulement, en temps ordinaire, resteront dans le second effectif. Quant aux troupes étrangères que le gouvernement pourra avoir à sa solde, il devra les

écarter du centre du royaume et les envoyer sur les frontières.

Ce qui frappe le plus en lisant les cahiers de la noblesse,
mais ce qu'aucun extrait ne saurait reproduire, c'est à quel
point ces nobles sont bien de leur temps : ils en ont l'esprit, ils en emploient très-couramment la langue. Ils parlent
des *droits inaliénables de l'homme, des principes inhérents
au pacte social.* Quand il s'agit de l'individu, ils s'occupent
d'ordinaire de ces droits, et quand il s'agit de la société,
des devoirs de celle-ci. Les principes de la politique leur
semblent *aussi absolus que ceux de la morale, et les uns et
les autres ont pour base commune la raison.* Veulent-ils abolir les restes du servage, *il s'agit d'effacer jusqu'aux dernières traces de la dégradation de l'espèce humaine.* Ils appellent
quelquefois Louis XVI *un roi citoyen,* et parlent à plusieurs
reprises du crime de *lèse-nation,* qui va leur être si souvent
imputé. A leurs yeux comme aux yeux de tous les autres,
on doit tout se promettre de l'éducation publique, et c'est
l'État qui doit la diriger. *Les États généraux,* dit un cahier,
*s'occuperont d'inspirer un caractère national par des chan-
gements dans l'éducation des enfants.* Comme le reste de
leurs contemporains, ils montrent un goût vif et continu
pour l'uniformité de législation, excepté pourtant dans ce
qui touche à l'existence des ordres. Ils veulent l'uniformité
administrative, l'uniformité des mesures, etc., autant que le
Tiers état ; ils indiquent toute sorte de réformes, et ils entendent que ces réformes soient radicales. Suivant eux, tous
les impôts sans exception doivent être abolis ou transformés ;
tout le système de la justice changé, sauf les justices seigneuriales, qui ont seulement besoin d'être perfectionnées. Pour
eux comme pour tous les autres Français, la France est un
champ d'expériences, une espèce de ferme modèle en politique, où tout doit être retourné, tout essayé, si ce n'est un
petit endroit où croissent leurs priviléges particuliers ; encore

faut-il dire à leur honneur que celui-là même n'est guère épargné par eux.

Page 166, *ligne* 1.

Exemple du gouvernement religieux d'une province ecclésiastique au milieu du dix-huitième siècle.

1° L'archevêque;

2° Sept vicaires généraux ;

3° Deux cours ecclésiastiques nommées officialités : l'une, appelée *officialité métropolitaine*, connaît des sentences des suffragants ; l'autre, appelée *officialité diocésaine*, connaît : 1° des affaires personnelles entre clercs ; 2° de la validité des mariages quant au sacrement.

Ce dernier tribunal est composé de trois juges. Il y a des notaires et des procureurs qui y sont attachés.

4° Deux tribunaux fiscaux.

L'un, appelé le *bureau diocésain*, connaît en premier ressort de toutes les affaires qui se rapportent aux impositions du clergé dans le diocèse. (On sait que le clergé s'imposait lui-même.) Ce tribunal, présidé par l'archevêque, est composé de six autres prêtres.

L'autre cour juge sur appel les causes qui ont été portées aux autres bureaux diocésains de la province ecclésiastique. Tous ces tribunaux admettent des avocats et entendent des plaidoiries.

Page 166, ligne 24.

Esprit du clergé dans les états et assemblées provinciales.

Ce que je dis ici dans le texte des états du Languedoc s'applique aussi bien aux assemblées provinciales réunies en 1779 et en 1787, notamment dans la haute Guyenne. Les membres du clergé, dans cette assemblée provinciale, sont parmi les plus éclairés, les plus actifs, les plus libéraux. C'est l'évêque de Rodez qui propose de rendre publics les procès-verbaux de l'assemblée.

Page 168, ligne 16.

Cette disposition libérale, en politique, des prêtres, qui se voit en 1789, n'était pas seulement produite par l'excitation du moment; on la voit déjà paraître à une époque fort antérieure. Elle se montre notamment dans le Berry, dès 1779, par l'offre que fait le clergé de 68,000 livres de dons volontaires, à la seule condition que l'administration provinciale sera conservée.

Page 171, ligne 5.

Faites bien attention que la société politique était sans liens, mais que la société civile en avait encore. On était lié les uns aux autres dans l'intérieur des classes; il restait même quelque chose du lien étroit qui avait existé entre la classe des seigneurs et le peuple. Quoique ceci se passât

dans la société civile, la conséquence s'en faisait sentir indirectement dans la société politique; les hommes ainsi liés
formaient des masses irrégulières et inorganisées, mais réfractaires sous la main du pouvoir. La Révolution, ayant
brisé ces liens sociaux sans établir à leur place de liens politiques, a préparé à la fois l'égalité et la servitude.

Page 172, ligne 15.

Exemple de la manière dont les tribunaux s'exprimaient à l'occasion de certains actes arbitraires.

D'un mémoire mis sous les yeux d'un contrôleur général,
en 1781, par l'intendant de la généralité de Paris, il résulte
qu'il était dans l'usage de cette généralité que les paroisses
eussent deux syndics, l'un élu par les habitants dans une assemblée présidée par le subdélégué, l'autre choisi par l'intendant, et qui était le surveillant du premier. Dans la paroisse
de Rueil, une querelle survint entre les deux syndics, le
syndic élu ne voulant pas obéir au syndic choisi. L'intendant
obtint de M. de Breteuil de faire mettre pour quinze jours à
la Force le syndic élu, lequel fut, en effet, arrêté, puis desti-
tué, et un autre mis à sa place. Là-dessus, le parlement,
saisi à la requête du syndic emprisonné, commence une procédure, dont je n'ai pas trouvé la suite, où il dit que l'emprisonnement de l'appelant et son élection cassée ne peuvent
être considérés que comme *des actes arbitraires et despotiques.* La justice était alors parfois mal embouchée !

Page 176, ligne 22.

Loin que les classes éclairées et aisées, sous l'ancien régime, fussent opprimées et asservies, on peut dire que toutes,
en y comprenant la bourgeoisie, étaient souvent beaucoup
trop libres de faire ce qui leur convenait, puisque le pouvoir
royal n'osait pas empêcher leurs membres de se créer sans
cesse une position à part, au détriment du peuple, et croyait
presque toujours avoir besoin de leur livrer celui-ci pour
obtenir leur bienveillance ou faire cesser leur mauvais vouloir. On peut dire que, dans le dix-huitième siècle, un Français appartenant à ces classes-là avait souvent beaucoup plus
de facilité pour résister au gouvernement, et pour forcer
celui-ci de le ménager, que n'en aurait eu un Anglais du
même temps, dans la même situation. Le pouvoir se fût cru
parfois obligé envers lui à plus de tempérament et à une
marche plus timide que le gouvernement anglais ne s'y fût
cru tenu vis-à-vis d'un sujet de la même catégorie : tant on a
tort de confondre l'indépendance avec la liberté. Il n'y a rien
de moins indépendant qu'un citoyen libre.

Page 176, ligne 23.

**Raison qui forçait souvent, dans l'ancienne société,
le gouvernement absolu à se modérer.**

Il n'y a guère que l'augmentation d'anciens impôts, et
surtout que la création de nouveaux, qui puissent, dans les
temps ordinaires, créer de grands embarras au gouvernement et émouvoir le peuple. Dans l'ancienne constitution

financière de l'Europe, quand un prince avait des passions dépensières, quand il se jetait dans une politique aventureuse, quand il laissait introduire le désordre dans ses finances, ou bien encore lorsqu'il avait besoin d'argent pour se soutenir en gagnant beaucoup de gens par de gros profits ou par de gros salaires qu'on touchait sans les avoir gagnés, en entretenant de nombreuses armées, en faisant faire de grands travaux, etc., il lui fallait aussitôt recourir aux impôts : ce qui éveillait et agitait immédiatement toutes les classes, celle surtout qui fait les révolutions violentes, le peuple. Aujourd'hui, dans la même situation, on fait des emprunts don l'effet immédiat est presque inaperçu, et dont le résulta final ne sera senti que par la génération suivante.

Page 180, ligne 11.

Je trouve comme exemple de ceci, entre bien d'autres, que les principaux domaines situés dans l'élection de Mayenne étaient affermés à des fermiers généraux, qui prenaient pour sous-fermiers de petits métayers misérables, qui n'avaien rien à eux, et à qui on fournissait jusqu'aux ustensiles les plus nécessaires. On comprend que de pareils fermiers généraux ne devaient pas ménager les fermiers ou débiteurs de l'ancien seigneur féodal qui les avait mis à sa place, et que, exercée par leurs mains, la féodalité pût paraître souvent plus dure qu'au moyen âge.

Page 180, *ligne* 11.

Autre exemple.

Les habitants de Montbazon avaient porté à la taille les régisseurs du duché que possédait le prince de Rohan, quoique ces régisseurs n'exploitassent qu'en son nom. Ce prince (qui était sans doute fort riche) non-seulement fait cesser *cet abus*, comme il l'appelle, mais obtient de rentrer dans une somme de 5,344 livres 15 sous qu'on lui avait fait indûment payer et qui sera reportée sur les habitants.

Page 184, *ligne* 2.

Exemple de la manière dont les droits pécuniaires du clergé lui aliénaient le cœur de ceux que leur isolement aurait dû rapprocher de lui.

Le curé de Noisai prétend que les habitants sont obligés de réparer sa grange et son pressoir, et demande une imposition locale pour cela. L'intendant répond que les habitants ne sont tenus qu'à la réparation du presbytère; la grange et le pressoir resteront à la charge de ce pasteur, plus préoccupé de sa ferme que de ses ouailles (1767).

Page 187, *ligne* 17.

On trouve dans un des mémoires envoyés en 1788 par des paysans, en réponse à une enquête que faisait une assemblée provinciale, mémoire écrit avec clarté et sur un ton modéré, ceci : « Aux abus de la perception de la taille se joint encore celui des garnisaires. Ils arrivent d'ordinaire cinq fois pendant le recouvrement de la taille. Ce sont le plus souvent des soldats invalides ou des suisses. Ils séjournent à chaque voyage quatre ou cinq jours sur la paroisse et sont taxés par le bureau de la recette des tailles à trente-six sous par jour. Quant à l'assiette des tailles, nous n'exposerons pas les abus de l'arbitraire trop connus, ni les mauvais effets qu'ont produits les rôles faits d'office par des officiers souvent incapables et presque toujours partiaux et vindicatifs. Ils ont été pourtant la source de troubles et de différends. Ils ont occasionné des procès très-dispendieux pour les plaideurs et très-avantageux aux siéges des élections. »

Page 188, *ligne* 16.

Supériorité des méthodes suivies dans les pays d'états, reconnue par les fonctionnaires du gouvernement central lui-même.

Dans une lettre confidentielle écrite le 5 juin 1772 par le directeur des impositions à l'intendant, il est dit : « Dans les pays d'états, l'imposition étant d'un *tantième* fixe, chaque contribuable y est assujetti et la paye réellement. On fait dans la répartition une augmentation sur ce tantième en proportion de l'augmentation demandée par le roi sur le total qui doit être fourni (1 million, par exemple, au lieu de 900,000 livres). C'est une opération simple, au lieu que, dans la généralité, la répartition est personnelle et, pour ainsi dire, arbitraire; les uns payent ce qu'ils doivent, les autres ne payent que la moitié; d'autres le tiers, le quart ou rien du tout. Comment donc assujettir l'imposition à un neuvième d'augmentation? »

Page 191, ligne 28.

**De la manière dont les privilégiés, au début, comprenaient les
progrès de la civilisation par les chemins.**

Le comte de X. se plaint, dans une lettre à l'intendant,
du peu d'empressement qu'on met à établir une route qui
l'avoisine. C'est, dit-il, la faute du subdélégué, qui ne met
pas assez d'énergie dans ses fonctions et ne force pas les
paysans à faire leurs corvées.

Page 192, ligne 18.

Prison arbitraire pour la corvée.

Exemple : on voit dans une lettre d'un grand prévôt,
en 1748 : « J'avais ordonné hier d'emprisonner trois hommes, sur la réquisition de M. C., le sous-ingénieur, pour
n'avoir pas satisfait à leur corvée. Sur quoi, il y eut émotion
parmi les femmes du village, qui se sont écriées : « Voyez-
» vous ! on songe aux pauvres gens quand il s'agit de la
» corvée; on ne s'en occupe point pour les faire vivre. »

Page 192, ligne 25.

Les ressources pour faire les chemins étaient de deux
sortes : 1° la plus grande était la corvée pour tous les gros
ouvrages qui n'exigeaient que du travail; 2° la plus petite

était tirée d'une imposition générale dont le produit était mis à la disposition des ponts et chaussées pour subvenir aux ouvrages d'art. Les privilégiés, c'est-à-dire les principaux propriétaires, plus intéressés que tous aux chemins, ne contribuaient point à la corvée, et, de plus, l'imposition des ponts et chaussées étant conjointe à la taille et levée comme elle, ces privilégiés en étaient encore exempts.

Page 193, ligne 10.

Exemple de corvée pour transporter des forçats.

On voit, par une lettre qu'adresse, en 1761, à l'intendant, un commissaire préposé à la police des chaînes, que les paysans étaient forcés de charrier en voiture les forçats, qu'ils le faisaient de très-mauvaise volonté, et qu'ils étaient souvent maltraités par les gardes-chiourmes, « attendu, dit le commissaire, que les gardes sont gens grossiers et brutaux, et que ces paysans, qui font ce service malgré eux, sont souvent insolents. »

Page 193, ligne 12.

Turgot fait des inconvénients et des rigueurs de la corvée employée à transporter les effets militaires des peintures qui, après la lecture des dossiers, ne me semblent pas exagérées; il dit, entre autres choses, que son premier inconvénient est l'extrême inégalité d'une charge très-forte en elle-même. Elle tombe tout entière sur un petit nombre de paroisses que le malheur de leur situation y expose. La dis-

tance à parcourir est souvent de cinq, six, et quelquefois dix
et quinze lieues ; il faut alors trois jours pour aller et venir.
Le payement accordé aux propriétaires n'est que le cinquième
de la charge qu'ils supportent. Le moment de cette corvée
est presque toujours l'été, le temps des récoltes. Les bœufs
y sont presque toujours surmenés, et souvent malades après
y avoir été employés, à ce point qu'un grand nombre de
propriétaires préfèrent donner 15 à 20 livres plutôt que de
fournir une voiture et quatre bœufs. Il y règne enfin un
désordre inévitable ; le paysan y est sans cesse exposé à la
violence des militaires. Les officiers exigent presque toujours plus qu'il ne leur est dû ; quelquefois ils obligent de
force les conducteurs d'atteler des chevaux de selle à des
chaises, au risque de les estropier. Les soldats se font porter sur des voitures déjà très-chargées ; d'autres fois, impa-
tientés de la lenteur des bœufs, ils les piquent avec leurs
épées, et, si le paysan veut faire quelques représentations, il
est fort mal venu.

Page 193, *ligne* 18.

Exemple de la manière dont on appliquait la corvée à tout.

L'intendant de la marine de Rochefort se plaint de la mauvaise volonté des paysans, obligés par corvée de charrier
les bois de construction achetés par les fournisseurs de la
marine dans les différentes provinces. On voit par cette
correspondance qu'en effet les paysans étaient encore tenus (1775) à cette corvée, dont l'intendant fixait le prix.
Le ministre de la marine, qui renvoie cette lettre à l'intendant de Tours, lui dit qu'il faut faire fournir les voitures
qui sont réclamées. L'intendant, M. Ducluzel, refuse d'auto-

riser ces sortes de corvées. Le ministre de la marine lui écrit une lettre menaçante, où il lui annonce qu'il rendra compte de sa résistance au roi. L'intendant répond sur-le-champ, 11 décembre 1775, avec fermeté, que, depuis dix ans qu'il est intendant à Tours, il n'a jamais voulu autoriser ces corvées, à cause des abus inévitables qu'elles entraînent, abus que le prix fixé pour les voitures n'allége pas ; « car souvent, dit il, les animaux sont estropiés par la charge de pièces énormes qu'ils sont obligés d'enlever par des chemins aussi mauvais que les saisons dans lesquelles on les commande. » Ce qui rend l'intendant si ferme paraît être une lettre de M. Turgot, jointe aux pièces, datée du 30 juillet 1774, époque de son entrée au ministère, où celui-ci dit qu'il n'a jamais autorisé ces corvées à Limoges, et approuve M. Ducluzel de ne pas le faire à Tours.

Il résulte d'autres parties de cette correspondance que les fournisseurs de bois exigeaient même souvent ces corvées sans y être autorisés par les marchés passés entre eux et l'État, parce qu'ils y trouvaient au moins un tiers d'économie des frais de transport. Un exemple de ce profit est donné par un subdélégué. « Distance pour transporter les bois du lieu où ils sont abattus à la rivière, par des chemins de traverse presque impraticables, dit-il, six lieues ; temps employé pour aller et venir, deux jours. En passant aux corvéables, pour leur indemnité, le pied cube à raison de six liards par lieue, cela fera 13 fr. 10 s. pour le voyage, ce qui est à peine suffisant pour couvrir la dépense du petit propriétaire, celle de son aide, et des bœufs ou chevaux dont il faut que sa charrette soit attelée. Ses peines, son temps, le travail de ses bestiaux, tout est perdu pour lui. » Le 17 mai 1776, l'ordre positif du roi de faire faire cette corvée est intimé à l'intendant par le ministre. M. Ducluzel étant mort, son successeur, M. l'Escalopier, se hâte d'obéir et de publier une ordonnance qui porte que « le subdélégué fera la répartition de la charge entre les paroisses, à l'effet de quoi les divers corvéables desdites paroisses seront contraints de se rendre, au lieu et heure qui leur seront prescrits par les syndics, à l'endroit où se trouvent les bois, et de les charrier au prix qui sera réglé par le subdélégué. »

Page 200, ligne 19.

Exemple de la manière dont on procédait souvent à l'égard des paysans.

1768. Le roi accorde 2,000 francs de remise de taille à la paroisse de la Chapelle-Blanche, près de Saumur. Le curé prétend distraire une partie de cette somme pour faire construire un clocher et se délivrer du bruit des cloches qui l'incommode, dit-il, dans son presbytère. Les habitants résistent et se plaignent. Le subdélégué prend parti pour le curé et fait arrêter de nuit et renfermer en prison trois des principaux habitants.

Autre exemple : Ordre du roi pour faire rester en prison pendant quinze jours une femme qui a insulté deux cavaliers de la maréchaussée. Autre ordre pour faire emprisonner pendant quinze jours un tisseur de bas qui a mal parlé de la maréchaussée. L'intendant répond au ministre qu'il a déjà fait mettre cet homme en prison, ce dont ce ministre l'approuve fort. Les injures adressées à la maréchaussée avaient eu lieu à propos de l'arrestation violente des mendiants, mesure qui, à ce qu'il paraît, révoltait la population. Le subdélégué, en faisant arrêter le tisseur, fait, dit-il, savoir au public que ceux qui continueront encore à insulter la maréchaussée seront plus sévèrement punis.

On voit par la correspondance des subdélégués et de l'in-

tendant (1760-1770) que l'intendant leur donnait l'ordre
de faire arrêter les gens nuisibles, non pour les faire juger,
mais pour les faire détenir. Le subdélégué demande à l'intendant de faire détenir à perpétuité deux mendiants dangereux qu'il avait fait arrêter. Un père réclame contre l'arrestation de son fils, arrêté comme vagabond parce qu'il
voyageait sans papiers. Un propriétaire de X. demande qu'on
fasse arrêter un homme, son voisin, dit-il, qui est venu
s'établir dans sa paroisse, qu'il a secouru, mais qui se conduit très-mal à son égard et l'incommode. L'intendant de
Paris prie celui de Rouen de vouloir bien rendre ce service
à ce propriétaire, qui est son ami.

A quelqu'un qui veut faire mettre en liberté des mendiants, l'intendant répond que « le dépôt des mendiants ne
doit pas être considéré comme une prison, mais seulement
comme une maison destinée à retenir, par *correction administrative*, ceux qui mendient et les vagabonds. » Cette idée
a pénétré jusque dans le Code pénal, tant les traditions de
l'ancien régime, en cette matière, se sont bien conservées.

Page 207, *ligne* 5.

On a dit que le caractère de la philosophie du dix-huitième siècle était une sorte d'adoration de la nature humaine, une confiance sans bornes dans sa toute-puissance
pour transformer à son gré lois, institutions et mœurs. Il
faut bien s'entendre : c'était moins encore, à vrai dire, la
raison humaine que quelques-uns de ces philosophes adoraient que leur propre raison. Jamais on n'a montré moins
de confiance que ceux-là dans la sagesse commune. Je pourrais en citer plusieurs qui méprisaient presque autant la
foule que le bon Dieu. Ils montraient un orgueil de rivaux à

celui-ci et un orgueil de parvenus à celle-là. La soumission vraie et respectueuse pour les volontés de la majorité leur était aussi étrangère que la soumission aux volontés divines. Presque tous les révolutionnaires ont montré depuis ce double caractère. Il y a bien loin de là à ce respect témoigné par les Anglais et les Américains aux sentiments de la majorité de leurs concitoyens. Chez eux, la raison est fière et confiante en elle-même, mais jamais insolente; aussi a-t-elle conduit à la liberté, tandis que la nôtre n'a guère fait qu'inventer de nouvelles formes de servitude.

Page 226, ligne 7.

Le grand Frédéric a écrit dans ses Mémoires : « Les Fontenelle et les Voltaire, les Hobbes, les Collins, les Shaftesbury, les Bolingbroke, ces grands hommes portèrent un coup mortel à la religion. Les hommes commencèrent à examiner ce qu'ils avaient stupidement adoré; la raison terrassa la superstition; on prit un dégoût pour les fables qu'on avait crues. Le déisme fit de nombreux sectateurs. Si l'épicuréisme devint funeste au culte idolâtre des païens, le déisme ne le fut pas moins de nos jours aux visions judaïques adoptées par nos ancêtres. La liberté de penser qui régnait en Angleterre avait beaucoup contribué aux progrès de la philosophie. »

On voit, par le passage ci-dessus, que le grand Frédéric, au moment où il écrivait ces lignes, c'est-à-dire au milieu du dix-huitième siècle, considérait encore à cette époque l'Angleterre comme le foyer des doctrines irréligieuses. On y voit quelque chose de plus frappant : un des souverains les plus versés dans la science des hommes et dans celle des affaires qui n'a pas l'air de se douter de l'utilité politique

des religions; tant les défauts de l'esprit de ses maîtres
avaient altéré les qualités propres du sien.

Page 255, ligne 15.

Cet esprit de progrès, qui se faisait voir en France à la fin
du dix-huitième siècle, apparaissait à la même époque dans
toute l'Allemagne, et partout il était de même accompagné
du désir de changer les institutions. Voyez cette peinture
que fait un historien allemand de ce qui se passait alors dans
son pays :

« Dans la seconde moitié du dix-huitième siècle, dit-il,
le nouvel esprit du temps s'introduit graduellement dans
les territoires ecclésiastiques eux-mêmes. On y commence
des réformes. L'industrie et la tolérance y pénètrent partout;
l'absolutisme éclairé qui s'était déjà emparé des grands États
se fait jour de même ici. Il faut le dire, à aucune époque du
dix-huitième siècle on n'avait vu dans ces territoires ecclésiastiques des princes aussi remarquables et aussi dignes
d'estime que précisément pendant les dernières dizaines
d'années qui précédèrent la Révolution française. »

Il faut remarquer comme le tableau qu'on fait là ressemble à celui que présentait la France, où le mouvement d'a-
mélioration et de progrès commence à la même époque, et
où les hommes les plus dignes de gouverner paraissent au
moment où la Révolution va tout dévorer.

On doit reconnaître aussi à quel point toute cette partie
de l'Allemagne était visiblement entraînée dans le mouvement de la civilisation et de la politique de la France.

Page 256, ligne 14.

La Révolution n'est pas arrivée à cause de cette prospérité; mais l'esprit qui devait produire la Révolution, cet
esprit actif, inquiet, intelligent, novateur, ambitieux, cet
esprit démocratique des sociétés nouvelles, commençait à
animer toutes choses, et, avant de bouleverser momentanément la société, suffisait déjà à la remuer et à la développer.

Page 257, ligne 12.

**Comment les lois judiciaires des Anglais prouvent que des institu-
tions peuvent avoir beaucoup de vices secondaires sans que cela
les empêche d'atteindre le but principal qu'on s'est proposé en
les établissant.**

Cette faculté qu'ont les nations de prospérer malgré l'imperfection qui se rencontre dans les parties secondaires de
leurs institutions, lorsque les principes généraux, l'esprit
même qui anime ces institutions, sont féconds, ce phénomène ne se voit jamais mieux que quand on examine la constitution de la justice chez les Anglais au siècle dernier, telle
que Blackstone nous la montre.

On y aperçoit d'abord deux grandes diversités qui frappent :

1° La diversité des lois;

2° La diversité des tribunaux qui les appliquent.

I. *Diversité des lois.* 1° Les lois sont différentes pour
l'Angleterre proprement dite, pour l'Écosse, pour l'Irlande,

pour divers appendices européens de la Grande-Bretagne, tels que l'île de Man, les îles normandes, etc., enfin pour les colonies.

2° Dans l'Angleterre proprement dite, on voit quatre espèces de lois : le droit coutumier, les statuts, le droit romain, l'équité. Le droit coutumier se divise lui-même en coutumes générales, adoptées dans tout le royaume ; en coutumes qui sont particulières à certaines seigneuries, à certaines villes, quelquefois à certaines classes seulement, telles que la coutume des marchands, par exemple. Ces coutumes diffèrent quelquefois beaucoup les unes des autres, comme, par exemple, celles qui, en opposition avec la tendance générale des lois anglaises, veulent le partage égal entre tous les enfants (*gavelkind*), et, ce qui est plus singulier encore, donnent un droit de primogéniture à l'enfant le plus jeune.

II. *Diversité des tribunaux.* La loi, dit Blackstone, a institué une variété prodigieuse de tribunaux différents ; on peut en juger par l'analyse très-sommaire que voici :

1° On rencontrait d'abord les tribunaux établis en dehors de l'Angleterre proprement dite, tels que les cours d'Écosse et d'Irlande, qui ne relevaient pas toujours des cours supérieures d'Angleterre, bien qu'elles dussent aboutir toutes, je pense, à la cour des lords.

2° Quant à l'Angleterre proprement dite, si je n'oublie rien, parmi les classifications de Blackstone, je trouve qu'il compte :

1° Onze espèces de cours existant d'après la loi commune (*common law*), dont quatre, il est vrai, semblent déjà tombées en désuétude ;

2° Trois espèces de cours dont la juridiction s'étend à tout le pays, mais ne s'applique qu'à certaines matières ;

3° Dix espèces de cours ayant un caractère spécial. L'une de ces espèces se compose de cours locales, créées par différents actes du parlement ou existant en vertu de la tradition, soit à Londres, soit dans les villes ou bourgs des provinces. Celles-ci sont si nombreuses et offrent une si grande variété dans leur constitution et dans leurs règles, que l'auteur renonce à en faire l'exposition détaillée.

.Ainsi, dans l'Angleterre proprement dite seulement, si l'on s'en rapporte au texte de Blackstone, il existait, dans les temps où celui-ci écrivait, c'est-à-dire dans la seconde moitié du dix-huitième siècle, vingt-quatre espèces de tribunaux, dont plusieurs se subdivisaient en un grand nombre d'individus, qui chacun avait sa physionomie particulière. Si l'on écarte les espèces qui semblent dès lors à peu près disparues, il en reste encore dix-huit ou vingt.

Maintenant, si l'on examine ce système judiciaire, on voit sans peine qu'il contient toute sorte d'imperfections.

Malgré la multiplicité des tribunaux, on y manque souvent de petits tribunaux de première instance placés près des justiciables et faits pour juger sur place et à peu de frais les petites affaires, ce qui rend la justice embarrassée et coûteuse. Les mêmes affaires sont de la compétence de plusieurs tribunaux, ce qui jette une incertitude fâcheuse sur le début des instances. Presque toutes les cours d'appel jugent dans certains cas en premier ressort, quelquefois cours de *droit commun*, d'autres fois *cours d'équité*. Les cours d'appel sont très-diverses. Le seul point central est la chambre des lords. Le contentieux administratif n'est point séparé du contentieux ordinaire ; ce qui paraîtrait une grande difformité aux yeux de la plupart de nos légistes. Enfin tous ces tribunaux vont puiser les raisons de leurs décisions dans quatre législations différentes, dont l'une ne s'établit que par précédents, et dont l'autre, l'équité, ne s'établit sur rien de précis, puisque son objet est le plus souvent d'aller contre la coutume ou les statuts, et de corriger par l'arbitraire du juge ce que le statut ou la coutume ont de suranné ou de trop dur.

Voilà bien des vices, et, si l'on compare cette machine
énorme et vieille de la justice anglaise à la fabrique moderne de notre système judiciaire, la simplicité, la cohé-
rence, l'enchaînement qu'on aperçoit dans celui-ci, avec la
complication, l'incohérence qui se remarquent dans celle-là,
les vices de la première paraîtront plus grands encore. Cependant il n'y a pas de pays au monde où, dès le temps de
Blackstone, la grande fin de la justice fût aussi complétement atteinte qu'en Angleterre, c'est-à-dire où chaque
homme, quelle que fût sa condition, et qu'il plaidât contre
un particulier ou contre le prince, fût plus sûr de se faire
entendre, et trouvât dans tous les tribunaux de son pays de
meilleures garanties pour la défense de sa fortune, de sa
liberté et de sa vie.

Cela ne veut pas dire que les vices du système judiciaire
anglais servissent à ce que j'appelle ici la grande fin de la
justice; cela prouve seulement qu'il y a dans toute organisation judiciaire des vices secondaires qui peuvent ne nuire
que modérément à cette fin de la justice, et d'autres principaux qui non-seulement lui nuisent, mais la détruisent,
bien qu'ils soient joints à beaucoup de perfections secondaires. Les premiers sont les plus facilement aperçus; ce
sont ceux-là qui d'ordinaire frappent d'abord les esprits
vulgaires. Ils sautent aux yeux, comme on dit. Les autres
sont souvent plus cachés, et ce ne sont pas toujours les jurisconsultes et autres gens du métier qui les découvrent ou
les signalent.

Remarquez, de plus, que les mêmes qualités peuvent être
secondaires ou principales, suivant les temps et suivant
l'organisation politique de la société. Dans les époques d'a-
ristocratie, d'inégalité, tout ce qui tend à amoindrir un
privilége pour certains individus devant la justice, à y assurer des garanties au justiciable faible contre le justiciable
fort, à faire prédominer l'action de l'État, naturellement

impartial quand il ne s'agit que d'un débat entre deux sujets, tout cela devient qualité principale, mais diminue
d'importance à mesure que l'état social et la constitution
politique tournent à la démocratie.

Si l'on étudie d'après ces principes le système judiciaire
anglais, on trouve qu'en laissant subsister tous les défauts
qui pouvaient rendre chez nos voisins la justice obscure,
embarrassée, lente, chère et incommode, on avait pris des
précautions infinies pour que le fort ne pût jamais être favorisé aux dépens du faible, l'État aux dépens du particulier ;
on voit, à mesure qu'on pénètre davantage dans le détail de
cette législation, qu'on y a fourni à chaque citoyen toute
sorte d'armes pour se défendre, et que les choses y sont
arrangées de manière à présenter à chacun le plus de garanties possible contre la partialité, la vénalité proprement
dite des juges, et cette sorte de vénalité plus ordinaire, et
surtout plus dangereuse, dans les temps de démocratie, qui
naît de la servilité des tribunaux à l'égard de la puissance
publique.

A tous ces points de vue, le système judiciaire anglais,
malgré les nombreux défauts secondaires qui s'y rencontrent encore, me semble supérieur au nôtre, lequel n'est
atteint, il est vrai, de presque aucun de ces vices, mais qui
n'offre pas non plus au même degré les qualités principales
qui s'y rencontrent; qui, excellent quant aux garanties qu'il
offre à chaque citoyen dans les débats qui s'élèvent entre
particuliers, faiblit par le côté qu'il faudrait toujours renfor-
cer dans une société démocratique comme la nôtre, à savoir, les garanties de l'individu contre l'État.

Page 258, *ligne* 18.

Avantages dont jouissait la généralité de Paris.

Cette généralité était aussi avantagée quant aux charités gouvernementales qu'elle l'était pour la levée des taxes ; exemple : lettre du contrôleur général à M. l'intendant de la généralité de l'Ile-de-France, 22 mai 1787, qui informe celui-ci que le roi a fixé, pour la généralité de Paris, la somme qui doit être employée en travaux de charité, dans l'année, à 172,800 livres. En outre, 100,000 livres sont destinées à acheter des vaches qui doivent être données à des cultivateurs. On voit par cette lettre que la somme de 172,800 livres devait être distribuée par l'intendant seul, à la condition de se conformer aux règles générales que le gouvernement lui a fait connaître, et de faire approuver l'état de répartition par le contrôleur général.

Page 259, *ligne* 12.

L'administration de l'ancien régime se composait d'une multitude de pouvoirs différents, créés en différents temps, le plus souvent en vue du fisc et non de l'administration proprement dite, et qui parfois avaient le même champ d'action. La confusion et la lutte ne pouvaient s'éviter qu'à la condition que chacun n'agît que peu ou point. Du moment où ils voulurent sortir de cette langueur, ils se gênèrent et s'enchevêtrèrent les uns dans les autres. De là vient que les plaintes contre la complication des rouages administratifs et la confusion des attributions sont bien plus vives dans les

années qui précèdent immédiatement la Révolution que
trente ou quarante ans auparavant. Les institutions politiques n'étaient pas devenues plus mauvaises; au contraire,
elles s'étaient fort améliorées; mais la vie politique était
devenue plus active.

Page 267, *ligne* '9.

Augmentation arbitraire des taxes.

Ce que le roi dit ici de la taille, il eût pu le dire avec
autant de raison des vingtièmes, ainsi qu'on en peut juger
par la correspondance suivante. En 1772, le contrôleur
général Terray avait fait décider une augmentation considérable, 100,000 livres, sur les vingtièmes de la généralité de
Tours. On voit la douleur et l'embarras que cette mesure
cause à l'intendant, M. Ducluzel, habile administrateur et
homme de bien, dans une lettre confidentielle, où il dit :
« C'est la facilité avec laquelle les 250,000 livres ont été
données (augmentation précédente) qui a probablement
encouragé la cruelle interprétation et la lettre du mois de
juin. »

Dans une lettre très-confidentielle que le directeur des
contributions écrit à l'intendant à la même occasion, il dit :
« Si les augmentations que l'on demande vous semblent
toujours aussi aggravantes, aussi révoltantes, par rapport à
la misère générale, que vous avez bien voulu me le témoigner, il serait à désirer pour la province, qui ne peut trouver de défenseur et de protecteur que dans votre généreuse
sensibilité, que vous pussiez au moins lui épargner les rôles
de supplément, imposition rétroactive toujours odieuse. »

On voit aussi par cette correspondance combien on man-

quait de base, et quel arbitraire (même avec des vues honnêtes) était pratiqué. L'intendant, ainsi que le ministre, font
tomber le fardeau de la surtaxe tantôt sur l'agriculture plutôt que sur l'industrie, tantôt sur un genre d'agriculture
plutôt que sur un autre (les vignes, par exemple), suivant
qu'ils jugent que l'industrie ou une branche d'agriculture
ont besoin d'être ménagées.

Page 269, ligne 28.

Manière dont Turgot parle du peuple des campagnes dans le préambule d'une déclaration du roi.

« Les communautés de campagne sont composées, dit-il,
dans la plus grande partie du royaume, de paysans pauvres,
ignorants et brutaux, incapables de s'administrer. »

Page 274, ligne 29.

Comment les idées révolutionnaires germaient tout naturellement dans les esprits, en plein ancien régime.

En 1779, un avocat s'adresse au conseil et demande un
arrêt qui rétablisse un maximum du prix de la paille dans
tout le royaume.

Page 274, ligne 12.

L'ingénieur en chef écrit en 1781 à l'intendant, à propos
d'une demande en surplus d'indemnité : « Le réclamant ne

fait pas attention que les indemnités que l'on accorde sont
une faveur particulière pour la généralité de Tours, et que
l'on est fort heureux de récupérer une partie de sa perte. Si
l'on dédommageait de la manière que le réclamant indique,
quatre millions ne suffiraient pas. »

Page 287, ligne 29.

Lutte des différents pouvoirs administratifs en 1767.

Exemple de ceci : la commission intermédiaire de l'assemblée provinciale de l'Ile-de-France réclame l'administration du dépôt de mendicité. L'intendant veut en rester
chargé, « parce que cette maison n'est pas entretenue, dit-
il, sur les fonds de la province. » Pendant le débat, la
commission intermédiaire s'était adressée aux commissions
intermédiaires d'autres provinces pour en obtenir des avis.
On trouve, entre autres, la réponse que fait à ses questions
la commission intermédiaire de Champagne, laquelle annonce à celle de l'Ile-de-France qu'on lui a fait la même
difficulté et qu'elle oppose la même résistance.

Page 294, ligne 24.

Je trouve dans le procès-verbal de la première assemblée
provinciale de l'Ile-de-France cette énonciation dans la bouche du rapporteur d'une commission : « Jusqu'à présent,
les fonctions de syndic, beaucoup plus pénibles qu'honorables, devaient en éloigner tous ceux qui joignaient de l'aisance à des lumières proportionnées à leur état. »

(Note relative à plusieurs passages de ce volume.)

Droits féodaux existant encore à l'époque de la Révolution, d'après les feudistes du temps.

Je ne veux point faire ici un traité sur les droits féodaux, ni surtout rechercher quelle pouvait en avoir été l'origine ; je désire seulement indiquer quels étaient ceux qui étaient encore exercés dans le dix-huitième siècle. Ces droits ont joué alors un si grand rôle, et ils ont conservé depuis une si grande place dans l'imagination de ceux mêmes qui n'en souffrent plus, qu'il m'a paru très-intéressant de savoir ce qu'ils étaient précisément quand la Révolution les a tous détruits. Dans ce but, j'ai d'abord étudié un certain nombre de terriers ou registres de seigneuries, en choisissant ceux qui étaient de date plus récente. Cette méthode ne me menait à rien ; car les droits féodaux, quoique régis par une législation qui était la même dans toute l'Europe féodale, variaient à l'infini, quant aux espèces, suivant la province et même suivant les cantons. Le seul système qui m'ait paru de nature à indiquer ce que je cherchais d'une manière approximative a donc été celui-ci. Les droits féodaux donnaient lieu à toute sorte d'affaires contentieuses. Il s'agissait de savoir comment ces droits s'acquéraient, comment ils se perdaient, en quoi exactement ils consistaient, quels étaient ceux qui ne pouvaient être perçus qu'en vertu d'une patente royale, ceux qui ne pouvaient s'établir que sur un titre privé, ceux, au contraire, qui n'avaient pas besoin de titres formels et pouvaient se percevoir aux termes des coutumes locales ou même en vertu d'un long usage. Enfin, quand on

voulait les vendre, on avait besoin de savoir quelle était la
manière de les apprécier, et quel capital représentait, suivant son importance, chaque espèce d'entre eux. Tous ces
points, qui touchaient à mille intérêts pécuniaires, étaient
sujets à débats, et il s'était formé tout un ordre de légistes
dont l'unique occupation était de les éclaircir. Plusieurs de
ceux-là ont écrit dans la seconde moitié du dix-huitième
siècle, quelques-uns aux approches même de la Révolution.
Ce ne sont pas des jurisconsultes proprement dits, ce sont
des praticiens dont le seul but est d'indiquer aux gens du
métier les règles à suivre dans cette partie si spéciale et si
attrayante du droit. En étudiant attentivement ces feudistes,
on arrive à se faire une idée assez détaillée et assez claire
d'un objet dont la masse et la confusion étonnent d'abord. Je
donne ci-dessous le résumé le plus succinct que j'ai pu faire
de mon travail. Ces notes sont principalement tirées de l'ouvrage d'Edme de Fréminville, qui écrivait vers 1750, et de
celui de Renauldon, écrit en 1765 et intitulé : *Traité histo-
rique et pratique des Droits seigneuriaux.*

Le cens (c'est-à-dire la redevance perpétuelle en nature
et en argent qui est attachée par les lois féodales à la possession de certaines terres) modifie encore profondément au
dix-huitième siècle la condition d'un grand nombre de propriétaires. Le cens continue à être indivisible, c'est-à-dire
qu'on peut s'adresser à celui des possesseurs que l'on veut
de l'immeuble donné à ce cens et lui demander le cens entier. Il est toujours imprescriptible. Le propriétaire d'un immeuble chargé de cens ne peut le vendre sans être exposé
au retrait censuel, c'est-à-dire sans être obligé de laisser
reprendre la propriété au prix de la vente ; mais cela n'a
plus lieu que dans certaines coutumes ; celle de Paris, qui est
la plus répandue, ne reconnaît pas ce droit.

Lods et ventes. C'est une règle générale, en pays coutumier, que la vente de tout héritage censuel produit des lods

et ventes : ce sont des droits de vente qui doivent être payés aux seigneurs. Les droits sont plus ou moins considérables suivant les coutumes, mais assez considérables partout ; ils existent également dans les pays de droit écrit. Ils y consistent ordinairement dans le sixième du prix ; ils s'y nomment *lods*. Mais, en ces pays, c'est au seigneur à établir son droit. En pays écrit comme en pays coutumier, le cens crée pour le seigneur un privilège qui prime toutes les autres créances.

Terrage ou *champart, agrier, tasque*. C'est une certaine portion des fruits que le seigneur perçoit sur l'héritage donné à cens : la quantité varie suivant les contrats et les coutumes. On rencontrait encore assez souvent ce droit au dix-huitième siècle. Je crois que le terrage, même en pays coutumier, devait toujours résulter d'un titre. Le terrage est seigneurial ou foncier. Les signes qui constatent ces deux différentes espèces sont inutiles à expliquer ici ; il suffit de dire que le terrage foncier se prescrit par trente ans, comme les rentes foncières, tandis que le terrage seigneurial est imprescriptible. On ne peut hypothéquer la terre sujette au terrage sans le consentement du seigneur.

Bordelage. Droit qui n'existait qu'en Nivernais et en Bourbonnais, et qui consistait en une redevance annuelle en argent, en grains et en volailles, due par l'héritage tenu à cens. Ce droit avait des conséquences très-rigoureuses ; le non-payement pendant trois ans donnait lieu à la *commise* ou confiscation au profit du seigneur. Le débiteur bordelier était de plus sujet à une foule de gênes dans sa propriété ; quelquefois le seigneur pouvait en hériter, bien qu'il y eût des héritiers successibles. Ce contrat était le plus rigoureux du droit féodal, et la jurisprudence avait fini par le restreindre aux héritages ruraux ; « car le paysan est toujours le mulet prêt à recevoir toutes charges, » dit l'auteur.

Marciage. C'est un droit particulier perçu, dans très-peu

de lieux, sur les possesseurs d'héritages ou terres à cens, et qui consiste dans une certaine redevance qui n'est due qu'à la mort du seigneur de l'héritage.

Dîmes inféodées. Il y avait encore au dix-huitième siècle un grand nombre de dîmes inféodées. Elles doivent, en général, résulter d'un contrat, et ne sont pas exigibles par le fait seul de la seigneurie.

Parcière. Les parcières sont des droits qui se perçoivent sur la récolte des fruits produits par les héritages. Assez semblables au champart ou à la dîme inféodée, elles sont principalement en usage dans le Bourbonnais et l'Auvergne.

Carpot. Usité dans le Bourbonnais, ce droit est aux vignes ce que le champart est aux terres labourables, c'est-à-dire le droit de prélever une partie de la récolte. Il était le quart de la vendange.

Servage. On appelle *coutumes serves* celles qui contiennent encore quelques traces de servage ; elles sont en petit nombre. Dans les provinces qui sont régies par elles, il n'y a point ou il n'y a que très-peu de terres où ne se voient quelques traces de l'ancienne servitude. (Ceci était écrit en 1765.) Le servage, ou, comme le nomme l'auteur, la servitude, était ou *personnelle* ou *réelle*.

La servitude personnelle était inhérente à la personne et la suivait partout. Quelque part que le serf allât, en quelque endroit qu'il transportât son pécule, le seigneur pouvait revendiquer celle-ci par droit de suite. Les auteurs rapportent plusieurs arrêts qui établissent ce droit, entre autres un arrêt du 17 juin 1760, par lequel la Cour déboute un seigneur du Nivernais de la succession mortaillable de Pierre Truchet, décédé à Paris, lequel était fils d'un serf de poursuite de la coutume du Nivernais, qui avait épousé une femme libre de Paris et qui y était décédé, ainsi que son fils. Mais l'arrêt paraît fondé sur ce que Paris était lieu d'asile, où la *suite* ne pouvait avoir lieu. Si le droit d'asile

empêchait le seigneur de se saisir du bien que les serfs possédaient dans le lieu de l'asile, il ne s'opposait pas à ce qu'il
succédât au bien laissé dans la seigneurie.

La servitude réelle était le résultat de la détention d'une
terre, et pouvait cesser en abandonnant cette terre ou l'ha-
bitation dans un certain lieu.

Corvées. Droit que le seigneur a sur ses sujets, en vertu
duquel il peut employer, à son profit, un certain nombre de
leurs journées de travail ou de celles de leurs bœufs et de
leurs chevaux. La corvée à *volonté*, c'est-à-dire suivant le
bon plaisir du seigneur, est tout à fait abolie; elle a été
réduite depuis longtemps à un certain nombre de journées
par an.

La corvée pouvait être *personnelle* ou *réelle*... Les corvées
personnelles sont dues par les gens de labeur qui ont leur
domicile établi dans la terre du seigneur, chaque homme
suivant son métier. Les corvées réelles sont attachées à la
possession de certains héritages. Les nobles, ecclésiastiques,
clercs, officiers de justice, avocats, médecins, notaires et
banquiers, notables, doivent être exempts de la corvée. L'auteur cite un arrêt du 13 août 1735, qui exempte un notaire
que son seigneur voulait forcer à venir, pendant trois jours,
faire pour rien les actes qu'il avait à passer dans sa seigneurie, où le notaire demeurait. Autre arrêt de 1750, qui déclare que, quand la corvée est due soit en personne, soit en
argent, le choix doit être laissé au débiteur. Toute corvée a
besoin d'être établie sur un titre écrit. La corvée seigneuriale était devenue fort rare au dix-huitième siècle.

Banalités. Les provinces de Flandre, d'Artois et de Hai-
naut étaient seules exemptes de banalités. La coutume de
Paris est très-rigoureuse pour ne laisser exercer ce droit
qu'avec titre. Tous ceux qui sont domiciliés dans l'étendue
de la banalité y sont sujets, même le plus souvent les gentilshommes et les prêtres.

Indépendamment de la banalité des moulins et des fours, il y en a beaucoup d'autres :

1° Banalités de moulins industriels, comme moulin à drap, à écorces, à chanvre. Plusieurs coutumes, entre autres celles d'Anjou, du Maine, de Bretagne, établissent cette banalité.

2° Banalités de pressoir. Très-peu de coutumes en parlent; celle de Lorraine l'établit, ainsi que celle du Maine.

3° Taureau banal. Aucune coutume n'en parle; mais il y a certains titres qui l'établissent. Il en est de même de la boucherie banale.

En général, les secondes banalités dont nous venons de parler sont plus rares et vues d'un œil encore moins favorable que les autres; elles ne peuvent s'établir que sur un texte très-clair des coutumes, ou, à leur défaut, sur un titre très-précis.

Ban des vendanges. Il était encore usité dans tout le royaume au dix-huitième siècle; c'était un droit de pure police, attaché à la haute justice. Pour l'exercer, le seigneur haut justicier n'a besoin d'aucun titre. Le ban des vendanges oblige tout le monde. Les coutumes de Bourgogne donnent au seigneur le droit de vendanger ses vins un jour avant tout autre propriétaire de vigne.

Droit de banvin. Droit qu'ont encore *quantité* de seigneurs, disent les auteurs, soit en vertu de coutume, soit par titres particuliers, de vendre le vin du cru de leurs seigneuries pendant un certain temps (en général, un mois ou quarante jours) avant tous autres. Parmi les grandes coutumes, il n'y a que celles de Tours, d'Anjou, du Maine, de la Marche, qui l'établissent et le règlent. Un arrêt de la cour des aides du 28 août 1751 autorise, par exemption, des cabaretiers à vendre du vin durant le banvin, mais aux étrangers seulement; encore faut-il que ce soit le vin du seigneur, provenant de son cru. Les coutumes qui établissent et règlent ce droit de banvin exigent d'ordinaire qu'il soit fondé sur titre.

Droit de blairie. Droit qui appartient au seigneur haut justicier pour la permission qu'il accorde aux habitants de faire pacager leurs bestiaux sur les terres situées dans l'étendue de sa justice ou bien sur les terres vaines et vagues. Ce droit n'existe pas en pays de droit écrit, mais est fort connu en pays de droit coutumier. On le trouve, sous différents noms, particulièrement dans le Bourbonnais, le Nivernais, l'Auvergne et la Bourgogne. Ce droit suppose que la propriété de tout le sol était originairement au seigneur, de telle sorte que, après en avoir distribué les meilleures parties en fiefs, en censives, et en autres concessions de terres moyennant redevances, il en est resté encore qui ne servent qu'au pacage vague et dont il concède l'usage temporaire. La blairie est établie dans plusieurs coutumes; mais il n'y a que le seigneur haut justicier qui puisse y prétendre, et il faut l'appuyer sur un titre particulier, ou tout au moins sur d'anciens aveux, soutenus d'une longue possession.

Des péages. Il existait dans l'origine un nombre prodigieux de péages seigneuriaux sur les ponts, rivières, chemins, disent les auteurs. Louis XIV en détruisit un grand nombre. En 1724, une commission nommée pour examiner tous les titres de péages en supprima douze cents, et on en supprime encore tous les jours (1765). Le premier principe, dit Renauldon, en cette matière, est que le péage, étant un impôt, doit non-seulement être fondé sur titre, mais sur titre émanant du souverain. Le péage est intitulé : *De par le roi.* Une des conditions des péages est d'y joindre un tarif de tous les droits que chaque marchandise doit payer. Ce tarif a toujours besoin d'être approuvé par un arrêt du conseil. Le titre de concession, dit l'auteur, doit être suivi d'une possession non interrompue. Malgré ces précautions prises par le législateur, la valeur de quelques péages s'est très-

augmentée dans les temps modernes. Je connais un péage,
ajoute-t-il, qui n'était affermé que 100 livres il y a un siècle,
et qui en rapporte aujourd'hui 1,400 ; un autre, affermé
39,000 livres, en rapporte 90,000. Les principales ordonnances ou principaux édits qui ont réglé le droit des péages
sont le titre 29 de l'ordonnance de 1669, et les édits de
1683, 1693, 1724, 1775.

Les auteurs que je cite, quoique en général assez favorables aux droits féodaux, reconnaissent qu'il se commet de
grands abus dans la perception des péages.

Bacs. Le droit de bac diffère sensiblement du droit de
péage. Celui-ci ne se prélève que sur les marchandises, celui-là sur les personnes, les animaux, les voitures. Ce droit,
pour être exercé, a aussi besoin d'être autorisé par le roi, et
les droits qu'on prélève doivent être fixés dans l'arrêt du
conseil qui le fonde ou l'autorise.

Le droit de leyde (on lui donne plusieurs autres noms,
suivant les lieux) est une imposition qui se prélève sur les
marchandises qu'on apporte aux foires ou marchés. Quantité de seigneurs regardent ce droit comme attaché à la
haute justice et purement seigneurial, disent les feudistes
que nous citons, mais à tort ; car c'est un impôt qui doit
être autorisé par le roi. En tout cas, ce droit n'appartient
qu'au seigneur haut justicier, lequel perçoit les amendes de
police auxquelles le droit donne lieu. Il paraît cependant
que, bien que, suivant la théorie, le droit de leyde ne pût
émaner que du roi, en fait il était très-souvent fondé seulement sur le titre féodal et la longue jouissance.

Il est certain que les foires ne pouvaient être établies que
par autorisation royale.

Les seigneurs, pour avoir droit de régler de quels poids et
de quelles mesures leurs vassaux devaient se servir dans les
foires et marchés de la seigneurie, n'ont point besoin de
titre précis ni de concession de la part du roi. Il suffit que

ce droit soit fondé sur la coutume et une possession constante. Tous les rois qui ont successivement eu envie de ramener l'uniformité dans les poids et mesures ont échoué, disent les auteurs. Les choses en sont restées où elles étaient lors de la rédaction des coutumes.

Chemins. Droits exercés par les seigneurs sur les chemins.

Les grands chemins, ce qu'on appelait les chemins du roi, n'appartiennent, en effet, qu'aux souverains ; leur création, leur entretien, les délits qui s'y commettent, sont hors la compétence des seigneurs ou de leurs juges. Quant aux chemins particuliers qui se rencontrent dans l'étendue d'une seigneurie, ils appartiennent sans contredit aux seigneurs hauts justiciers. Ceux-ci ont sur eux tous les droits de voirie et de police, et leurs juges connaissent de tous les délits qui s'y commettent, hors les cas royaux. Autrefois, les seigneurs étaient chargés de l'entretien des grands chemins qui traversaient leur seigneurie, et, pour les couvrir des frais à faire pour cette réparation, on leur avait accordé sur ces chemins des droits de péage, bornage, traverse ; mais, depuis, le roi a repris la direction générale des grands chemins.

Eaux. Toutes les rivières *navigables* et *flottables* appartiennent au roi, quoiqu'elles traversent les terres des seigneurs, nonobstant tout titre contraire. (Ordonn. de 1669.) Si les seigneurs perçoivent quelques droits sur ces rivières, ce sont des droits de pêche, moulins, bacs, pontonages, etc., en vertu de concessions qui doivent leur avoir été faites par le roi. Il y a des seigneurs qui s'arrogent encore sur ces rivières des droits de justice et de police ; mais c'est par suite d'une usurpation manifeste ou de concessions extorquées.

Les petites rivières appartiennent sans contredit aux seigneurs sur les terres desquels elles passent. Ils y ont les mêmes droits de propriété, de justice et de police, que le

roi sur les rivières navigables. Tous les seigneurs hauts justiciers sont seigneurs universels des rivières non navigables
qui coulent dans leur territoire. Pour en avoir la propriété,
ils n'ont besoin d'autre titre que celui que donne la haute
justice. Quelques coutumes, telles que la coutume du Berry,
autorisent les particuliers à élever, sans la permission du
seigneur, un moulin sur une rivière seigneuriale qui passe
sur leur héritage. La coutume de Bretagne n'accordait ce
droit qu'aux particuliers nobles. Dans le droit général, il est
certain que le seigneur haut justicier a seul le droit de permettre de construire un moulin dans l'étendue de sa justice.
On ne peut faire de traverses sur la rivière seigneuriale, pour
défendre son héritage, sans la permission des juges du seigneur.

Des fontaines, puits, routoirs, étangs. Les eaux pluviales
qui coulent dans les grands chemins appartiennent aux seigneurs hauts justiciers; ceux-ci peuvent en disposer exclusivement. Le seigneur haut justicier peut faire construire un
étang dans l'étendue de sa justice, même dans les héritages
des justiciables, en payant à ceux-ci le prix de leurs héritages submergés. C'est la disposition précise de plusieurs
coutumes, entre autres celles de Troyes et de Nivernais.
Quant aux particuliers, ils ne peuvent en faire que sur leur
propre fonds ; encore plusieurs coutumes obligent-elles,
dans ce cas, le propriétaire à demander la permission du
seigneur. Les coutumes qui obligent à prendre l'agrément
des seigneurs exigent que, quand ils le donnent, ce soit
gratuitement.

La pêche. La pêche, dans les rivières navigables ou flottables, n'appartient qu'au roi ; lui seul peut en faire concession. Ses juges ont seuls le droit de juger les délits de pêche.
Il y a cependant bien des seigneurs qui ont droit de pêcher
dans des rivières de cette espèce ; mais ils le tiennent de la
concession du roi ou l'ont usurpé. Quant aux rivières non

navigables, il n'est pas permis d'y pêcher, même à la ligne, sans la permission du seigneur haut justicier dans les limites duquel elles coulent. Un arrêt du 30 avril 1749 condamne un pêcheur dans ce cas. Du reste, les seigneurs eux-mêmes, en pêchant, doivent se soumettre aux règlements généraux sur la pêche. Le seigneur haut justicier peut donner le droit de pêcher dans sa rivière à fief ou à cens.

La chasse. La chasse ne peut être affermée comme la pêche. C'est un droit personnel. On tient que c'est un droit royal, dont les gentilshommes eux-mêmes n'usent dans l'intérieur de leur justice ou sur leur fief que par la permission du roi. Cette doctrine est celle de l'ordonnance de 1669, titre 30. Les juges du seigneur sont compétents pour tous délits de chasse, à l'exception de la chasse aux bêtes rousses (ce sont, je crois, les grosses bêtes : cerfs, biches), qui est un cas royal.

Le droit de chasse est le plus interdit de tous aux roturiers, le franc-alleu roturier même ne le donne pas. Le roi ne l'accorde pas dans ses plaisirs. Un seigneur ne peut pas même permettre de chasser, tant le principe est étroit. Telle est la rigueur du droit. Mais tous les jours on voit des seigneurs donner des permissions de chasser non-seulement à des gentilshommes, mais à des roturiers. Le seigneur haut justicier peut chasser dans toute l'étendue de sa justice, mais seul. Il a droit de faire, dans cette étendue, tous les règlements, défenses et prohibitions sur le fait de chasse. Tous les seigneurs de fief, quoiqu'ils n'aient pas de justice, peuvent chasser dans l'étendue de leur fief. Les gentilshommes qui n'ont ni fiefs ni justice peuvent aussi chasser sur les terres qui leur appartiennent aux environs de leurs maisons. On a jugé qu'un roturier qui a parc dans une haute justice doit le tenir ouvert pour les plaisirs du seigneur ; mais l'arrêt est très-ancien : il est de 1668.

Garennes. On ne peut maintenant en établir sans titre. Il

est permis aux roturiers comme aux nobles d'ouvrir des garennes; mais les gentilshommes seuls peuvent avoir des furets.

Colombiers. Certaines coutumes attribuent le droit de colombiers à pied aux seuls seigneurs justiciers; d'autres l'accordent à tous les possesseurs de fief. En Dauphiné, en Bretagne, en Normandie, il est prohibé à tout roturier d'avoir des colombiers, fuies et volières; il n'y a que les nobles qui puissent avoir des pigeons. Les peines prononcées contre ceux qui tuent les pigeons sont très-sévères; il y échoit souvent des peines afflictives.

Tels sont, d'après les auteurs cités, les principaux droits féodaux encore perçus dans la seconde moitié du dix-huitième siècle. Ils ajoutent : « Les droits dont il a été question jusqu'à présent sont ceux généralement établis. Il y en a encore une quantité d'autres, moins connus et moins étendus, qui n'ont lieu que dans quelques coutumes ou même dans quelques seigneuries, en vertu de titres particuliers. » Ces droits rares ou restreints, dont parlent ici les auteurs, et qu'ils nomment, s'élèvent au nombre de quatre-vingt-dix-neuf, dont la plupart pèsent directement sur l'agriculture, en donnant aux seigneurs certains droits aux récoltes, ou en établissant des péages sur la vente des denrées, ainsi que sur leur transport. Les auteurs disent que plusieurs de ces droits étaient hors d'usage de leur temps; je pense pourtant qu'un grand nombre devaient encore être perçus dans quelques lieux en 1789.

Après avoir étudié, dans les feudistes du dix-huitième siècle, quels étaient les principaux droits féodaux encore exercés, j'ai voulu savoir quelle était aux yeux des contemporains leur importance, du moins au point de vue du revenu de celui qui les percevait et de ceux qui les acquittaient.

L'un des auteurs dont je viens de parler, Renauldon, nous l'apprend en nous faisant connaître les règles que les gens de loi doivent suivre pour évaluer dans les inventaires les différents droits féodaux qui existaient encore en 1765, c'est-à-dire vingt-quatre ans avant la Révolution. Suivant ce légiste, voici les règles qu'on doit suivre en cette matière :

Droits de justice. « Quelques-unes de nos coutumes, dit-il, portent l'estimation de la justice haute, basse et moyenne, au dixième du revenu de la terre. La justice seigneuriale avait alors une grande importance ; Edme de Fréminville pense que, de nos jours, la justice ne doit être portée qu'au vingtième des revenus de la terre ; je crois cette évaluation encore trop forte. »

Droits honorifiques. Quelque inestimables que soient ces droits, assure notre auteur, homme fort positif et auquel les apparences imposent peu, il est cependant de la prudence des experts de les fixer à un prix fort modique.

Corvées seigneuriales. L'auteur donne des règles pour l'estimation de ces corvées ; ce qui prouve que ce droit se rencontrait encore quelquefois ; il évalue la journée de bœuf à 20 sous, et celle de manœuvre à 5 sous, plus la nourriture. Ceci indique assez bien le prix des salaires en 1765.

Péages. A l'occasion de l'évaluation de ces péages, l'auteur dit : « Il n'y a pas de droits seigneuriaux qui doivent être estimés à plus bas prix que les péages ; ils sont très-casuels ; l'entretien des routes et des ponts les plus utiles au commerce étant maintenant à la charge du roi et des provinces, quantité de péages sont aujourd'hui inutiles, et on en supprime tous les jours. »

Droit de pêche et de chasse. Le droit de pêche peut être affermé et peut donner lieu à expertise ; le droit de chasse est purement personnel et ne peut s'affermer ; il est donc au rang des droits honorifiques, mais non des droits utiles, et les experts ne peuvent le comprendre dans leurs estimations.

L'auteur parle ensuite particulièrement des droits de banalité, de banvin, de leyde, de blairie ; ce qui fait voir que ces droits étaient les plus fréquemment exercés et ceux qui conservaient encore le plus d'importance, et il ajoute : « Il y a une quantité d'autres droits seigneuriaux, lesquels se rencontrent encore de temps en temps, qu'il serait trop long et même impossible de rapporter ici ; mais, dans les exemples que nous venons de donner, les experts intelligents trouveront des règles pour ventiler les droits dont nous ne parlons pas. »

Estimation du cens. La plupart des coutumes veulent que le cens soit estimé au denier 30. Ce qui porte si haut l'évaluation du cens, c'est que ce droit représente, outre le cens lui-même, des casualités productives, telles que les lods et ventes.

Dîmes inféodales, terrage. Les dîmes inféodales ne peuvent s'estimer à moins qu'au denier 25, cette espèce de bien n'ayant ni soin, ni culture, ni dépense. Quand le terrage ou le champart emporte lods et ventes, c'est-à-dire quand le champ soumis à ces droits ne peut être vendu sans payer un droit de mutation au seigneur, qui a la directe, cette casualité doit faire porter l'évaluation au denier 30 ; sinon il faut les évaluer comme la dîme.

Les rentes foncières, qui ne produisent aucuns lods et ventes, ni droit de retenue (c'est-à-dire qui ne sont pas rente seigneuriale), doivent être estimées au denier 20.

Estimation des différents héritages existant en France avant la Révolution.

Nous ne connaissons en France, dit l'auteur, que trois conditions de biens :

1° *Le franc-alleu.* C'est un héritage libre, exempt de

toutes charges, et qui n'est sujet à aucuns devoirs ou droits seigneuriaux, utiles ou honorifiques.

Il y a des francs-alleux nobles et des francs-alleux roturiers. Le franc-alleu noble a la justice, ou des fiefs mouvant de lui, ou des censives; il suit les lois du droit féodal quant au partage. Le franc-alleu roturier n'a ni justice, ni fief, ni censive, et se partage roturièrement. L'auteur ne reconnaît comme ayant la propriété complète du sol que les propriétaires de francs-alleux.

Estimation de l'héritage en franc-alleu. Celui qui doit être porté le plus haut. Les coutumes d'Auvergne et de Bourgogne en portent l'estimation au denier 40. L'auteur pense qu'au denier 30 l'évaluation serait exacte.

Il faut remarquer que les francs-alleux roturiers placés dans les limites d'une justice seigneuriale relevaient de cette justice. Ce n'était pas ici une sujétion vis-à-vis du seigneur, mais une soumission à une juridiction qui tenait la place de celle des tribunaux de l'État.

2° La seconde condition des biens est celle des héritages *tenus à fief.*

3° La troisième se compose des *biens tenus à cens*, ou, dans le langage du droit, des rotures.

Estimation d'un héritage tenu à fief. L'évaluation doit être moindre suivant que les charges féodales qui pèsent sur lui sont plus grandes.

1° Dans les pays de droit écrit, et dans plusieurs coutumes, les fiefs ne devaient que *la bouche et les mains*, c'est-à-dire l'hommage.

2° Dans d'autres coutumes, les fiefs, outre la bouche et les mains, sont ce qu'on nomme *de danger*, comme en Bourgogne, et sont soumis à la *commise*, ou confiscation féodale, dans le cas où le propriétaire en prend possession, sans avoir prêté foi et hommage.

3° D'autres coutumes, comme celle de Paris et quantité

d'autres, assujettissent le fief, outre la foi et l'hommage, au rachat, au quint et requint.

4° Par d'autres enfin, comme celle de Poitou et quelques autres, ils sont assujettis au droit de chambellage et cheval de service, etc.

L'héritage de la première catégorie doit être estimé plus haut que les autres.

La coutume de Paris porte l'estimation au denier 20; ce qui paraît, dit l'auteur, assez proportionné.

Estimation des héritages en roture et en censive. Pour arriver à cette estimation, il convient de les diviser en trois classes :

1° Ces héritages sont tenus en simple cens;

2° Outre le cens, ils peuvent être assujettis à d'autres genres de servitude;

3° Ils peuvent être tenus en mainmorte, à taille réelle, en bordelage.

De ces trois formes de la propriété roturière indiquées ici, la première et la seconde étaient très-ordinaires au dix-huitième siècle; la troisième était rare. Les évaluations qu'on en fera, dit l'auteur, seront plus faibles à mesure qu'on arrivera à la seconde, et surtout à la troisième classe. Les possesseurs des héritages de la troisième classe ne sont même pas, à vrai dire, des propriétaires, puisqu'ils ne peuvent aliéner sans la permission du seigneur.

Le terrier. Voici les règles qu'indiquent les feudistes cités plus haut, quant à la manière dont on rédigeait ou renouvelait les registres seigneuriaux nommés *terriers*, dont j'ai parlé dans plusieurs endroits du texte. Le terrier était, comme on sait, un seul et même registre où étaient rappelés tous les titres constatant les droits qui appartenaient à la seigneurie, tant en propriétés qu'en droits honorifiques, réels, personnels ou mixtes. On y insérait toutes les déclarations des censitaires, les usages de la seigneurie, les baux à cens, etc. Dans la coutume de Paris, disent nos auteurs, les seigneurs pouvaient renouveler leurs terriers tous les trente ans aux dépens des censitaires. Ils ajoutent : « On est néanmoins fort heureux quand on en trouve un par chaque siècle. » On ne peut renouveler son terrier (ce qui était une opération gênante pour tous ceux qui relevaient de la seigneurie) sans obtenir, soit de la grande chancellerie s'il s'agit de seigneuries situées dans le ressort de différents parlements, soit du Parlement dans le cas contraire, une autorisation qui se nomme *lettres à terrier*. Le notaire est désigné par la justice. C'est devant ce notaire que tous les vassaux, nobles et roturiers, censitaires, emphytéotes et justiciables de la seigneurie, doivent se présenter. Un plan de la seigneurie doit être joint au terrier.

Indépendamment du terrier, on trouvait dans la seigneurie d'autres registres appelés *lièves*, sur lesquels les seigneurs ou leurs fermiers mettaient les sommes qu'ils avaient reçues des censitaires, avec leurs noms, la date de leur reconnaissance.

FIN DES NOTES

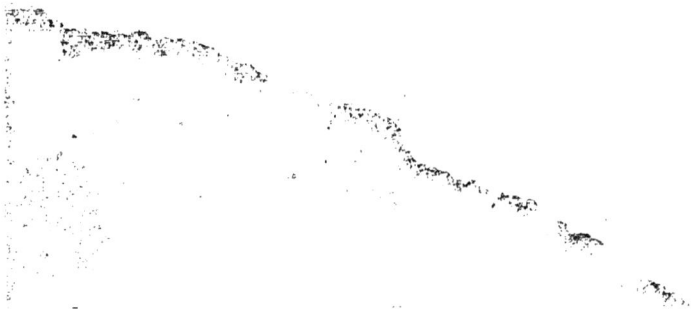

TABLE

LIVRE PREMIER

LIVRE II

LIVRE III

PARIS. — IMP. SIMON RAÇON ET COMP., RUE D'ERFURTH, 1.

www.ingramcontent.com/pod-product-compliance
Lightning Source LLC
Chambersburg PA
CBHW060951280326
41935CB00009B/685